현직 데이터 과학자가 알려주는 실무 적용 방법!

데이터 과학
무엇을 하는가?

김옥기 지음

이지스 퍼블리싱

데이터 과학, 무엇을 하는가?

The Job of Data Science

초판 1쇄 인쇄 · 2018년 5월 18일
초판 1쇄 발행 · 2018년 5월 25일

• 이 책은 2015년 출간된 《데이터 과학, 어떻게 기업을 바꾸었나?》의 개정 증보판입니다.

지은이 | 김옥기
발행인 | 이지연
펴낸곳 | 이지스퍼블리싱(주)
출판사 등록번호 | 제313-2010-123호
주소 | 서울시 영등포구 당산로 41길 11. SK V1센터 W동 323호 (우편번호 07217)
대표전화 | 02-325-1722   팩스 | 02-326-1723
홈페이지 | www.easyspub.com   이메일 | service@easyspub.co.kr

기획 및 책임 편집 · 유신미 | 교정교열 · 이명애 | 표지 디자인 · 이유경
내지 디자인 및 편집 · 트인글터 | 인쇄 · 보광문화사 | 영업 · 이주동

ISBN 979-11-6303-009-6 13000
가격 18,000원

데이터는 정보로, 정보는 지식으로, 지식은 지혜로!

지난 2012년부터 정부 주도로 경제 신성장 동력을 만들겠다던 빅데이터 관련 사업들은 어떻게 진행되고 있을까? 조달청에서 운영하는 나라 장터에 올라오는 관련 제목들을 보면 시스템 구축, 분석 용역, 비정형 데이터 수집 및 분석, 시스템 개발, 솔루션 도입, 시범사업 그리고 인력양성 등 기존의 시스템 통합(SI) 사업이 대부분이거나 일회성 사업이 대부분이다.

빅데이터를 활용한 성공 사례를 만들려면 분산된 대량의 데이터를 전사적으로, 물리적으로 모아야 하며, 물리적 통합이 불가능하다면 논리적으로라도 연결, 통합하는 작업이 선행되어야 한다. 그리고 필요한 데이터는 반드시 지속적으로 개발, 생성하여 수집하는 과정을 거쳐야 한다. 그러나 한국의 데이터 산업은 5년 전 이 책을 쓸 때와 크게 달라지지 않았다.

빅데이터라는 이슈는 사물인터넷으로, 인공지능으로, 이제는 4차 산업혁명으로 또는 블록체인으로 유행어를 바꾸고 있지만 우리는 여전히 데이터 활용의 근본적 문제를 해결하지 못하고 있다.

사물인터넷은 센서를 통해 수집된 빅데이터의 일부이고, 빅데이터는 다양한 종류의 데이터들을 원천 그대로 모아 둔 상태를 말한다. 이들을 정제, 가공하여 적절한 곳에 인간의 영감을 더해 다양한 사회적, 경제적, 경영적 문제를 해결하는 지속적인 과정을 데이터 과학이라고 한다. 그리고 데이터 과학의 결과로 표현되고 진행되는 유익하고 편리한 서비스들 중 인간의 행위를 모방하는 일부 서비스를 인공지능이라고 하며 데이터의 활용과 연결로 사회, 문화, 경제, 정치의 근본적 변화가 일어나는 커다란 현상을 4차 산업혁명이라고 한다. 화려한 분석 알고리즘을 사용한 분석만이 데이터 과학이 아니다.

함석헌 선생님의 "생각하는 백성이라야 산다"라는 말씀을 다시 한번 새겨 본다.

결국 기업이나 기관들이 합리적으로 '생각'하고 의사 결정을 하려면 데이터를 활용해야 하기 때문이다. 데이터는 정보로 정보는 지식으로 지식은 인간의 영감이 더해져 지혜가 된다. 지식이 많아 영리하고 똑똑하더라도 그것을 정작 활용하는 단계에서 우리에게 지혜가 되지 못한다면 지식을 만들어 내는 일련의 행위가 무슨 의미가 있을까?

데이터의 산업은 기업 내부뿐 아니라 산업 또는 기업 간 데이터 활용이 중요한 산업이다. 이 책, 《데이터 과학, 무엇을 하는가?》는 주로 기업 내부의 데이터 활용에 대해 살펴보았다.

이번 판에서는 기업 내의 데이터 활용에 있어 중요한 데이터 전처리(가공) 영역의 국내 사례를 추가했고 전체적으로 최신 경향을 반영하였다.

변함없는 성원에 감사드리며
2018년 5월, 김옥기 드림

4

이 책을 쓰는 동안 미국에서 생활했던 13년의 세월이 주마등처럼 지나갔다. 잠시 다녀오듯 떠난 여행이 긴 유학과 직장 생활로 이어졌고 워낙 준비 없이 떠난 터라 늘 사막에 홀로 있는 기분이었다. 하지만 내가 해야 할 일과 이뤄야 할 목표가 있어 외롭고 힘든지도 모르고 지냈다. 그렇게 직장 생활이 7년째에 접어들던 해, 나는 13년의 미국 생활을 청산하고 무작정 한국으로 돌아왔다. 사회생활 초년을 미국 회사에서 배운 난, 내 나라에서 또 이방인이 되었다. 무슨 말을 하는지 다 알겠는데도 이해가 안 되는 한국 사회가 낯설고 타국보다 적응하기 더 어려웠다.

이 책 내용의 대부분은 내가 해온 일들을 서술했을 뿐이다. '장자'의 천도 편에서 윤편은 지나간 과거의 이야기는 지금 현재에 일어나고 있는 일이 아니라서 조백(糟魄), 즉 찌꺼기일 뿐이라고 말했다. 과거의 사건들이 지금 우리가 하는 일에 도움을 주지 않는다면 무슨 소용이 있겠는가!

감사해야 할 분들이 많습니다.

나를 나답게 하시는 하나님 감사합니다. 불효하는 딸을 늘 걱정하는 부모님과 내가 보는 세상 이외에 다른 세상이 있다는 걸 가르쳐주신 중학교 담임 오영옥 선생님께 이 책을 바칩니다.

좋은 출판사에 인연을 주시고 이 책의 감수까지 보신 《빅데이터, 승리의 과학》의 저자 고한석 님께 진심으로 감사드립니다. 그리고 언제나 좋은 조언을 주며, 이 책의 제조업 부분을 집필한 홍성진 씨께도 감사를 전합니다.

마지막으로 책상에 앉아 씨름하는 나에게 늘 힘이 되어준 가족들, 특히 못난 어미 곁에 꼭 붙어서 성심껏 건강히 살아주는 예경, 예담아 사랑하고 감사한다.

김옥기 드림

프롤로그 데이터 과학자가 되기까지   12

첫째마당 데이터 과학과 데이터 과학자

01 데이터 과학과 데이터 과학자   24

데이터 과학과 빅데이터 25   데이터 과학과 데이터의 크기 26   데이터를
분석하는 다양한 직업들, 직책만 4,900개 30   데이터 분석가와 데이터 과
학자는 어떻게 다른가 33   데이터 과학의 높아진 위상, 최고 데이터 책임
자(CDO) 37   데이터 과학자, 무엇을 배우고 공부해야 하는가 38   중요한
것은 현장에서의 경험이다 40   데이터 과학자는 데이터 품질 전문가가 되
어야 한다 41   다양한 플랫폼 환경과 마주하게 되는 데이터 과학자 43   데
이터 과학자의 다양한 분석 도구들 45   발전하는 분석 알고리즘 54   데이
터 과학자는 알고리즘 사용자이지 개발자가 아니다 57   데이터 과학자가
갖추어야 할 소양 59

02 데이터 과학과 빅데이터 플랫폼   63

빅데이터 활용, 구체적인 계획과 전략이 먼저다 64   빅데이터 플랫폼, 설
계 단계부터 첫 단추를 잘 끼워야 한다 66   빅데이터 플랫폼, 하둡이 만병
통치약은 아니다 73

03 성공적인 데이터 활용 78

한국의 데이터 활용 수준은 5단계 중 3단계에서 4단계로 넘어가는 단계! 79
성공적인 데이터 활용 전략 세우기 1: 기업의 분석 경쟁력 파악하기 82
성공적인 데이터 활용 전략 세우기 2: 전략적 로드맵 수립하기 85 성공적
인 데이터 활용 전략 세우기 3: 분석할 주제 선정하기 88 데이터 과학, 성
공적 활용의 비밀은 클로즈 루프 프로세스! 94 데이터 중심의 경영과 조
직 문화가 우선되어야 한다 97

둘째마당 미국 기업들의 데이터 과학 활용 사례

 04 미국 최대의 데이터 회사, 액시엄 104

데이터, 왜 가공이 중요한가 105 미국 최대의 데이터 전문 기업, 액시엄
107 액시엄의 가공 데이터, 어떤 것들이 있나? 109 액시엄 데이터 활용
컨설팅 조직, 어떻게 구성되나? 114 액시엄의 가공 데이터, 정확도 떨어
져도 가치 있는 정보로 변신한다 115 액시엄 소비자 데이터, 모호함을 없
애고 처리 과정을 투명하게! 117

 05 GM 온스타 120

GM 온스타, 정제된 고객 데이터에 기초한 텔레매틱스 서비스 121 온스
타 데이터와 액시엄이 만나다 123 액시엄의 고객 데이터 정제 과정 살펴
보기 124 액시엄의 데이터 정제 소프트웨어 살펴보기 127 마침내 사람
들이 온스타 서비스를 사기 시작했다 130

미국 대형 자동차 판매 딜러 132

액시엄, 자동차 딜러들의 영업을 지원하는 마케팅 분석 모델을 개발하다 133 데이터 분석 알고리즘 개발 과정 1: 자동차 모델 세분화하기 134 데이터 분석 알고리즘 개발 과정 2: 구매자 성향 파악하기 136 데이터 분석 알고리즘 개발 과정 3: 적정 구매 시기와 구매력 파악하기 140

 뱅크 오브 아메리카 143

뱅크 오브 아메리카 프로젝트, 금융 성과 분석 보고서와 고객 관리 모델을 만들다 144 뱅크 오브 아메리카의 데이터센터, 슬림화와 효율성에 도전하다 145 금융 성과 보고서, 과거 추이를 분석해 현재 성과를 평가하고 미래 전략을 시사한다 146 신용카드 고객 이탈 모델, 고객 이탈률을 줄이고 마케팅 캠페인의 효과를 높인다 150 이탈 모델 개발, 어떻게 이루어지나? 152 카드 연체 가능 고객 세분화, 마이크로 타기팅으로 마케팅 비용을 최적화한다 157 신용카드 예비 신규 고객 선정, 고객 반응률을 높여 투자 대비 수익률을 높인다 162

 메트라이프 164

메트라이프 프로젝트, 전사 데이터 웨어하우스와 BI 툴 구축을 지원하다 165 BI 1.0에서 BI 3.0으로 발전하다 166 전사 데이터 웨어하우스, 전사적 전략적 인사이트를 제공한다 168 전사 데이터 통합 프로세스의 출발은 데이터 변수 선정과 품질 확인 170 전사 데이터 통합 과정에 뒤따르는 조직 갈등과 재구성 171 메트라이프의 빅데이터 활용 사례 3가지 173 데이터 중심의 기업 조직과 문화가 경쟁력이다 179

09 넷플릭스   181

넷플릭스 분석 경연대회, 분석 모델의 예측력을 높여라 182 우승팀은 어떤 알고리즘을 사용해 예측력을 높일 수 있었나? 184 기계학습에 대하여 192 10억짜리 알고리즘, 현업 적용에 실패한 이유는? 195 넷플릭스 빅데이터 운영본부, 엄청난 양의 빅데이터를 문제 없이 처리하는 비결은? 198

셋째마당   한국의 데이터 활용 사례

10 전사 통합 고객 데이터 전략   208

과거 CRM 실패 요인은 빅데이터 활용의 실패 원인이 될 수 있다 209 데이터 활용 중장기 전략, 왜 필요한가 211 전사적 통합 CRM 전략, 중앙집중적 조직 구조일 때 최적의 성과를 낸다 213 고객 접촉 이력 관리는 필수! 217 마케팅 캠페인도 데이터 중심 마케팅으로! 218 전사 전략적 고객 데이터 분석, 고객을 알아야만 서비스도 공략도 가능하다 222 우수 고객 프로그램, 형식적인 이벤트가 아닌 맞춤형 특별 서비스를 제공하라 226

11 통신 빅데이터 분석   228

통신 데이터, 사용자의 성향과 행동 패턴을 분석할 수 있는 빅데이터 중의 빅데이터 229 통화 데이터와 위치 데이터의 전처리 과정 살펴보기 231 통화 데이터와 위치 데이터의 패턴 분석 과정 살펴보기 236

12 부정 불법 감지 244

부정 불법 사고로 매년 매출액의 평균 5% 손실, 기업 이미지에도 치명적 타격 245 부정 불법 감지를 위한 데이터 분석 방법론 4가지 246

13 프랜차이즈 신규 가맹점, 매출 추정과 최적의 영업권 설정 255

창업 후 3년 안에 50%가 문을 닫는 자영업 시장에서 살아남으려면? 256 창업 전 합리적인 매출 추정으로 손익을 따져보자 258 매출 추정 방법 3가지 260

14 제조업 사례 266

변수가 많고 높은 정확성을 요구하는 제조업 데이터 267 제조업 분석에 쓰이는 알고리즘 살펴보기 267 사례 1: 초당 1개의 제품을 생산하는 빠른 공정에서 불량 제품 찾아내기 271 사례 2: 과부하로 인한 장비 멈춤 사고 예방하기 279 분석 못지않게 중요한 실시간 모니터링 시스템 285

15 공공 데이터 전처리 288

데이터 가공 289 데이터 수집 과정 289 데이터 전처리 단계 290

넷째마당 4차 산업혁명, 데이터 자본주의가 온다

 데이터 경제 시대, 무엇을 준비해야 하나?　　　300

빅데이터의 가치 301　공공 정보 공개, 데이터는 자산이다 305　공공 데이터 활용을 위한 첫걸음은 데이터 통합 306　외국의 가공 식별 번호 및 가공 데이터 판매 사례 살펴보기 308　국내외 데이터 시장 현황 살펴보기 310　국내 데이터 유통 활성화를 위한 노력 314

 데이터의 양면성, 보호 vs. 공개　　　318

데이터의 양면성, 보호와 공개의 두 얼굴 319　개인 정보 보호와 개인 정보 활용은 다르게 접근해야 한다 323

에필로그 데이터 과학자, 한국에서의 미래　　　326

데이터 과학자가 되기까지

2001년 9월 11일 아침, 울며불며 떨어지지 않는 2살 된 딸아이를 유치원에 데려다주고 집에서 10분 거리인 시카고 근교의 네이퍼빌(Naperville)에 위치한 회사로 차를 달렸다. 평소처럼 라디오로 NPR(National Public radio) 아침 뉴스를 들으며 출근하고 있었는데, 한순간 내 귀를 의심했다. 비행기 한 대가 뉴욕 무역센터와 충돌하였고, 그 충격으로 센터가 폭발하여 무너졌다는 소식이 아나운서의 격한 목소리와 함께 흘러나왔기 때문이다. 믿을 수가 없었다. 부랴부랴 회사에 도착하니 다들 놀란 목소리로 이 상황을 믿을 수 없다는 이야기를 나누고 있었다.

미국 국민에게 엄청난 충격을 준 9·11사태를 나는 액시엄 재직 시절 겪었고, 액시엄이 바로 9·11테러 직후 미국 정부에 협조하여 자사가 보유하고 있던 신원 정보 데이터베이스에서 19명의 비행기 납치범 중 11명의 신원을 찾아 제공해 준 것으로 유명한 그 회사다.

세계에서 가장 큰 데이터베이스를 보유한 곳, 액시엄

액시엄은 현재 전 세계적으로 최대 데이터베이스를 보유하고 판매하는 정보 아웃소싱(Informationoutsourcing) 및 마케팅 전문 대행 업체로 25,000대에 달하는 컴퓨터 서버에 미국인 3억 명을 포함하여 전 세계 약 7억 명의 소비자 정보를 저장하고 있다. 저장된 개인 한 명에 대한 정보가 약 1,500종에 이를 만큼 그 양도 방대하며, 주 고객으로 미 연방 정부뿐만 아니라 포춘 100대 기업이 이 회사에서 데이터를 구매하여 비즈니스에 활용하고 있고, 영국, 호주, 중국, 스페인, 일본 등 여러 나라에 지사를 두고 있다. 액시엄 본사는 빌 클린턴 대통령이 주지사로 지냈던 아칸소 주 리틀락(Little Rock)에 있다. 액시엄은 이러한 지정학적 이유로 유권자 개인 정보를 소유하게 되었고, 민주당 후원금 기부자 명단을 개인 정보를 이용해 효율적으로 관리하며 미 연방 정부와 각별한 관계를 유지했다. 그러던 차에 9·11테러 용의자들의 신원을 추정하여 수사기관에 제공한 것이 범인을 검거하는 데 결정적 역할을 하면서 액시엄의 위상은 한 단계 올라가게 되었다. 또한, 액시엄은 2012년 오바마 선거 캠프에 유권자의 수백 가지 라이프 스타일 정보가 담긴 상업용 소비자 데이터베이스를 제공한 사실로도 유명하다.

액시엄은 포춘 100대 회사들을 어떻게 고객으로 만들 수 있었을까? 첫번째 이유는 액시엄이 보유한 방대한 데이터가 다이렉트 마케팅 신규 고객 창출의 창고였다는 점에서 찾을 수 있다. 둘째로는, 90년대 말부터 대량의 데이터를 가공하고 저장할 수 있는 기술력과 시스템을 보유하고 있었기 때문이다. 그 무렵 미국은 초거대 회사들의 잦은 인수 합병으로 인해 회사 내부적으로 통합하기 힘든 데이터 작업을 처리할 일이 많았는데, 액시엄은 전문 인력과 자원을 보유하여 다양한 고객 회사 경영진의 정책 결정을 돕는 작업을 무리 없이 성공적으로 수행해 냈다.

그러나 액시엄도 대량의 데이터를 가공하고 저장하는 시스템을 쉽게 갖추게 된 것은 아니다. 1990년 말부터 수없이 많은 실수와 문제에 부딪히며 끈기 있게 장애를 극복한 결과이다.

내가 데이터 과학자가 되기까지

경제학 석사를 마치고 경제학 대학원 교수님의 추천으로 타깃 시티 리서치(Target City Research)라는 연구소에 들어가게 되었다. 이 연구소는 미 연방 정부 기금으로 조성된, 마약과 알코올 중독(Drug and Alcohol abuse) 치유에 대해 연구를 하는 곳이었다. 내 평생 처음 통계 분석가로 2년간 일했고, 그해 여름에 MBA 과정을 마쳤다.

이후 취직하기 위해 뉴욕, 워싱턴 DC, 보스턴, 필라델피아 등 미국 동부 쪽으로 이력서를 수백 장 보내놓고 기다리던 중 친구의 소개로 IT 아웃소싱 겸 헤드헌터 회사를 알게 되었다. 이 회사는 나를 다이렉트 마케팅(Direct marketing) 전문회사인 메이앤스페(May & Speh)에 소개했다. 당시 메이앤스페는 시어즈(Sears)나 제이씨페니(JCpenny) 같은 대형 소매 유통 업체의 상품 판매를 위한 카탈로그 메일링 리스트를 만들거나 대형 금융회사의 영업 및 경영 보고서를 만들어주는 IT 아웃소싱을 주로 하던 회사였다.

그 당시 메이앤스페에서 찾던 인력은 통계 지식, 큰 데이터를 사용해 본 경험, 통계 모형 이해와 개발 능력, 금융 정보 이해와 분석 능력, 풍부한 SAS 사용 경험과 컴퓨터 프로그램 능력을 겸비한 사람이었다. 나는 메이앤스페에 입사한 이후 1년간 뱅크 오브 아메리카(Bank of America)와 콘세코(Conseco) 금융그룹의 데이터를 분석하고 금융 통계 모형을 개발하고 통합 보고서를 만드는 작업에 참여하면서 많은 경험과 지식을 쌓았다.

메이앤스페는 창립 40주년을 맞은 1998년에 액시엄에 인수 합병되었고, 나의 직업 타이틀도 통계 분석가 겸 SAS 프로그래머에서 솔루션 디벨로퍼(Solutions Developer. 즉 Consultant)로 바뀌면서 지금의 데이터 과학자라는 타이틀과 동일한 일을 본격적으로 시작하게 되었다.

액시엄은 인수 합병 후 경영진이 물러난 메이앤스페 조직을 일사천리로 재편성해 기술개발팀과 컨설팅팀으로 개편했고, 나는 금융 분야 비즈니스 본부에 소속되어 데이터 통합, 구축, 분석 모델 개발, 데이터 비즈니스 활용 및 평가 등 전반적인 데이터 통합 개발 과정에 참여하였다.

그러면서 나는 유닉스 스크립트(Unix script) 프로그램, C++, SQL, ETL 툴 등 통계 분석뿐만 아니라 데이터를 처리하는 데 필요한 다양한 기술 교육을 현업에서 익히며 기술과 경험을 쌓아갔다. 회사에서는 내가 배우고자 하면 어떤 기술이든 적극적으로 지원해 주었고 난 그것을 최대한 활용했다. 초기에는 주로 은행, 보험, 카드 회사의 데이터 통합 및 DW 구축 작업에 투입되어 뱅크 오브 아메리카, GE 캐피털(GE Capital), 씨티은행(CitiBank), 메트라이프(MetLife), 캐피털 원(Capital One), 웰스 파고(Wells Fargo) 등의 프로젝트에 참여하였고 이후 자동차, 소매 유통 판매 프로젝트에도 투입되어 지엠(GM), 포드(Ford), 벤츠(Bents), 필립모리스(PhilipMorris)의 일을 수행했다. 하나의 프로젝트가 시작되면 데이터 통합 및 DW 구축으로부터 시작해서 비즈니스 캠페인 수행과 평가를 거쳐 마케팅 캠페인이 몇 사이클 돌아 안정된 시스템이 구축될 때까지 최소 6개월에서 길게는 1년 6개월이 걸렸다. 최종적으로 개발이 완료되면 운영팀(Production team)에 넘겨지고, 개발팀에 속한 나는 또 다른 프로젝트에 투입되었다.

빅데이터 훈련소, 액시엄

90년대 말, 액시엄 입사 초기 뱅크 오브 아메리카 프로젝트에 투입되어 비즈니스 캠페인을 위한 데이터 웨어하우스 구축 작업을 하던 중 대용량 데이터 처리 문제가 생기기 시작했다. 통합 리포트 작업은 대량의 데이터를 처리하더라도 월단위 프로세스라 IBM 메인 프레임 플랫폼에서도 고객의 요구 시간 안에 데이터 가공이 가능했다. 하지만 DW에서 그 당시 목표로 한 데이터 업데이트 주기는 2주였다. 오라클 RDB(Relation Database)를 위해 유닉스 서버 플랫폼을 구축하기 시작했으나 데이터가 워낙 대용량이다 보니 마케팅 캠페인 툴이나 BI(Business Intelligence)에서 처리 속도가 한없이 지체되었고 사용자에게 큰 문제가 되었다.

나는 통계 모형을 개발하는 일을 담당했는데, 유닉스 서버에서 샘플 데이터를 사용해 SAS 프로그램으로 작업했다. 이후 전체 데이터를 처리하기 위해 IBM 메인 프레임에서 SAS 프로그램으로 대용량의 데이터를 처리하게 되었는데, 정해진 일주일 안에 모든 업데이트 작업을 마치는 건 불가능한 일이었다. 당시 대용량의 데이터도 문제였지만 SAS 프로그램도 문제였다. 처리 공간이 많이 필요하고 처리 시간도 오래 걸린다는 이유로 개발팀에서 SAS 프로그램 사용을 꺼리는 바람에 더는 쓸 수 없는 상황이 되고 만 것이다. 나는 대부분 작업을 SAS로만 했는데 느닷없이 SAS 프로그램을 사용할 수 없게 되었고, 기존에 작업해 둔 SAS 프로그램도 C나 COBOL로 프로그래머들이 다시 작업을 해야만 했다.

이와 같은 대용량 데이터 처리 문제가 여러 프로젝트에서 되풀이되어 나타나자 회사 차원에서 빅데이터 문제 해결을 위한 팀이 구성되었고, 2003년 들어 대용량 데이터 처리 문제가 조금씩 해결되기 시작했다. 2004~2005년쯤 하둡이 만들어졌으니 비슷한 시기였다.

당시 나는 대용량 데이터 처리 방식과 관련해 분산 처리와 데이터 가상화라는 단어만 들었었는데, 분산 처리가 하둡과 같은 방법이었다는 것을 2011년 '빅데이터'라는 단어를 알고 난 이후에야 알았다. 그때 우리는 "Big Data"보다는 "Large Data"라는 단어를 더 많이 사용했던 것으로 기억한다.

내가 이렇게 빅데이터의 통합, 처리, 가공 및 활용 프로젝트를 일찍 경험할 수 있었던 이유는 액시엄의 비즈니스 수익 모델 덕분이다. 미국의 많은 초대형 금융 회사와 유통 회사들의 잦은 인수 합병과 광활한 지리적 환경으로 인해 자체적으로 빅데이터 처리가 어렵거나 외부 상용 데이터와 통합이 필요한 회사들이 액시엄의 주 고객이 되었고, 고객 회사가 필요로 하는 데이터 통합이나 통계 모형 개발 및 비즈니스 캠페인을 작업하며 자연스럽게 빅데이터 활용 과정에 참여하게 된 것이다. 액시엄은 내게 빅데이터를 훈련시킨 산 교육의 장소였다.

한국의 빅데이터와 데이터 과학

액시엄을 그만두고 한국으로 돌아왔을 때, 한국 IT는 한창 CRM(Customer Relation Management) 바람이 불고 간 끝자락이었고, 많은 회사가 CRM을 활용한 수익 창출을 고민하던 무렵이었다. 한국에 액시엄과 같은 수익 모델에 대한 개념이 서 있지 않은 상황에서 할 수 있는 거라곤 데이터 마이닝뿐이었다.

대형 글로벌 IT컨설팅 회사의 요구로 몇 개의 통계 모형이 개발되어 있었지만, 주기적인 업데이트 없이 활용 방안은 아직 모색 중인 단계였다. 게다가 전사 활용 전략도 미비한 상태에서 S/W 하나 마련하듯 투자한 CRM 활용은 수익 창출로 연결되기 쉽지 않은 구조로 운영되고 있었다. 내가 할 수 있는 일은 통계 모형 업데이트와 부분적 추가 판매(Cross sell / Up sell), 캠페인 테스트와 우수

▶데이터 마이닝은 데이터베이스 내에서 순차 패턴, 유사성 등 여러 가지 방법으로 의미 있는 지식을 찾아내는 과정을 말한다. 쉽게 말해 데이터 마이닝은 데이터베이스 속에서 유용한 정보를 추출해 내는 것을 말한다.

고객 관리 프로그램 정도였는데, 통계 모형을 업데이트하는 것조차 쉽지 않은 작업이었다. 데이터를 전산실에서 받아와 작업했는데, 전산실 작업에만 2주 이상 걸렸고 데이터의 품질을 테스트할 방법은 전혀 없어, 넘겨받은 데이터가 정

확하다는 전제하에 작업을 수행했다. 또한 데이터 관리 부서, 데이터 분석 부서, 데이터를 활용해서 수익을 창출하는 부서, 마케팅 및 영업 의사 결정을 하는 부서가 따로따로 있었는데, 관련 부서들 간 의사소통 없이 진행되는 CRM의 수익 극대화 프로젝트는 먼 나라 얘기이자 '그들만의 CRM'이었다.

그러던 중 2013년에 정부 3.0 바람이 불기 시작하면서 지금은 빅데이터 프로젝트의 제안 공고를 부처마다 앞다투어 내고 있는 상황이다. 과거 CRM 붐은 민간기업이 주도했다면, 최근 빅데이터 붐은 공공기관에 더 거세게 불고 있다.

민간기업들이 ERP 바탕에 내부적으로 CRM을 비즈니스에 활용하고, 이를 더 발전시켜 빅데이터까지 성공적으로 활용하는 성과를 보이자 그 영향으로 공공기관도 빅데이터를 행정 관리에 활용하겠다고 나서게 된 미국과는 사뭇 다른 환경이다.

빅데이터 시대에 데이터를 활용하는 직업을 가진 나로서는 반갑고 다행스러운 일이기는 하지만, 너무 갑작스러운 빅데이터 열풍을 보며 예전 CRM 붐과 같은 전철을 밟지 않을까 하는 노파심도 없지 않다. 그리고 빅데이터라는 단어는 단지 상징적 의미이지 실질적인 데이터 활용 측면에서 보면 'Small Data' 또는 'Big Data'를 떠나 쓸 만하고 활용 가능한 데이터가 더 가치 있는 것이지 굳이 크다, 작다 또는 다양하다는 것은 그리 큰 의미는 없다고 본다. 단지 사용하는 도구가 데이터의 특성에 따라 달라질 뿐이다. 목수가 작업할 때 작고 정교한 나무를 다룰 때와 크고 우람한 나무를 다룰 때 동일한 공구를 사용하지 않는 것과 마찬가지이다.

주목받는 직업, 데이터 과학자에 대하여

과거에는 기술과 비용 제한으로 활용하기 어려웠던 빅데이터를 지금은 저비용으로도 얼마든지 활용할 수 있게 되었다. 바야흐로 새로운 데이터 정보화 시대가 열린 것이고, 그 중심에는 데이터를 수집하고 가공하고 분석하는 차원을 뛰어넘어 활용까지도 아우르는 데이터 과학자(Data Scientist)가 자리하고 있다.

이러한 때에 등장한, 일자리 창출과 과학적 행정을 위해 빅데이터를 활용한다는 정부는 20년 넘게 데이터와 씨름하며 살아온 내게 많은 생각을 하게 만들었다.

생각 끝에, 우선 21세기 최고의 직업이라 불리며 빅데이터와 함께 주목받는 데이터 과학자에 대해 나름의 사실과 경험을 정리하고 싶었다. 데이터 활용과 데이터 과학의 중심이 되어야 할 것은 뜬구름 잡는 공론(空論)이 아닌 사실과 원칙에 바탕한 '합리성'과 사람과 일에 대한 '진실함'이라 생각했고, 이는 이 책을 집필한 동기가 되었다.

데이터 과학의 활용 전략 및 인사를 담당하는 경영(행정) 일선에 있는 분들과 데이터를 실제로 가공해야 하는 초급 분석가들, 데이터 과학자가 되고 싶은 학생들에게 필자의 경험이 조금이나마 도움이 되길 바란다.

첫째마당에서는 데이터 과학과 데이터 활용에 대한 주변 이야기들을 다루었고, 둘째마당과 셋째마당에서는 필자가 직접 경험하고 수행한 프로젝트 중심으로 데이터 과학자가 수행하는 일과 최근 빅데이터의 현업 활용에 관한 내용을 정리했다. 넷째마당에서는 '4차 산업혁명, 데이터 자본주의가 온다'라는 제목으로 성공적인 데이터 활용을 위해 해야 할 일들과 지금 대한민국에서 데이터 과학자로서 사는 필자의 개인적인 생각을 정리했다.

이 책은 데이터 과학자가 되고 싶은 초급 분석가들이나 현업 빅데이터 기획자들을 주요 대상으로 했다. 기본 알고리즘이나 컴퓨터 프로그램 그리고 빅데이터에 관한 일반적인 내용은 어느 정도 알고 있을 것이라는 전제하에 데이터 과학이라는 관점에서 데이터 활용에 대한 전반적인 과정을 전하고 실질적인 도움이 될 수 있도록 집필하였다. 빅데이터에 관한 사전 지식은 《빅데이터, 승리의 과학》(이지스퍼블리싱), 《빅데이터 다음은 예측 분석이다》(이지스퍼블리싱), 《빅데이터의 충격》(한빛미디어), 《빅데이터, 경영을 바꾸다》(삼성연구소), 《빅데이터 플랫폼 전략》(전자신문사)을 먼저 참고하면 이해하는 데 많은 도움이 될 것이다.

데이터 과학과 데이터 과학자

01 데이터 과학과 데이터 과학자

02 데이터 과학과 빅데이터 플랫폼

03 성공적인 데이터 활용

There are known knowns.
There are known unknowns.
There are also unknown unknowns.

"우리가 알고 있다는 것을 아는 게 있고,
우리가 알지 못한다는 것을 아는 게 있으며,
우리가 알지 못한다는 것을 알지 못하는 것도 있다."

— 도널드 럼스펠드(Donald Rumsfeld), 전 미 국방장관

2012년 오바마 선거캠프의 빅데이터 활용 전략은 최고의 무대를 연상케 하는 웅장한 뮤지컬 같았다. 데이터 수집 과정과 팀원 모집 과정, 데이터 플랫폼 구축과 데이터 분석, 그리고 그것을 실제 선거에 적용하는 과정에 이르기까지 하나하나가 빅데이터 최고의 성공 사례였다.

"성공적인 데이터 활용은 IT기술과 데이터 그리고 인간의 영감이 융합하여 성과를 내는 것이며, 지속적으로 그것을 발전시켜 나가는 과정이다."

빅데이터 시대인 요즘 하둡이며 텍스트 마이닝, 검색 마이닝, 데이터 과학 부분이 부각되고 있는데, 이는 데이터 활용의 전반적인 운영이나 성과 측면에서 본다면 활용 과정의 일부일 뿐이다. 데이터 활용 전 과정의 모듈 하나하나는 잘 훈련된 전문가와 운영 도구 그리고 운영 프로세스와 조직 문화가 조화롭게 어우러질 때 비로소 성공적인 데이터 활용 결과가 나올 수 있다. 또한 혁신적 IT기술이 갖춰져 있고 많은 데이터가 수집 저장되어 있더라도 인간의 영감과 융합하지 않는다면 성공적인 데이터 활용 사례가 나오기는 어렵다. 아직까지 IT기술과 데이터, 인간의 영감을 자동으로 연결해 주는 완벽한 기계학습이나 인공지능은 없기 때문에 이것들을 서로 연결하고 융합하는 과정에 데이터 과학과 데이터 과학자가 존재한다.

첫째마당에서는 기업이 데이터를 활용하는 과정에서 접하게 되는 데이터 과학과 데이터 과학자들에 대한 이야기를 먼저 해보고자 한다. 그리고 데이터 과학의 입장에서 중요하다고 생각되는 빅데이터 활용 전략 이슈들과 성공적인 데이터 활용 방법에 대해 알아볼 것이다.

01

데이터 과학과 데이터 과학자

어느 데이터 과학 세미나에서 사회자가 "한국에 지금 진정한 데이터 과학자가 존재하는가?"라는 질문을 던졌다. 이 질문에 대한 답을 얻으려면, 그동안 한국의 기업이나 기관들이 데이터 과학자가 성장할 만한 환경과 여건을 만들어주었는가 자문해 보면 될 것이다. "콩 심은 데 콩 나고 팥 심은 데 팥 난다." 그리고 콩이든 팥이든 적당한 토양과 환경을 만들어주지 않았다면 좋은 결과를 기대하기는 어렵다.

1장에서는 데이터 활용과 관련한 기업의 문제 해결을 돕기 위해 데이터 과학자가 하는 일과, 데이터 분석 도구 및 분석 알고리즘, 그리고 데이터 과학자로서 갖추어야 할 소양 등을 바탕으로 정리해 보았다.

데이터 과학과 빅데이터

빅데이터로 인해 데이터 과학이 사람들과 기업들로부터 전에 없던 관심을 받고 많은 영역으로 활용 범위를 넓혀가고 있다. 하지만 데이터 과학이나 데이터 마이닝이 기존의 데이터 분석과 비교해서 크게 변화되었는가는 좀 생각해 볼 문제다. 케이디너겟츠닷컴(KDneggets.com)의 설문에 따르면 단지 21%의 응답자만이 빅데이터가 데이터 과학을 크게 변화시켰다고 대답했고, 절반 이상은 부분적으로만 영향을 미쳤다고 답했다.

실제로 대부분의 데이터 과학자들은 빅데이터라 하더라도 기존에 해오던 일과 속성 자체는 크게 다르지 않다고 느낀다. 이는 목수가 아무리 규모가 큰 작업을 한다 해도 기본적으로는 나무를 자르고 깎고 다듬고 모양을 내는 일들을 하는 것과 비슷하다. 그러나 작은 소품을 만드는 일과 대목장이 큰 건물을 짓는 작업이 같다고 생각하는 사람은 아무도 없을 것이다. 아주 단순하게는 연장의 문제도 있지만 목수의 기술과 경험 또는 그 일의 목적에 따라 완성도나 결과가 달라지기 때문이다.

어느 한 데이터 과학자는 이런 말을 했다. "빅데이터는 데이터 과학이 필요하나, 데이터 과학은 빅데이터가 있어야 하는 것은 아니다"(Big Data needs Data Science but Data Science does not). 많은 빅데이터 프로젝트에서 데이터 과학을 활용하고 있지만, 모든 데이터 과학자가 빅데이터만을 다루지는 않는다. 실제로 대용량 데이터는 분석 과정에서 비효율적인 경우가 많아 다루기 용이한 크기로 나누어 분석하는 경우가 더 많다. 원천 그대로의 전체 데이터를 매번 사용하지는 않는다는 말이다. 결국 빅데이터 자체는 비용과 기술의 한계 때문에 버려지거나 가공하지 못했던 데이터를 저장하고 가공하여 사용한다는 데 더 큰 의미가 있을 뿐이다. 요컨대 기업이나 조직에서 데이터 과학자가 기여하는 일의 차원에서 볼 때는 기존 프로세스와 큰 차이가 없다는 뜻이다.

그러나 분명 빅데이터는 데이터 과학의 활용 범위를 한층 더 확장해 다양하고 빠르게 정보를 가공·분석하여 각 조직의 목적에 맞게 가공된 정보를 제공하는 결정적인 계기가 되었다.

데이터 과학과 데이터의 크기

데이터 과학자가 다루기 벅찰 정도의 대용량 데이터를 초기 분석 개발 과정에 그대로 사용하는 것은 시간적으로나 기술적으로 낭비다. 구글이나 페이스북의 분석가들도 대량의 데이터를 그대로 분석하기보다는 다룰 수 있는 크기로 줄여서 사용한다. 필요한 분석 데이터가 어느 정도 양인지 결정하는 것도 경험이 필요한 중요한 작업이다. 케이디너겟츠닷컴이 실시한 설문에서 "최근에 분석한 데이터 중 가장 컸던 데이터 크기는 어떠했는가?"라는 질문에, 2012년은 11~100기가바이트(GB), 2013년은 101기가바이트~1테라바이트(TB)라는 대답이 가장 많았다. 미국에서 일반적

▶데이터 용량의 가장 작은 단위는 0 혹은 1을 나타낼 수 있는 비트(bit)이다. 그리고 비트 8개를 하나로 묶어 1바이트(byte)라고 하고, 1바이트가 2의 10제곱 개, 즉 1024개 모여 있으면 킬로바이트(KB)라고 한다. 이와 같이 2의 10제곱배씩 커지면서 메가바이트(MB), 기가바이트(GB), 테라바이트(TB), 페타바이트(PB), 엑사바이트(EB), 제타바이트(ZB)가 된다.

으로 빅데이터라고 얘기하는 10테라바이트 이상의 데이터를 분석한 응답자는 10%도 안 되었고, 80% 이상이 1테라바이트 이하의 데이터를 분석했다고 응답했다. 이는 아직까지 일반 현업에서 실제 빅데이터를 분석할 기회는 흔하지 않다는 것을 말해 준다.

최근 분석한 데이터 중 가장 큰 데이터 사이즈는?

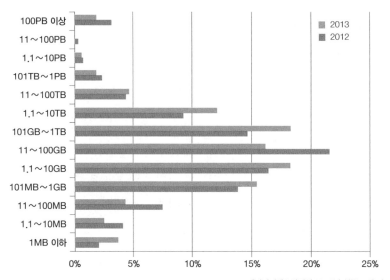

케이디너겟츠닷컴의 2013년 설문 조사 비교

실제로 구글이나 페이스북 같은 SNS 기업의 웹 스케일(Web scale) 데이터나 다국적기업 또는 정부 데이터가 아닌 이상 몇백 테라바이트나 페타바이트(PB)급 데이터를 만나기는 아직 어렵다. 특히 한국에서는 더욱 그러하다. 필자가 한국에서 접한 가장 큰 데이터는 한 통신사의 웹로그 데이터와 통화 데이터(CDR: Call Detail Record, 통화 내역 기록)였다. 모바일 로그(log)도 하루에 3~500기가바이트 정도 생성되지만, 몇 년씩 저장할 수는 없다고 한다. 이 통신회사는 최근에 하둡(Hadoop) 플랫폼을 도입하여 데이터를 저장하려고 하고 있으나 스토리지(storage) 문제도 만만치 않아 보였다. 게다가 하둡 파일 시스템은 1개의 데이터 파일에 입력된 데이터를 검색하는 것은 빠르지만, 데이터를 다시 꺼내어 정제하고 업데이트하여 분석하는 전처리(preprocess) 과정에는 효율적이지 못하고, 다양한 통계 분석이나 복잡한 고급 알고리즘을 사용하기 어렵다는 단점이 있다. 아직까지는 몇몇 알고리즘(아파치의 머하웃Mahout 이용)을 제외하고는 오픈 소스든 상업용이든 대부분의 분석 알고리즘이 싱글 노드(single node)로 생성되고 있어, 다양한 분석 알고리즘을 분산 처리하여 하둡에서 사용하기에는 어려움이 있다.

하둡 맵리듀스(MapReduce)의 데이터 처리 과정을 조금 더 설명하자면, 맵리듀스는 하나의 빅데이터를 많은 수의 작은 데이터 세트들로 나눈 후에 여러 개의 서버나 컴퓨터로 내보내어 각각의 작은 데이터 세트를 개별적으로 작업한 뒤 다시 합쳐서 모으는 기술이다. 그러나 많은 수의 데이터 세트를 통합하거나 변수의 개수가 아주 많을 경우 맵리듀스의 분산 처리 방식의 강점인 빠른 속도를 기대하기 어렵다. 이런 경우에는 하둡보다는 인메모리(In memory)나 인데이터베이스(In database) 방식을 고려하는 것이 비용이 많이 들기는 하지만 더 효과적이다.

한편, 빅데이터(대용량 데이터)를 분석하는 데 크기 문제만 있는 것은 아니다. 빅데이터는 데이터가 크다는 뜻으로, 레코드가 많다는 얘기도 되지만 한 레코드 안에 수천 개의 변수가 들어 있다는 얘기도 된다. 예를 들면, 금융 데이터에는 한 레코드 안에 고객 성향과 속성을 표현하는 수백 개가 넘는 변수들을 포함하는 데이터 세트가 있다. 데이터의 양도 문제지만 엄청나게 많은 변수들 중에 어떤 변수들을 선택해서 사용해야 할지 결정하는 문제도 있는 것이다.[1]

데이터 크기는 ERP(전사적 자원 관리) 운영 데이터, CRM(고객 관계 관리) 데이터, 웹로그 데이터, 모바일 로그, 사용자 클릭 스트림(user click stream), 소셜 텍스트 데이터 등 대용량일수록 점점 더 커진다. 하지만 데이터의 크기가 커진다고 해서 데이터의 가치도 비례해서 커지는 것은 아니다. 작은 데이터라도 꼭 필요한 고급 정보를 갖고 있다면, 쓸모없는 빅데이터보다 훨씬 더 가치 있다. 양만 많은 빅데이터(big data)보다 품질 좋은 데이터(good data)가 낫다는 얘기다. 잘 가공되고 필요한 내용을 첨가해서 정제한 좋은 데이터를 분석해서 추출한 데이터가 똑똑하고 영리한 데이터인 것이다. 그리고 큰 데이터든 오염된 데이터든 복잡한 데이터든 제대로 가공해서 쓸모 있는 인사이트를 뽑아내는 인재가 유능한 데이터 과학자이다.

---

1 빅데이터 문제는 2000년 이전에도 있었다. 다음 논문들은 1998년과 1999년에 빅데이터를 어떻게 처리, 분석했는지 잘 설명한 논문들이다.
   "Squashing flat files flatter," *Data Mining and Knowledge Discovery* by W. DuMouchel, C. Volinsky, T. Johnson, C. Cortes and D. Pregibon, 1999.
   "Cached Sufficient Statistics for Efficient Machine Learning on Large Datasets," *Journal of Artificial Intelligence Research*, Andrew Moore and Mary Soon Lee, 1998.

데이터를 분석하는 다양한 직업들, 직책만 4,900개

데이터를 분석하는 직업군을 정리해 보면, 통계 분석가, 데이터 마이너, 비즈니스 분석가, 데이터 분석가, 수리경제학자, 의료통계학자, 보험 분석가, 재정 분석가, 마케팅 리서처 등 여러 가지 명칭으로 이루어져 있다. 링크드인(LinkedIn.com)에서 데이터 분석과 관련 있는 구인 타이틀을 분석한 결과 4,900가지의 타이틀을 확인했다고 한다. 다음은 데이터 분석과 관련된 다양한 직업을 나열해 놓은 것이다. 서로 비슷비슷해 보이지만 각자의 전문 영역을 타이틀로도 알 수 있다. 예를 들면, Chief Actuary of Geospatial Analytics and Modeling(보험 모델과 지리 공간 데이터 분석 담당 최고책임자), Chief Analytics & Algorithms Officer(데이터 분석과 알고리즘 담당 최고책임자), Chief Credit & Analytics Officer(신용 및 데이터 분석 담당 최고책임자) 등은 보험 분석 알고리즘과 신용 분야의 전문 분석가라는 것을 명칭만 보고도 짐작할 수 있다. 이처럼 데이터 분석과 관련된 전문가들은 데이터 과학자라는 타이틀이 아니어도 아주 다양한 분야와 영역에서 오랫동안 일해 왔다.

데이터 분석과 관련된 구인 타이틀의 예

- Chief Actuary of Geospatial Analytics and Modeling(보험 모델과 지리 공간 데이터 분석 담당 최고책임자)
- Chief Analytics & Algorithms Officer(데이터 분석과 알고리즘 담당 최고책임자)
- Chief Credit & Analytics Officer(신용 및 데이터 분석 담당 최고책임자)
- Chief Research & Analytics Officer(연구 및 분석 담당 최고책임자)

- Chief Scientist, Global Head of Analytics(데이터 분석 글로벌 책임자 겸 최고위 과학자)
- Chief Technology Officer, Enterprise Information Management & Analytics(기업 정보 관리 및 데이터 분석 최고책임자)
- Director – BI & Analytics(BI 및 분석 담당 본부장)
- Director – Fraud Analytics & R&D(R&D 및 사기 데이터 분석 담당 본부장)
- Director – Predictive Analytics(예측 분석 담당 본부장)
- Director – Analytics and Creative Strategy(창의적 전략 및 데이터 분석 담당 본부장)
- Director – Marketing Analytics(마케팅 데이터 분석 담당 본부장)
- Director Digital Analytics(디지털 데이터 분석 담당 본부장)
- Director Analytics Strategy(데이터 분석 전략 담당 본부장)
- Director of Analytic Consulting, Product/Data Loyalty Analytics(상품, 데이터, 고객 충성도 분석 및 컨설팅 담당 본부장)
- Director of Data Analytics and Advertising Platforms(데이터 분석 및 광고 플랫폼 담당 본부장)
- Director of Digital Analytics and Customer Insight(디지털 분석 및 고객 인사이트 담당 본부장)
- Director of Health Analytics(의료 데이터 분석 담당 본부장)
- Director of Innovation, Big Data Analytics(혁신과 빅데이터 분석 담당 본부장)
- Director of Risk Analytics and Policy(위험 데이터 분석 및 보험 계약 조건 담당 본부장)
- Director of Science & Analytics for Enterprise Marketing Management(전사 마케팅 관리 및 데이터 분석 담당 본부장)
- Director, Business Analytics & Decision Management Strategy(비즈니스 데이터 분석 및 의사 결정 관리 전략 담당 본부장)
- Director, Customer Insights and Business Analytics(고객 인사이트와 비즈니스 분석 담당 본부장)

- Director, Data Warehousing & Analytics(데이터 웨어하우스와 분석 담당 본부장)
- Director, Gamification Analytics Platform, Information Analytics & Innovation(게임과 데이터 분석 플랫폼, 정보 분석 및 혁신 담당 본부장)
- Director, Head of Forensic Data Analytics(범죄 데이터 분석 담당 본부장)
- Director, Predictive Analytic Applications(예측 분석 애플리케이션 담당 본부장)

　　기존의 데이터 관련 분석가들은 데이터 활용 프로세스 중 각자의 영역에서 데이터 분석 부분에만 주로 관여하며, 데이터의 가공과 분석, 활용, 평가 및 의사 결정으로 연결되는 전반적인 프로세스에 참여할 수 있는 기회는 제한되어 있는 경향이 있다.

　　반면에 데이터 과학자는 데이터 활용 프로세스 전반에 참여하며, 문제의 가능성을 예측하고 기존에 없던 새로운 인사이트를 찾아내 조직과 사회에 변화를 줄 수 있는 영향력이 있다.

　　알기 쉬운 예로 데이터 과학자는 통계 분석가가 될 수 있지만, 통계 분석가가 데이터 과학자가 되려면 준비 과정이 좀더 필요하다. 마찬가지로 주로 BI(business intelligence) 툴을 사용해 과거 데이터나 정제된 보고서식 통계 데이터를 분석하는 비즈니스 분석가도 데이터 과학자가 되려면, 덜 가공된 데이터를 정제하기 위한 프로그램 코딩 작업과 데이터 활용에 대한 전반적인 지식 그리고 깊이 있는 데이터 마이닝과 고급 분석 알고리즘에 대한 경험이 필요하다.

데이터 분석가와 데이터 과학자는 어떻게 다른가

비슷한 타이틀의 데이터 분석가는 데이터 과학자와 어떻게 다를까? 데이터 분석가는 주로 탐색적 현황 파악과 상관관계 분석, 원인 분석 위주로 작업을 진행하며, 원천 데이터의 품질과 전처리 가공 작업에 전적으로 관여한다. 경험 많은 데이터 분석가는 익숙한 비즈니스 환경에서 추정 및 예측 분석도 할 수 있다. 그러나 이들은 전체 작업 프로세스 중에서 우리가 알고 있는 지식을 데이터로 파악하고 확인하고 표현하는 일일 작업이나 주기적 작업에 주로 관여한다. 데이터 분석가 중 고객관리, 마케팅, 영업, 인사 등에 관여하는 사람들을 비즈니스 분석가라고 하고 데이터 플랫폼이나 IT 시스템 영역에서 데이터 프로세스 관리, 모니터링, 테스트 등을 담당하는 사람들은 데이터 엔지니어라고 부른다. 참고로 데이터 엔지니어들이 수행하는 데이터 통합, 데이터 품질, 보안/보호에 관여하는 총체적 행위를 DataOps(데이터옵스)라 한다.

반면에 데이터 과학자는 회사나 조직 전반에 걸쳐서 실행 가능한 전략적인 인사이트를 제공한다. 데이터 과학자는 데이터 분석가가 하는 일도 하지만 대부분은 좀더 종합적인 관점을 가지고 예측 및 최적화 등 전략적 의사 결정을 포함하는 작업을 주로 한다. 또한 이전에는 전혀 존재하지 않았던 혁식전인 방법을 데이터에서 찾는다. 그리고 새롭게 찾아낸 방법을 적용하기 위해 기업 운영을 위한 프로세스 전체 또는 전사 차원의 조직 구성을 바꿔야만 하는 경우가 있을 때 데이터 과학자는 최고경영자를 이해시키고 설득을 해야 하기 때문에 커뮤니케이션 기술을 가지고 있는 것이 중요하다.

커뮤니케이션 기술의 중요성은 2014년에 미국 라바스톰 애널리틱스(Lavastorm Analytic) 사에서 데이터 과학자들을 대상으로 실시한 설문 조사에서도 확인된다. "분석 과정에서 가장 큰 도전이 무엇인가"라는 질문에 가장 많이 나온 응답은 "데이터에서 얻은 인사이트에 대한 신뢰를 얻는 것"이었다. 이를 통해 알 수 있듯이 데이터 과학자에게 가장 큰 도전은 분석이 아니라 분석에서 찾아낸 인사이트를 설득을 통해 현업에 적용하고 기업이나 기관에 도움이 될 만한 성과를 내는 것이다.

데이터 과학자로서 분석 과정에서 가장 큰 도전은 무엇인가?

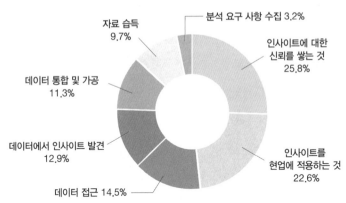

자료: Lavastorm Analytic, 2014년 6월

다음 그림은 데이터 분석가와 데이터 과학자의 분석 범위 차이를 정리한 것이다. 그림에서 보듯이 데이터 분석가는 데이터 정제 및 원인 분석과 결과 분석 작업(현황 분석)을 주로 하고, 일부 경험 있는 분석가는 드물게 추정 작업(예측 분석)도 한다. 반면 데이터 과학자는 현황 분석보다는

주로 산업별 전문 지식을 갖고 예측 최적화 작업을 한다.

데이터 분석가와 데이터 과학자의 분석 범위 비교

	데이터 분석가	데이터 과학자	
기초 통계	◑	◔	아는 것을 확인하고 이해하는 단계
추정 및 예측 분석(관계)	◑	◔	무엇을 모르는지 아는 단계
추정 및 예측 분석(원인)	◔	●	
예측 최적화 분석	○	●	무엇을 모르는지도 모르는 단계
기계학습	○	●	

○ 0% 노력　◔ 25% 노력　◑ 50% 노력　◕ 75% 노력　● 100% 노력

그럼 현황 분석(Descriptive Analytics), 예측 분석(Predictive Analytics), 예측 최적화 분석(Prescriptive Analytics)에 대해 알아보자.

먼저, 현황 분석(기술descriptive 분석 또는 진단diagnostc 분석이라고도 함)은 과거 데이터를 바탕으로 한 일반적인 기초 통계를 통해서 전반적인 상황을 파악하고 이해하고 확인하는 작업을 말한다. 빈도나 합산 등을 이용해 알아보기 쉽게 정리(보고서)하여 아는 것을 비교 검증하고 사건에 대한 원인을 파악하여 진단하기도 하는데, 주로 BI 툴을 활용한다.

다음으로, 예측 분석(또는 추정likelihood 분석)은 과거나 현재 데이터에 기초해서 실제 존재하고 있지만 모르는 사실을 추정하는 것, 또는 가까운 미래에 발생할 가능성이 있는 사안들을 추측하는 것을 가리킨다.

마지막으로, 예측 최적화 분석은 추정 분석 또는 예측 분석 모델을 실제 실행하였을 때 가장 바람직한 결과가 예상되는 모델이 어떤 것인지를 분석하는 것을 일컫는다. 예측 최적화 분석은 분석 환경이 변화하면 분석 모델 자체가 스스로 교정하는 과정을 포함하기도 한다.

단계별 분석 기술 비교

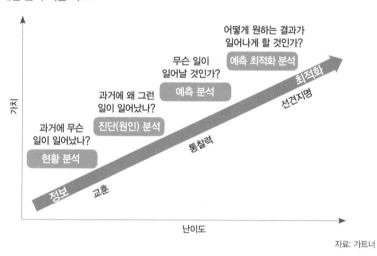

자료: 가트너

예를 들어, 어느 백화점 판매 데이터에서 지점별 한 달 매출을 합산하여 과거 데이터와 비교 분석한다고 하자. 이때 어떤 지점의 매출이 왜 적게 나왔는지 진단하는 것은 '현황 분석'이고, 과거 매출 데이터와 다양한 경제 변수, 내부 비즈니스 환경을 고려하여 내년 매출을 추측하는 것은 '예측 분석'이다(고객의 성별을 모를 때 데이터를 통해 성별을 추측하는 것은 엄밀한 의미에서 '추정 분석'이지만, 보통은 이런 것도 예측 분석에 포함시킨다). 그리고 내년 매출과 함께 내년 반품률을 예측해 내년 구매 예산에 반영하는 시나리오라면, 즉 제한된 자원 안에서 최적의 구매 예산을 도출해 내기 위한 것이라면 예측 최적화 분석이다. 이와 같이 예측 최적화는 기업의 재정과 운영뿐만 아니라 기계 공학, 제조 과정, 물류, 의료 등 다양한 분야에서 활용되고 있다.

특히 빅데이터 시대에 예측 최적화 분석은 사물 인터넷(Internet of Things) 및 실시간 분석 기술과 결합되어 정보의 가치를 최고로 높여 기업에 획기적인 기여를 한다.

▶ 사물 인터넷은 인터넷을 기반으로 모든 사물을 연결하여 사람과 사물, 사물과 사물 간에 정보를 주고받는 지능형 기술 및 서비스를 말한다.

데이터 과학의 높아진 위상, 최고 데이터 책임자(CDO)

한국에서는 대부분의 프로젝트에서 데이터 과학자가 데이터 마이닝 과정에만 참여하고, 최고 의사 결정자를 설득하는 과정에까지 참여하는 경우는 거의 드물다. 다행히 최근 글로벌 회사들을 중심으로 최고 데이터 책임자, 즉 CDO(Chief Data Officer)라는 직책이 생기고 있다. CDO 임원은 오른쪽 구인 광고 문안에서 보듯이 데이터 활용 분야에 필요한 데이터 거버넌스와 품질, 데이

최고 데이터 책임자 구인 광고

터 분석과 비즈니스 인텔리전스, 데이터 관리와 시스템, 데이터 보안과 개인정보보호 등에 관여하여 효과적으로 데이터를 활용하게 하여 회사의 수익에 기여할 무거운 책임을 부여받는다.

IBM의 데이브 벨란트(Dave Vellante)는 회사가 데이터 중심의 조직인지 아닌지를 가늠하는 중요한 잣대로 CDO의 존재 여부를 꼽았다. CDO가 있는 회사는 데이터 활용을 회사의 전략으로 생각한다는 것을 의미한다. 마찬가지 이유로, 회사에서 데이터 과학자에게 역할과 권한을 어디까지 주느냐에 따라 그들이 조직 내에서 하는 일의 파급 효과도 많은 영향을 받는다. 가까운 예로, 한국의 CRM 분석가들이 겪었던 열악한 처우를 보면 그 이유를 알 수 있다. 고객 관계 관리, 즉 CRM은 데이터 활용이라는 측면에서 보면 빅데이터 활용과 비슷하다. 다수의 전문가들은 과거 CRM이 한국의 많은 기업에서 제대로 정착하지 못한 가장 큰 원인으로 국내 회사들이 데이터에 대한 전략적 관점도 없고, 데이터를 중요하게 여기는 조직 문화도 없는 상태에서 성급하게 CRM을 도입한 것을 꼽는다.

▶ CRM: Customer Relationship Management의 약자로 우리말로는 '고객 관계 관리'라고 한다. 기업이 고객과 관련된 내외부 자료를 분석·통합해 고객 중심 자원을 극대화하고 이를 토대로 고객 특성에 맞게 마케팅 활동을 계획·지원·평가하는 것을 일컫는다.

데이터 과학자, 무엇을 배우고 공부해야 하는가

데이터 과학자는 데이터 분석가나 비즈니스 분석가의 역할에서 한 단계 발전한 분야이다. 그런 만큼 이들의 학교 교육 과정은 데이터 분석가나 비즈니스 분석가를 양성하는 교육 과정과 비슷하다. 그들은 주로 수학, 기초 통계, 분석 모델링, 컴퓨터 과학 또는 응용 컴퓨터 과학과 같은 교과 과정을 배웠다.

최근(2013년 10월) 캐글 사용자 상위 100명을 분석한 결과, 35%가 박사학위 소지자였고 40% 이상이 석사학위 소지자였다. 이 같은 분석 결과는 데이터 과학자가 학교 교육 과정에서 대학원 수준의 깊이 있는 데이터 분석 알고리즘과 프로그램 언어 및 기술을 배우는 것이 중요하다는 것을 말해 준다.

▶ 캐글(Kaggle.com)은 전 세계 데이터 과학자들이 기업이나 기관에서 해결하지 못한 데이터 문제를 분석해 최상의 해법을 제시하기 위해 서로 경쟁을 벌이는 온라인 플랫폼이다. 이름 있는 회사나 연구소 NASA, GE, 딜로이트(Deloitte), 올스테이트(Allstate) 등이 온라인으로 데이터 문제를 올리면 데이터 과학자들이 최적의 분석 모델을 찾아내기 위해 경쟁하는 사이트라고 이해하면 된다.

특히 기초 통계와 기계학습, 수리경제학, 수학, 시계열, 전자공학의 시그널 프로세스(Signal process)를 집중적으로 공부한다면 많은 도움이 될 것이다.

최근 들어 부족한 데이터 과학자를 양성하기 위해 단기 특별 교육 과정을 개설하는 곳이 늘고 있다. 좋은 일이지만, 우수한 두뇌들에게 몇 달간 분석 알고리즘 몇 개와 하둡 프로그램을 알려준다고 해서 데이터 과학자가 양성될 것이라 기대하기는 힘들다.

데이터 과학자를 희망한다면, 단기 특별 교육 과정을 듣는 것보다는 기존의 통계학과나 컴퓨터공학과, 수학과, 수리경제학과 등에서 가르치는 다양한 교과를 대학에서 배우고 빅데이터 시대에 필요하다고 생각되는 과목을 대학원 과정에서 보충하는 것이 더 낫다고 생각한다. 가장 중요한 것은 분야별 현업 경험이다. 실제 문제 해결 과정에서는 분석 이론과 복잡한 데이터 기술을 사용해 해결하는 일보다 현장에서 익힌 실전 지식으로 해결하는 것들이 더 많다.

중요한 것은 현장에서의 경험이다

자신의 전문 분야에서 깊고 넓게 지식을 습득하고, 다년간 경험을 쌓을 때 진정 쓸모 있는 데이터 과학자가 된다. 학교 수업 시간에 샘플 데이터로 배운 기술만 가지고서는 오염되고 비정형적이고 정제되지 않은 다양한 플랫폼의 데이터를 다루기가 쉽지 않다. 설령 기술적으로 데이터를 잘 다룬다고 해도 데이터에서 나온 숫자들을 비즈니스 문제와 연결해서 해석하고 해결의 열쇠가 되어줄 유용한 정보를 찾아내는 일은 경험을 필요로 한다.

"초급 분석가가 쓸모 있는 데이터 과학자가 되기까지 몇 년이 걸리느냐"는 케이디너겟츠닷컴의 설문에 응답자의 50% 이상이 5~8년 걸린다고 답했다. 아닌 게 아니라, 최소 3년은 실제 데이터 작업을 해봐야 기본적인 기초 통계 분석이 어느 정도 가능하다. 학교에서 기초 통계 시간에 평균(mean), 중앙값(median), 최빈값(mode)을 다 배우지만, 현장에서 데이터를 보고 문제 현황을 파악할 때 어떤 값을 기준값으로 사용해야 할지 판단을 못하는 경우도 허다하다. 또한 학교의 샘플 데이터와 현업의 데이터는 차이가 너무 크다. 전혀 가공할 수 없는 데이터도 있고, 때로는 가공이 불가능해 보인 데이터에서 생각지도 못한 결과가 나오는 경우도 있다. 어느 선까지 데이터를 분석해야 하는지 판단하는 것도 경험이 필요하다. 결국 데이터 과학은 이론을 전제로 한 분석 알고리즘과 현실 경험으로부터 얻은 지식, 그리고 최고의 IT기술과 데이터 과학자들의 영감이 융복합하여 사람들에게 이로움을 제공하는 방법론이다.

가끔 초급 분석가들이 아무리 분석해도 원하는 답이 나오지 않을 땐 어떻게 해야 하느냐고 물어본다. 원천 데이터가 오염돼 있으면 원래 데이터로부터 신호, 흐름, 관계 및 원인 등의 형태가 전혀 나타나지 않는 경우가 더러 있다. 답이 없다는 것을 아는 것도 분석 작업의 성과 중 하나이다. 그리고 더 중요한 것은 왜 답이 없는지 납득할 만한 보고 자료를 만드는 것이다. 의사 결정자가 이해하고 수긍할 수 있는 보고서를 철저히 준비해야 한다. 답을 찾아내는 것보다 이 과정에 훨씬 더 많은 노력과 시간이 든다.

데이터 과학자는 데이터 품질 전문가가 되어야 한다

데이터 과학자는 데이터 품질 전문가가 되어야 한다. 이는 선택이 아닌 필수다! 데이터의 품질은 내 영역이 아니라고 말하는 분석가는 아직 갈 길이 멀다.

데이터의 품질은 데이터 자체의 품질과 내용상의 품질로 나눌 수 있다. 예를 들어 데이터에 빠진(Missing) 값이 너무 많거나 숫자 필드에 문자가 들어가 있다면 이건 데이터 자체의 품질 문제이다. 그리고 주소 변수에 정확한 주소가 입력되어 있지 않다면 이건 내용상의 품질 문제이다. 또 다른 내용상의 품질 문제는 시간적으로 적합하느냐이다. 데이터는 늘 현재 시간에 맞게 업데이트되어 있어야 가치가 있다. 데이터는 또한 기준에 맞게 일관성도 있어야 한다. A라는 파일은 시(hour) 단위로 이루어져 있는데 같은 내용의 B라는 파일은 일(day) 단위로 이루어져 있다면 다시 변환과 통합을 해야만 이 데이터를 사용할 수 있다.

필자는 데이터를 받으면 일단 수천억 개의 레코드를 눈으로 직접 훑어보고, SQL이나 유닉스 스크립트(Unix script)로 만들어 문제가 없는지 일일이 검토한다. 이를 소홀히 하면 어떤 분석도 다 헛수고라는 것을 수많은 실수와 시행착오를 통해 몸으로 익혔다. 데이터 자체의 품질 문제는 초급자도 쉽게 찾아낼 수 있지만 내용상의 품질 문제를 찾는 것은 경험이 필요하다. 예를 들어 수천 개의 금융 고객 데이터가 논리상 흐름에 맞게 들어왔는지, 또는 가공된 변수가 정확히 계산되어 맵핑되었는지를 학교에서 배우기는 어렵다. 이런 문제는 비즈니스 경험이 있어야 해결할 수 있다. 이런 유형의 문제는 제조업 쪽에서 더 심각하다. 제조업은 데이터가 주로 기계에서 생성되는데, 이것이 어떤 논리에 맞게 생성되고, 어떤 이유로 일반 범주를 벗어나는지는 그 분야에 전문 지식이 있어야 판단이 되는 경우가 허다하다.

데이터 전처리와 가공 작업이 데이터 품질 관리를 포함해서 데이터 과학자가 하는 분석 작업 중 60~70%를 차지한다. 특히 데이터 가공 작업 중 많은 부분이 여러 종류의 데이터 세트를 연결하는 데이터 통합 작업이다. 이 통합 작업에서 데이터 식별값(primary keys), 즉 데이터들을 서로 구분하기 위한 개별 키값이 정말 중요하다. 이 값을 기준으로 데이터 세트들 간에 일대일(one-to-one), 일대다(one-to-many), 다대다(many-to-many)

등 다양한 통합이 이루어지는데, 적당한 식별값이 없어서 데이터를 활용 못하는 경우나 잘못 연결되어 품질상에 심각한 문제가 생기는 경우도 있다. 또 식별값을 가지고도 비효율적으로 연결되거나 인덱싱되어 많은 시간을 허비하는 경우도 있다. 아무리 알고리즘을 잘 사용하고 데이터 전처리를 잘하고 변환 변수를 잘 만들어도 원천 데이터의 품질에 문제가 있으면 좋은 결과를 얻는 것은 불가능하다. 그래서 데이터의 품질은 원천 데이터가 수집되는 과정에서부터 누락되거나 잘못 기입되는 일이 없도록 주의해야 한다.

다양한 플랫폼 환경과 마주하게 되는 데이터 과학자

데이터 과학자는 다양한 플랫폼 환경에서 일해야 하므로 각종 플랫폼 환경에 대한 지식도 있어야 한다. 빅데이터 시대라 유닉스 종류의 서버 환경에도 능숙해야 하지만 메인 프레임 환경도 알아야 한다. 그와 함께 레거시 데이터(legacy data)들을 이해하고 윈도우 네트워크 환경도 잘 이해하고 있어야 한다. 꽤 오래 전에 데이터 웨어하우스를 유

▶ 레거시 데이터는 과거의 프로그래밍 언어로 개발된 과거의 데이터를 말한다.

닉스 서버에서 구축하던 중 IBM 메인 프레임에서 코볼(COBOL) 프로그램으로 생성된 데이터를 가져와야 했었다. 그때 이 작업을 하기 위해서 JCL(Job Control Language, 작업 제어 언어)을 배웠다. 데이터가 너무 커서 서버에서 다룰 수가 없어 다시 메인 프레임 테이프(tape)에 저장된 데이터로 작업을 한 적도 여러 번 있었다. 운영 비용 때문에 오래 전부터 대량의

레거시 데이터를 정형 빅데이터로 관리해 온 금융 기업들은 아직도 데이터를 테이프에 저장하는 경우가 많다. 데이터 과학자들은 이종(異種) 시스템의 데이터들을 더 편리하게 사용할 수 있게 해주는 클라우드와 시스템 가상화 환경에 대해서도 폭넓게 알아야 한다. 필자가 일했던 액시엄에서도 2000년 초부터 클라우드와 시스템 가상화 환경이 구축되어, 서로 다른 환경의 플랫폼에 쉽게 접근할 수 있어 편리했다. 요즘은 다양한 클라우드 환경에서 일할 기회가 더 많아졌다. 클라우드 종류에는 인프라에 관여하는 IaaS(Infra as a service), 플랫폼에 관여하는 PaaS(Platform as a service) 그리고 애플리케이션에 관여하는 SaaS(Software as a service) 등이 있다. 플랫폼 운영 시스템에 따라 데이터 과학자가 사용하는 소프트웨어가 달라져야 하는 경우도 자주 있다. 따라서 빅데이터 인프라나 플랫폼의 내부 구성에 대한 이해는 물론이고 데이터 통합, 분석 및 활용 전반에 대한 경험적 지식도 갖추어야 한다.

클라우드 종류와 활용 단계

클라우드 고객(Cloud Clients)
웹 브라우저, 모바일 앱, 고객, 터미널 사용, 애플리케이션 …

SaaS(소프트웨어 서비스)
고객 관리, 이메일, 가상 데스크톱, 통신, 게임, 플랫폼 …

PaaS(플랫폼 서비스)
운영 시간 관리, 데이터베이스, 웹 서버, 개발 툴, 인프라 구조 …

IaaS(인프라스트럭처 서비스)
가상 기계, 서버, 저장, 탑재, 네트워크 …

데이터 과학자의 다양한 분석 도구들

데이터를 가공하려면 분석용 소프트웨어가 필요하고, 분석 모델을 만들기 위해서는 알고리즘이나 기초 통계가 필요하다. 기초 통계 (Descriptive Statistics)는 데이터 과학의 나침반이다. 데이터의 탐색적 현황 파악을 가능하게 하고 분석 방향을 설정하는 데 기본이 되기 때문에 기초 통계의 중요성은 아무리 강조해도 부족함이 없다.

분석 소프트웨어

목수가 일을 잘하려면 뭐니 뭐니 해도 기술과 실력이 있어야 한다. 좋은 도구를 구입하여 사용법을 잘 익히는 것은 그다음이다. 데이터 과학자가 분석 소프트웨어를 잘 배우고 익히는 것도 마찬가지이다. 간혹 분석 도구만 잘 사용해도 데이터 과학자라고 생각하는 사람들이 있는데, 그런 사람은 데이터 과학자가 아니라 프로그래머(Programmer)이다. 예를 들면 R 또는 SAS 프로그래머인 것이다. 이들은 분석 도구를 이용해 데이터에서 원하는 결과를 뽑아주기만 하면 된다. 데이터 과학자는 분석 도구를 잘 다루어야 하는 것은 필수이고 기업이나 조직의 데이터 활용 조건에 맞춰 분석 도구를 선별할 수 있는 경험적 지식도 가지고 있어야 한다.

데이터 과학자가 많이 사용하는 소프트웨어로, 예전부터 금융 분야나 의료 분야 또는 다국적기업에서 주로 사용했던 SAS가 있고, 최근엔 오픈 소스 위주의 래피드마이너(RapidMiner)와 R 언어도 많이 사용한다.

래피드마이너는 R을 좀더 사용하기 쉽게 만든 분석 도구로, 프로그램이 필요 없으며 오픈 소스와 상용 버전이 있다. 이중 오픈 소스 소프트웨어는 빅데이터용은 아니다. SAS는 다양한 플랫폼에서 안정적으로 사용할 수 있지만 비싸다는 게 흠이다. 필자도 대학 시절부터 지금까지 SAS를 사용해 왔는데, 최근 들어 오픈 소스나 다른 도구도 조금씩 사용하고 있다. 오픈 소스는 다양한 알고리즘을 사용할 수 있고 저렴하다는 장점이 있다. 이 때문에 요즘 나오는 데이터 활용 프로젝트는 오픈 소스를 많이 선호한다.

2013년에 SAS, 테라데이터(TeraData), 호튼웍스(Hortonworks)가 함께 출시한 하둡용 고급 분석 도구(Analytics Advantage Program with Hadoop)는 빅데이터용 분석 도구다. 이 제품은 어떤 환경에서도 다양한 종류의 데이터를 준실시간(Near real-time)으로 빠르게 분석한다고 한다. 이것이 사실이라면 굉장히 탐나는 도구다. 또한, 빅데이터 예측 분석과 기계학습 알고리즘을 오픈 소스로 제공하는 헥스데이터(0xdata)는 H_2O라는 빅데이터용 인메모리(in-memory) 분석 엔진을 출시했다. H_2O는 통계나 기계학습, 복잡한 수학을 하둡뿐만 아니라 데스크톱이나 클라우드(아마존 EC2 등)에서도 사용할 수 있게 해준다. R, 엑셀(Excel), JSON(자바스크립트 표준 객체) 등과의 호환도 수월해 다양한 고급 분석이 가능하다고 한다. 현재 온라인 영화 대여 회사인 넷플릭스(Netflix)에서 빅데이터 고급 분석 베타 버전으로 테스트 중이라고 하니 결과가 기다려진다. 헥스데이터 홈페이지(http://0xdata.com/h2o-2/)에서 H_2O 시험 버전을 다운로드받아 사용할 수 있다.

데이터 과학자에게 필요한 다양한 분석 도구들

무료 분석 도구(오픈 소스)	유료 분석 도구(상업용 소스)
래피드마이너(RapidMiner) / 래피드애널리틱스(RapidAnalytics)	엑셀
R	래피드애널리틱스(RapidAnalytics)/ 래피드마이너(RapidMiner) 상용판
웨카(Weka) / 펜타호(Pentaho)	SAS
파이선(Python)	매트랩(MATLAB)
나임(KNIME)	스태트소프트스태티스티카 (StatSoftStatistica)
래틀(Rattle)	IBM SPSS
오렌지(Orange)	마이크로소프트 SQL 서버
기타 무료 분석 / 데이터 마이닝 소스트웨어	타블로(Tableau)
GNU 옥타브(Octave)	IBM SPSS 모델러
레볼루션 애널리틱스(Revolution Analytics) R	SAS 엔터프라이즈 마이너 (Enterprise Miner)

분석 도구가 비싸다고 다 좋은 건 아니다. 조금 불편한 점이 있긴 해도 오픈 소스도 많이 개발되어 있으므로 기업이나 조직의 규모와 환경에 맞게 적절한 툴을 선택해 사용하는 것이 현명하다. 요즘은 보고서 위주의 툴이었던 BI(Business Intelligence)가 발전해서 분석 툴, 즉 BA(Business Analytics) 역할까지 하는 경우도 있다. 하지만 복잡한 데이터 전처리 작업과 알고리즘을 사용해야 하는 고급 분석 작업, 대용량 데이터 전처리 작업에는 아직 역부족이다.

데이터 전처리를 위한 분석 프로그램 언어

데이터를 전처리하고 가공하기 위해서 데이터 과학자는 프로그램 언어의 기본 원리도 알아야 한다. 다양한 프로그램 언어가 있지만, 작업 특성상 특정 프로그램 언어를 꼭 사용해야 할 때는 프로그램 규칙(Syntax)만 배워서 바로 사용할 줄도 알아야 한다. 예를 들어, SAS 사용자라도 여의치 못하면 R을 사용해야 할 수도 있다. 관계형 데이터이면 SQL을 사용해야 하며, 유닉스 환경에서 데이터 검토가 필요하면 유닉스 스크립트만이라도 사용할 줄 알아야 한다. 더 복잡한 데이터 변환이나 가공이 필요하면 C++나 자바 같은 언어를 고급 사용자처럼은 아니어도 기본 원리를 이해하고 필요한 만큼 변형해서 사용할 줄도 알아야 한다. 그리고 빅데이터를 가공해야 한다면 파이선(Python)이나 피그(Pig), 하이브(Hive) 또는 맵리듀스(MapReduce) 작업을 할 줄 알면 일하기가 한결 수월해진다.

물론 데이터 과학자는 데이터 플랫폼이나 데이터 인프라를 구축하는 인프라 엔지니어나 데이터 아키텍처는 아니다. 데이터 과학자가 빅데이터 관리를 하는 고급 기술자일 필요는 없다. 솔직히 NoSQL이나 맵리듀스를 사용하지 못해도 얼마든지 좋은 데이터 과학자가 될 수 있다. 하지만 데이터 처리 작업을 위해 프로그램의 기본 원리나 기초는 반드시 익히는 게 중요하다. 프로그램 언어도 계속해서 진화하기 때문에 기본 원리를 배워두는 것이 여러모로 도움이 된다.

필자가 초기에 배운 언어는 SAS, 코볼, 포트란(FORTRAN)이었고, 그다음으로 SQL, C, C++, 유닉스 셸 스크립트(Unix Shell script)를 배웠다. 최근에는 R, 피그, 하이브와 맵리듀스를 배웠는데, R은 좀 깊이 있게 배웠고 나머지는 필요한 데이터를 전처리 후 활용할 수 있는 수준까지는 익혔으나 전문가는 아니다.

케이디너겟츠닷컴의 회원들은 2013년 기준으로 60% 이상이 분석 프로그램 언어로 R을 가장 많이 사용했다. 그다음으로 파이선(38.8%), SQL(36.6%), SAS(20.8%), 자바(Java, 16.5%)를 복수로 선택했고, 유닉스 셸 11%, C/C++ 9%, 하둡 시스템의 피그와 하이브 8% 순으로 사용했다. 이중 피그, 하이브, R, SQL은 전년에 비해 사용자가 더 늘었는데 하둡과 빅데이터의 영향인 듯하다. 반면 예전에 많이 사용했던 펄(Perl), 루비(Ruby), C/C++, 유닉스 셸/오크(AWK, 유닉스에서 사용되는 스크립트 언어)/sed(유닉스에서 사용되는 텍스트 처리 프로그램)의 사용률은 많이 줄어들었다. 요즘은 자바나 스칼라(Scala), 파이선 프로그램을 주로 사용하는 추세다.

또한 빅데이터 전문 커뮤니티인 위키본에 따르면, 빅데이터 데이터베이스는 2017년까지 2011년에 비해 33% 성장할 것이라고 한다. 더불어 NoSQL은 연평균 59.6%, SQL은 연평균 26.2% 성장할 것으로 전망하고 있다. 이제 데이터 전처리 과정에 꼭 필요한 SQL과 NoSQL 데이터베이스 기술을 익히는 것은 더욱더 중요한 일이 됐다.

참고로 필자는 분석 도구로 SAS, R, 래피드마이너(RapidMiner)를 상황에 따라 선택해서 사용하며, 더 복잡한 작업을 할 때는 파이선, SQL, C++, 유닉스 셸 스크립트를 추가로 사용한다.

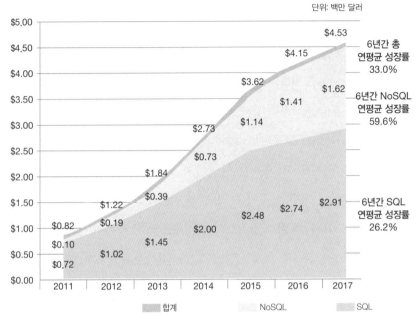

빅데이터 SQL과 NoSQL 매출 예측 2011~2017

단위: 백만 달러

6년간 총
연평균 성장률
33.0%

6년간 NoSQL
연평균 성장률
59.6%

6년간 SQL
연평균 성장률
26.2%

합계　　　　　NoSQL　　　　　SQL

자료: Wikibon Big Data Model 2011~2017

분석 알고리즘

데이터 과학자가 사용하는 최고의 분석 도구는 역시 분석 알고리즘이다. 분석 알고리즘이란 문제를 해결하는 절차들을 명령어로 정리한 집합을 말한다. 분석 알고리즘은 제공된 데이터를 분석하여 특정 유형의 패턴 또는 추세를 찾아 최적의 매개 변수를 정의한다. 그런 다음 그 매개 변수를 전체 데이터 집합에 적용하여 동작 가능한 패턴과 자세한 통계를 추출한다.

분석 알고리즘은 수학, 통계, 기계학습, 수리경제 등의 알고리즘을 데이터 조건에 따라 다양한 방법으로 적용하고 응용해서 사용하기 때문에 각각의 알고리즘을 정확하게 이해하려면 직접 사용해 보는 수밖에 없다.

게다가 똑같은 분석 상황에서도 데이터 과학자의 기술적 역량과 경험, 전공 과목에 따라 접근 방식이 많이 달라진다. 어떤 것이 적합한 알고리즘인지는 현업의 비즈니스 상황에 따라 각기 다르기 때문에 특정 상황에 특정 알고리즘을 사용하라는 식으로 정해진 공식은 없다.

다만 분석 과정 중 특정 알고리즘을 사용해야 하는 경우, 종속 변수가 있는지 없는지를 가장 먼저 살펴보아야 한다. 종속 변수의 유무에 따라 사용할 수 있는 알고리즘이 제한되기 때문이다. 예컨대 종속 변수가 없을 땐 군집 분석과 원인 분석, 이상치(異常値, Anomaly/Deviation detection), 연관 법칙(Association rules) 등 몇 가지 알고리즘만 사용할 수 있다. 그리고 변수의 속성에 따라서도 사용할 수 있는 알고리즘이 달라진다. 변수의 값들이 연속적 형태를 띨 경우엔 예측 분석이 가능하고, 이산(離散, discrete)적 형태를 띨 때는 판별 분석이 가능하기 때문에 상황에 맞게 알고리즘을 선택해야 한다. 요즘 뜨는 텍스트 마이닝(text mining)이나 웹 검색 분석은 분석 소프트웨어가 잘 개발되어 있어 분석하기가 한결 수월해졌다.

현업의 비즈니스 상황에 따라 다르기는 하지만, 일반 기업이나 조직에서 많이 사용하는 알고리즘들을 정리하면 다음 표와 같다.

다음 표에서 업리프트 모델링(Uplift modeling)은 마케팅 캠페인에서 많이 사용하는 기법[2]으로, 실제로는 추정 모델을 단계별로 적용하는 기법이

---

2 업리프트 모델링, 앙상블 모델링 등에 대한 구체적인 사용 방법은 《빅데이터 다음 단계는 예측 분석이다》(에릭 시겔 지음, 이지스퍼블리싱 2014)를 참고하세요.

알고리즘	주 활용 분야
업리프트 모델링(Uplift modeling)	단계적 추정, 예측 분석
생존 분석(Survival Analysis)	의료 통계, 설비 분야 사건 예측(이탈, 사망, 고장 등)
회귀 분석(Regression, logistic)	예측 분석, 추정 분석(매출, 신용 점수 등)
시각화(Visualization)	원인과 관계 분석
기초 통계(Statistics)	기초 통계 현황 파악
부스팅(Boosting), 배깅(Bagging)	분류 분석(일종의 앙상블 기법)
시계열/순열 분석(Timeseries/Sequence analysis)	시간상의 예측(이자율, 예산 등 예측)
요인 분석(Factor Analysis)	요인 분석, 차원 축소
이상치 감지 기법(Anomaly/Deviation detection)	이상치 분석
텍스트 마이닝(Text Mining)	시대 경향 및 감성 분석
의사 결정 나무(Decision Trees)	분류(종속 변수 존재)
신경 회로망(Neural Nets)	분류 분석
군집 분석(Clustering, K-mean)	독립 변수들만의 분류, 그룹화, 프로파일링
앙상블 기법(Ensemble methods)	분류, 예측 최적화 등의 결합 분석
소셜 네트워크 분석(Social Network Analysis)	관계망 분석(사람 관계, 통화 관계, 소셜 네트워크 등)
연관 법칙(Association rules)	관계 분석, 장바구니 분석 등
서포트 벡터 머신(Support Vector Machine, SVM)	분류 분석
주성분 분석(Principal component analysis, PCA)	원인 분석(독립 변수간의 관계), 차원 축소
추천(Recommender)	몇 개의 기본 알고리즘을 활용하여 상품, 내용, 사람 등 추천(일종의 앙상블 기법)

다. 즉 A/B테스트와 같이 환경이나 조건을 달리한 후에 적당한 그룹을 선택하여 예측성을 높이는 방법으로 마케팅이나 신용 관리, 가격 선택, 고객 이탈 관리 등 다양한 분야에 사용한다.

회귀 분석(Regression)은 예측이나 분류에 사용하는 아주 유명한 알고리즘이다. 특히 로지스틱(Logistic) 회귀 분석은 신용 평점에 많이 사용하고, 추정 모델에도 흔히 사용한다.

요즘엔 원인과 관계 파악을 위해 시각화(Visualization)도 많이 사용하는데, GIS(지리 정보 시스템)로 위치 분석을 할 때 특히 많이 사용한다. 구글이나 야후, 아마존에서는 개인화 서비스를 위해 군집 분석(Clustering, K-mean)을 사용한다.

그리고 넷플릭스 분석 경연대회에서는 앙상블 기법(Ensemble methods)이 주요하게 쓰였는데, 여러 개의 예측 모델을 만든 후에 그것들을 결합하여 하나의 최종 예측 모델을 만들어 사용한 사례는 아주 유명하다. 넷플릭스 경연대회에서 사용된 알고리즘은 둘째마당에서 자세히 살펴볼 예정이다.

이외에도 경제나 행정 예산 책정에 많이 사용하는 시계열/순열 분석(Timeseries/Sequence analysis), 사기 감지나 품질 관리에 사용하는 이상치 감지 기법(Anomaly/Deviation detection)과 소셜 네트워크 분석(Social Network Analysis)이 있다. 소셜 네트워크 분석은 테러리스트 연결고리 분석에 주로 사용하며, 통신사에서 고객 이탈 분석을 할 때도 활용한다.

마지막으로 주성분 분석(Principal component analysis, PCA)도 제조 분야에서 원인 분석이나 최적화 작업을 할 때 많이 사용하는 알고리즘 중 하나이다. PCA는 원인 분석 또는 변수 선정 등 지수 개발에 사용한다.

이중 몇 개의 알고리즘은 둘째마당과 셋째마당의 활용 사례에서 좀더 깊이 있게 다룰 것이다.

발전하는 분석 알고리즘

컴퓨터 기술이 발달함에 따라 이론적으로만 가능했던 분석 알고리즘이 재조명을 받기도 하고, 새로운 알고리즘이 개발되어 현업에 적용되기도 하면서 과거 몇십 년 동안 다양한 분석 알고리즘들이 발전해 왔다. 분석 알고리즘의 시대별 발전 추세를 보면 한국은 미국에 비해 거의 10여 년 또는 그 이상 뒤처져 있다. 대표적인 예로 웹 크로울(Web crawling), 웹 검색(Web search), 신용 점수(Credit scoring), 텔레매틱스(Telematics), 텍스트 분석(Text miming) 등은 미국이 90년대 말에서 2000년대 사이에 개발하기 시작한 것들이다.

지금 특별히 주목해야 할 부분은 빅데이터와 더불어 실시간 분석(Real-time analytics), 고급 분석(Advanced analytics), 제조공정의 스마트 운영(Operational intelligence), 사물 인터넷(Internet of Things) 등을 포괄적으로 활용한 산업혁명 4.0(Industry 4.0)이다. 2013년 독일 정부를 필두로 하여 주요 유럽 정부들이 미래 전략 프로젝트로 제시한 산업혁명 4.0은 제조 분야의 스마트 제조공정 혁신 프로젝트이다. 또한, 이미 개발된 알고리즘들과 새로운 데이터 처리 기술이 결합하여 분석 역량(Analytic Capabilities)과 데이터의 활용 범위도 점진적으로 확대 발전하고 있다.

미국의 분석 알고리즘 발전 추세

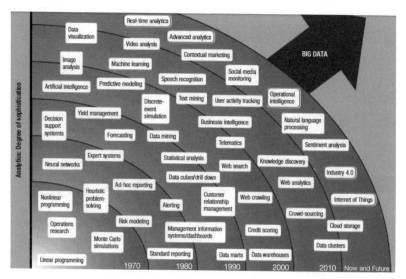

자료: Booz & Company, 2014

다음 도표는 정형 데이터(숫자 데이터)와 비정형 데이터(텍스트, 그림 등)의 분석 처리 능력과 이들 데이터가 결합된 하이브리드 데이터의 분석 처리 능력의 발전 과정을 나타낸 것이다. 정형 데이터는 현황 분석과 진단 분석을 기본으로 하여 차츰 예측 분석과 예측 최적화 분석 같은 고급 분석으로 발전을 해왔다. 그리고 비정형 데이터는 초기에는 현황 분석만 가능했다가 최근 들어 새로운 분석 처리 기술의 발전으로 진단 분석과 예측 분석까지 가능해지고는 있으나 현업에서 성과를 내기까지는 시간이 더 필요해 보인다.

정형 데이터와 비정형 데이터가 결합된 하이브리드 데이터도 초기 단계이기는 하나 현황 분석, 진단 분석, 예측 분석 그리고 예측 최적화 분석

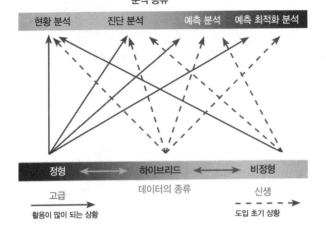

고급 분석과 신생(新生) 분석의 분석 역량

분석 종류

| 현황 분석 | 진단 분석 | 예측 분석 | 예측 최적화 분석 |

| 정형 | 하이브리드 | 비정형 |

데이터의 종류

고급
활용이 많이 되는 상황

신생
도입 초기 상황

자료: 가트너

까지 범위를 확대하며 폭넓은 활용 가능성을 보여주고 있다.

정형이든 비정형이든 하이브리드이든 모든 데이터는 시뮬레이션, 추정, 예측, 최적화 등의 고급 알고리즘을 활용하여 분석 작업이 이루어질수록 정보의 가치가 높아진다고 하나 아직까지는 기업 사정에 따라 차이가 많이 난다.

미국 은행들 가운데 16% 정도는 아직도 스프레드시트(spreadsheets)와 기본 보고서 도구(basic reporting tools)를 사용하고 있고, 50%는 기본 보고서 도구와 함께 제한적으로 예측 분석(predictive analytics)을 활용한다. 그리고 단지 6%만이 비정형 데이터를 분석할 수 있는 높은 수준의 빅데이터 기술을 같이 사용하고 있다.[3]

---

3 *American Banker*, Penny Crosman, editor-in-chief of Bank Technology News, 2013.

데이터 과학자는 알고리즘 사용자이지 개발자가 아니다

데이터를 분석하는 데 있어 가장 중요한 것은 분석의 목적을 분명히 하고 그 목적에 맞는 문제 해결 방안을 찾는 것이다. 간단한 기초 통계만 사용해도 문제에 대한 답을 얻을 수 있다면 그것이 그 문제에 대한 최고의 분석 방법론이고 알고리즘이다. 복잡하고 화려한 분석 알고리즘을 사용하는 것이 중요한 것이 아니다. 필자의 경험에 따르면, 아무리 정교하게 개발된 고급 분석 알고리즘이라도 데이터 자체의 품질에 문제가 있으면 2~5% 이상 예측력을 높이지 못한다. 반면에 적당한 크기의 품질 좋은 데이터는 10%에서 많게는 20% 이상 예측력이 높아지기도 한다.

가장 좋은 방법은 정교한 알고리즘과 적당한 데이터 크기로 분석하는 것이지만, 굳이 선택을 해야 한다면 적당한 크기에 품질 좋은 데이터가 화려한 고급 알고리즘을 사용한 분석보다 낫다.

그리고 실제 비즈니스 현장에서는 우주과학자나 물리학자, 수학자만 쓸 수 있는 복잡한 알고리즘을 사용해야 하는 분석 과제는 많지 않고 복잡한 알고리즘은 현업에 적용하기도 쉽지 않다. 데이터 과학자는 검증된 알고리즘을 사용하는 사용자이지 알고리즘 개발자는 아니라는 것을 기억하자.

Data Science NOT
Rocket Science

다음은 미국의 유명한 데이터 과학자 스티븐 맥다니엘(Stephen McDaniel)이 통계와 데이터 과학과 빅데이터에 대한 자신의 생각과 경험을 소개한 내용이다. 읽어보면 데이터 과학자가 무엇을 해야 하는지 알 수 있을 것이다.

미국의 데이터 과학자 스티븐 맥다니엘의 경험담

데이터 과학과 시각화 분야의 전문가이자 프리컬틱스(Freakanlytics)의 설립자인 스티븐 맥다니엘(Stephen McDaniel)이 데이터 과학과 통계에 대한 자신의 견해를 밝혔다. 다음은 '과연 데이터 과학자는 통계학의 마지막인가?'(Is Data Science The End of Statistics? A Discussion)라는 제목으로 케이디너겟츠닷컴에 올린 그의 글 중 주요 내용을 요약 발췌한 것이다.

데이터 과학자는 어린아이처럼 호기심이 강하고, 창의적이며, 다른 사람의 비즈니스 문제를 풀어주는 것에 관심이 많은 사람이다. 그리고 프로그래밍을 하는 데 문제가 없고, 통계 분야에 경험이 있으면서 강력한 데이터 관리와 다른 기술들 — 운용 과학(operations research), 시스템 관리(system admin), 시스템 통합(system integration) 등 — 을 사용할 수 있는 사람이라고 생각한다.
데이터 과학자를 단순히 하둡, 맵리듀스 또는 파이선을 사용할 줄 아는 사람이라고 혼동하는 경우가 있다. 왜 이러한 일이 벌어졌는지 잘 모르겠지만, 나는 확실히 그렇지 않다라고 말하겠다. 이는 마치 통계학자를 가리켜 SAS나 SPSS를 쓸 줄 아는 사람이라고 하는 것과 같다.

내 인생의 터닝 포인트는 넷플릭스 입사와 함께 찾아왔다. 넷플릭스에는 뛰어난 비즈니스 분석가들이 있었지만 고도의 분석 기법을 사용할 일은 많지 않았다. 나는 넷플릭스에서 두 가지 역할을 수행했다.
첫째, 데이터를 가지고 고객을 복합적인 관점에서 분석하고, 고객 세분화 작업을 하고, 고객의 생애 가치를 예측하고, 다양한 분야에서 일하는 많은 분석가의 일들을 고객에 대한 일관된 관점(single customer view)으로 통합하는 작업을 했다.
둘째, 회사는 종종 비즈니스의 막다른 골목에 이르렀을 때, 중요한 비즈니스 문제들에 대한 해결책을 나에게 요구했다.

통계적 기술을 창의적으로 활용하면 단 며칠의 고민(작업)을 통해서도 비즈니스 문제들에 대한 놀라운 해결 방법을 찾을 수 있다. 최고경영자들은 새로운 접근법 또는 시험해 볼 만한 새로운 변수들에 놀라워했다. 나는 한 번도 나 스스로를 데이터 과학자 또는 통계학자라 생각해 본 적이 없다. 나는 단지 다양한 도구를 가지고 기존의 방식과는 다르게 문제에 접근한 창의적인 문제 해결자였다.

데이터 과학자가 갖추어야 할 소양

빅데이터(Big data), 좋은 데이터(Good data), 똑똑하고 영리한 데이터(Smart data)도 있지만, 인품 있는 데이터(Intelligent data)도 있다. 어느 유명 외국 자료에서 사기 종류를 나열하는 중에 논문 조작 사건의 한 예로 한국 박사의 유전자 데이터 조작 사건을 제시한 것을 보고 당황한 적이 있다.

데이터는 어떤 목적으로 어디에 사용하느냐에 따라 나쁜 데이터가 되기도 하고 지적이고 인품 있는 데이터가 되기도 한다. 여기에서 나쁜 데이터란 개인적인 욕심이 투영돼 왜곡되고 부풀려진 데이터를 말한다. 그렇다면 지적이고 인품 있는 데이터는 무엇이고, 누가 만들어낼까? 인품 있는 데이터를 만드는 데이터 과학자가 되려면, 다음과 같은 소양을 갖춰야 한다.

첫째, 커뮤니케이션 기술이 중요하다. 본인이 분석하고 찾아낸 인사이트를 부문별 영역이나 수준에 맞게 설명하고 설득할 수 있어야 데이터 활용이 원활히 이루어진다. 아무리 훌륭한 분석 결과나 인사이트도 의사 결정자들의 공감대를 얻지 못하면 현업에 적용하여 실질적 성과를 거두기는 어렵다. 거의 모든 데이터 과학자의 구인 광고에는 커뮤니케이션 기술이 필요하다고 명시되어 있다.

둘째, 배움에 성실해야 한다. 최신 데이터 분석 기법이나 데이터 정제 기술을 끊임없이 익혀야 하기 때문이다. 데이터 과학자가 모든 분야에서 수준 높은 전문가일 수는 없다. 어떤 데이터 과학자는 비즈니스 분야에 좀더 경험이 있고, 어떤 데이터 과학자는 고급 분석 분야에 좀더 경험이 있고, 또 어떤 데이터 과학자는 기술적 데이터 인프라에 더 전문적인 경험이 있을 수 있다. 모든 분야에 능통할 수는 없으므로 자신에게 부족한 부분을 스스로 찾아서 끊임없이 배우고 익히는 성실함이 중요한 소양이 된다.

셋째, 꼼꼼해야 한다. 앞에서 데이터 품질에 대해 잠깐 언급했지만, 데이터 과학자는 데이터 품질의 전문가가 되어야 한다. 데이터 전처리 과정에서 쉼표 하나라도 빠져 사고가 생기면 며칠 동안 일한 것이 헛수고가 될 뿐 아니라 기업이나 조직에 큰 손실을 끼칠 수 있다. 그러므로 데이터나 프로그램은 반드시 꼼꼼하고 치밀하게 매번 확인해야 한다.

넷째, 진실함과 정직함이 있어야 한다. 데이터 분석 결과는 분석한 사람이 가장 잘 안다. 자신에게 불리한 분석 결과가 나와도 사실을 있는 그대로 알리고 분석 결과와 인사이트를 조직의 이익을 위해 사용해야 한다.

이런 데이터 과학자에게서 나온 데이터가 바로 지적이고 인품 있는 데이터이고 가치 있는 고급 정보이다.

끝으로, FIS의 데이터 과학자 구인 광고를 통해 선진적인 기업들이 데이터 과학자에게 기대하는 역량이 무엇인지 엿보는 기회를 가져보자. FIS는 포춘 500대 기업이자 IT 아웃소싱 서비스 선두 기업으로 90개이상의 나라에 금융 솔루션을 제공하고 있다. FIS에서 데이터 과학자는 위험과 사기 방지를 위한 솔루션을 개발한다. 다음은 심플리하이어드닷컴에 올린 FIS의 구인 광고 내용을 번역한 것이다.

FIS의 데이터 과학자 구인 광고

역할

FIS의 사기 위험 및 회계 감사팀의 데이터 과학자로서 분석 모델을 만들고 금융 사기 탐지 솔루션을 하나의 모듈로 만듭니다. 당신은 수리팀(math team)에 소속되어 소프트웨어 엔지니어, 운영 관리자, U/I (유저 인터페이스) 개발자, 그리고 다른 소프트웨어 엔지니어들과 협력해 은행 사기 문제를 예방하는 프로그램을 개발하고 기존 프로그램을 발전시키는 업무를 하게 될 것입니다.

필요 능력과 경험

- 문제 해결을 위한 분석 모델 개발에 최소 2년 이상의 경험
- 복잡한 데이터 흐름을 분석하고 조작할 수 있는 전처리 능력
- 정해진 기간 동안 데이터 속에 숨겨진 정보와 관계를 분석하기 위해 다양한 시스템과 데이터를 추출해 내는 능력
- 데이터 마이닝, 기계학습용 모델을 개발하기 위해 선임 수학자와 함께 일할 수 있는 능력
- 데이터 분석 범위는 적절한 수학적 기술을 이용한 데이터 군집 분석, 이동 평균법, 시계열 분석, 개인 프로파일 군집 분석, 신경망 분석 등을 포함
- 기존 제품에 모듈화하기 위해 다양한 부서와 같이 일하는 능력
- 빅데이터와 대용량 데이터 애플리케이션에서도 잘 수행되도록 모델 설계

- 성능을 모니터링 및 평가하여 정확도 향상 작업
- 모델 선택과 합리적인 사용 등에 대한 문서 작업

필수적으로 보유해야 할 기술

- 2년 이상의 분석 모델 개발 경험과 10년 이상의 관련 분야 경험
- 데이터 마이닝과 통계적 기술: 데이터 중심의 응용 수학
- 문제 해결을 위해 즉시 사용할 수 있는 유용한 방법(Tool) 등을 찾아 활용하는 열정
- 데이터 분석 툴 사용 경험: (예) R, MatLab, NumPy, Strata
- 컴퓨터 언어 사용 경험: C#, 자바, 또는 simulator 관련 언어 사용 경험
- 대용량 데이터(Large Data) 분석 열정과 데이터 분석을 위한 효율적인 프로세스 개발 노력
- 능숙한 예측 모델링 능력과 가설에 대한 검증 진행 능력
- 긍정적인 마인드와 강한 업무 윤리
- 어려운 문제에 대해 비전문가에게도 쉽게 설명할 수 있는 커뮤니케이션 능력
- 일처리 속도가 매우 빠른 기업 환경에서도 일할 수 있는 능력
- 수학, 컴퓨터 과학, 또는 엔지니어링 관련 분야에서 4년제 대학 졸업자 혹은 석사 졸업자

업무 수행 시 도움이 되는 기술

- 데이터 집약적 애플리케이션과 대규모 데이터 처리 경험
- 금융 관련 애플리케이션 사용 경험
- 빠른 개발 경험과 다양한 방법론 경험

마지막으로 문제 해결을 위한 창의적인 생각과 기술, 데이터 처리 능력을 요구한다.

02

데이터 과학과 빅데이터 플랫폼

우리나라에서도 몇몇 공공기관과 통신·금융 부문에서 빅데이터 플랫폼을 구축하기 시작했다. 그러나 아직은 초기 단계여서 여러 가지 문제점이 발견되고 있다. 집을 지을 때 설계가 잘못되면 잘못된 설계에 억지로 끼워맞추게 되는 것과 마찬가지로 빅데이터 플랫폼도 기획 단계에서 잘못되면 원천적 문제가 된다. 또한 빅데이터 플랫폼만 잘 구축한다고 해서 성과가 나오는 것도 아니다.

정확한 데이터에서 추출한 정보를 토대로 의사 결정을 하는 문화 안에서만 빅데이터 플랫폼이 진정한 가치를 발휘할 수 있다. 여전히 권위주의나 개인의 경험에 의존한 직감적 의사 결정을 하는 기업이나 기관은 빅데이터 플랫폼이 왜 필요한지 진지하게 자문해 보아야 할 것이다. 데이터 활용 기획이나 준비 과정은 미미한데 비싼 소프트웨어와 장비에만 관심을 쏟는다면 그것 또한 자원 낭비일 뿐이다. 시행착오는 늘 거치게 마련이다. 중요한 것은 시행착오 과정에서 문제의 원인과 핵심을 정확히 파악하고 반복하지 않는 것이다.

빅데이터 활용, 구체적인 계획과 전략이 먼저다

빅데이터는 이미 존재하고 있고 갈수록 더 늘어날 전망이다. 그러나 빅데이터 기술은 기회와 위험을 동시에 제공한다. 대다수 기업이나 기관은 오픈 소스 기술을 활용해 적은 비용으로 빅데이터 기술을 도입하려고 한다. 하지만 현실적으로는 고급 기술 개발자를 영입하거나 상용화된 오픈 소스를 사용해야 하고, 기술을 현업에 적용하기까지 많은 시행착오를 거치므로 초기 비용이 그리 저렴하다고 볼 수 없다. 또한 빅데이터를 어떻게 활용할 것인지에 대한 상세한 기획 없이 빅데이터를 수집하고 보유하는 것에만 집중한다면 크게 실망할 수 있다. 과거 CRM 성과에 대한 실망으로 기업이 데이터나 데이터 분석 활용에 투자하는 것을 꺼린 현상이 몇 년 동안 지속된 것도 따지고 보면 같은 맥락이다. 빅데이터 시대에 이런 실수를 되풀이하지 않기 위해서는 사전에 철저한 준비가 필요하다. 형식적인 문서로만 준비하는 것이 아닌, 실질적이고 구체적인 계획을 세워야 하는 것이다. 그 순서를 간단하게 살펴보면 다음과 같다.

빅데이터 활용 전략 세우는 방법

1. 기업은 고객을, 공공기관은 국민을 먼저 생각하고, 고객이나 국민과 관련된 비즈니스 문제들이 빅데이터와 관련이 있는지 조사한다. 즉 빅데이터 프로젝트는 반드시 기업이나 기관의 목적과 연계하여 이루어져야 한다.

2. 고객이나 국민과 관련된 모든 접촉 데이터의 보유 여부와 필요성을 조사한다. 조사 내용은 어떤 데이터가 생성되고 수집되고 있는지, 접근

가능한지, 사용할 수 있도록 법으로 허락되고 있는지, 데이터 구조나 내용에 관련된 문서가 존재하는지, 정형·반정형·비정형 데이터인지, 다른 데이터와 결합은 가능한지, 사전 검증을 위해 일부 데이터를 사용할 수 있는지 등이다.

3. 테스트와 투자를 위한 빅데이터 전략을 세운다. 즉 얼마나 빠르게 원천 데이터 소스를 얻을 수 있는지, 언제 어떻게 사용하기 위해서 원천 데이터를 분석해야 하는지, 어떻게 신속하고 효율적으로 데이터를 운영할 수 있는지, 어떤 데이터가 시스템에 문제를 일으킬 것인지, 어떤 데이터를 버려야 하는지, 빅데이터의 다양성과 속도에 적응하기 위해 무엇을 자동화해야 하는지, 모든 프로세스가 개인정보보호 아래에서 프로세스되는지 등에 대한 상세 계획을 세운다.

4. 빅데이터 활용 계획은 테스트와 검증(proof of concept)을 통해 나온다. 빅데이터 활용 환경을 조성하기 위해서는 하드웨어뿐만 아니라 기술이나 인력에도 상당한 투자가 요구되는 만큼 사업 관련 부분에서 투자 대비 이익(ROI, 투자수익률)도 필수적으로 따라주어야 한다. 갖고 있는 데이터가 빅데이터라고 해서 무조건 투자할 수도 없는 일이다. 기존의 IT 환경을 효율적으로 사용하여 빅데이터를 무리 없이 활용하는 것이 기업 입장에서는 더 효율적이다. 테스트와 검증 과정에 포함되어야 할 것들은 다음과 같다.

5. 빅데이터 전략이 검증되어 최고경영진의 의사 결정이 확정되면, 새로운 테스트 준비와 전략적 로드맵을 세운다. 빅데이터에 대한 비전을 수행하고 사업에 적용할 전체적인 밑그림을 그리는 것이다. 대부분의 빅데이터 전략의 목표는 기업이나 기관이 필요로 하는 정확한 정보를 정확한 시간에, 그리고 꼭 필요한 곳에 지속적으로 제공하는 것이 핵심이다.

빅데이터 플랫폼, 설계 단계부터 첫 단추를 잘 끼워야 한다

기획이 순조롭게 진행되어 빅데이터 플랫폼을 구축하기로 결정했다면, 플랫폼 내부 구성을 살펴볼 필요가 있다.

플랫폼 기본 구성 요소

먼저 빅데이터 플랫폼에 필요한 주요 구성 요소를 정리해 보면, 데이터 영역, 빅데이터 에코시스템(Ecosystem), 전사 기업 정보 관리 그리고 분석 및 인사이트 영역으로 나눌 수 있다. 이중 전사 기업 정보 관리 영역은 빅데이터 플랫폼에서 처음부터 빠져 있기 일쑤거나 기획 과정에 고려했더라도 실제 진행 과정에서 소홀하게 취급되는 경우가 대부분이라 더 집중적으로 관심을 두어야 한다. 전사 기업 정보 관리 영역의 데이터 거버넌스, 데이터 통합, 데이터 품질 그리고 마스터 데이터 관리가 빅데이터 활용의 중요한 성공 요인이라는 것은 앞에서 이미 언급한 바 있다.

빅데이터 플랫폼 구성 요소

데이터 영역 정형, 비정형	하둡, 빅데이터 에코시스템 (Ecosystem)	전사 기업 정보 관리	BI 플랫폼, 분석 툴, 인사이트	데이터 시각화
• 인메모리 (In Memory Appliance) • 데이터베이스 (Database Appliance) • 기업 전사 데이터 웨어하우스 (Enterprise Data Warehouse) • 로컬 데이터 웨어하우스 (Local Data Warehouse) • 데이터 마트 (Data Mart)	• 검색 및 시각화 (Lucene) • 데이터 지휘 (Flume, Zookeeper) • 데이터 접근 (Pig, Hive, Sqoop) • 하둡 (HDFS, MapReduce) • NoSQL 데이터 베이스 (Hbase, MongoDB, Couch)	• 데이터 거버넌스 • 데이터 통합 • 데이터 품질 • 데이터 시각화 • 마스터 데이터 관리	• 기계학습 (패턴 발견) • 추정, 추천 • 예측 (Forecasting, What if, Simulation) • 기초 통계 (Basic Statistics, Historical) • 보고서, 스코어 카드, 대시보드	

비즈니스 분석가와 데이터 과학자의 플랫폼 영역 구분

빅데이터 플랫폼 사용자인 비즈니스 분석가(일반 현업 데이터 분석가, 마케팅 및 고객 관리 분석가)와 데이터 과학자들의 플랫폼 사용 영역을 구분해 나누는 것도 중요하다. 파워 사용자인 데이터 과학자 영역은 단독 분석 배치 플랫폼 또는 단독 데이터 스토어(Data store)를 구축하는 것이 통합 데이터를 관리하기도 편하고 운영할 때도 안전하다. 현업에 직접 관여하는 비즈니스 분석가 영역이 데이터 과학자 영역과 겹치면 데이터 가공 프로세스가 너무 혼잡해지고 데이터 트래픽에도 문제가 발생한다. 그뿐만 아니라 수행 과정에 실수로 시스템이 다운될 가능성도 있다.

정기적이고 정형화된 분석은 비즈니스 분석가 영역에서 수행하고, 분석 모델 개발이나 비정규적인 깊이 있는 분석은 데이터 과학자 영역에서 수행하는 것이 좋다. 그리고 다양한 위치의 로컬 데이터베이스(Local database 또는 Local data warehouse)와 각종 애플리케이션을 여러 사용자가 같이 사용하기 위해서는 데이터 가상화 플랫폼이나 내부 클라우드 시스템을 사용하는 것이 적합하다. 로컬 데이터베이스를 물리적으로 움직여서 통합하는 것은 대용량 데이터를 처리하는 데 시간이 너무 많이 걸려 적합하지 않고, 실시간 프로세스라면 더욱 맞지 않다.

다음은 빅데이터 플랫폼 구성도이다. 비즈니스 분석가와 데이터 과학자의 플랫폼 작업 영역 간 연결관계를 잘 보여준다.

빅데이터 플랫폼 구성도

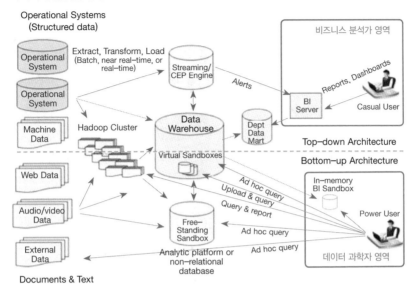

빅데이터 분석의 흐름을 살펴보면, 우선 데이터 과학자들은 애플리케이션 개발자나 데이터 공학자(Data Engineer) 또는 플랫폼 개발자들이 구축해 놓은 빅데이터 플랫폼의 데이터 스토어(Data Store, Enterprise Data Warehouse)에서 데이터를 정제하고 분석 모델을 개발한다. 그리고 비즈니스 분석가가 사용할 정제 데이터나 분석 모델을 프로세스에 맞춰 세팅하고 이들이 사용하는 패턴이나 문제점을 지속적으로 모니터링한다.

모니터링 도중 비즈니스 데이터 패턴에서 특이 사항이나 문제점을 발견하면, 단독 배치 빅데이터 분석 플랫폼에서 데이터를 깊이 있게 분석하고 원인과 결과 관계를 파악한다. 그리고 개선된 조치를 현업 프로세스에 적용한다. 빅데이터 플랫폼을 오프라인, 준실시간, 실시간으로 구분하는 이유도 비즈니스 분석가와 데이터 과학자들의 플랫폼 영역을 구분하여 데이터 활용의 효율성과 안정성을 높이기 위해서다. 세계적인 기업들이 시행하고 있는 방식을 그대로 따라할 수는 없어도 기업의 규모에 맞게 구축하고 분석 영역을 분리하여 문제가 발생할 여지를 사전에 차단하는 것이 현명하다.

빅데이터 플랫폼 구축

빅데이터 플랫폼을 구축할 때는 기획 단계에서 전체 통합 요소를 이해하고 단계별로 로드맵을 그려야 한다. 빅데이터 플랫폼은 크게 ① 데이터 수집 단계, ② 저장 단계, ③ 데이터의 신호 분석 단계, ④ 현업 적용 및 활용 단계로 이루어진다. 각 단계마다 데이터의 속성과 크기, 처리 속도에 따라 적당한 애플리케이션과 인프라를 선택해야 하는데, 그러자면 고도의 기술과 경험이 요구된다. 어설프게 설계한 플랫폼 구성도는 첫 단추를 잘못 채운 것처럼 중간에 아무리 고쳐도 전체 시스템을 다시 설계하지 않는 한 해결되지 않는다.

데이터 과학자가 데이터 플랫폼까지 설계하고 구축하는 것은 현실적으로 불가능하다. 그러나 실제 플랫폼 사용자는 데이터 과학자이기 때문에 플랫폼 개발자, 데이터 공학자들과 같이 플랫폼 프로젝트에 참여하여 구성 요소와 구축 과정 정도는 이해하고 있어야 한다.

빅데이터 플랫폼 통합 구성[1]

조치 (Action)	시각화, 대시보드, 시뮬레이션 (Human Action)		Score, Decision, Alerts, Curricula (Machine Action)	
	브라우저, 모바일 디바이스, 배치 작업		웹 서비스, FTP, Sockets	
접근	분석 결과 데이터베이스	대량 데이터의 최적화 접근	OLAP, RDBMS, Mem/Cashed	
	모델(Model) 적용, 수행	의사 결정을 위한 비즈니스 룰	분석 모형 결합(Ensembles)	
분석	분석 모델, 기계학습 개발		SVM, Neural Nets, Regression, K–NN, SVD, Matrix Factorization, GEO–Distance 등	
	데이터 신호, 패턴 선택		PCA, Decision tree, Chart, Clustering, 감성 분석, Regression, Outlier 등	
	정제된 데이터베이스	데이터 접근의 최적화	NoSQL, 인메모리, RDBMS	
신호 생성	데이터 신호, 패턴 구별	신호 생성 알고리즘들	시계열, 통계, 이벤트, 지리 위치 등	
	데이터 저장 (data store)	현업에 맞는 환경 구축	Hadoop, 인메모리, RDBMS	
ETL	데이터 가공 (Transform)	데이터에 맞는 도구 사용	SAS, Hadoop, 구매 ETL 도구, 자체 개발 도구	
	데이터 수집 (Extract)	융통성 있는 데이터 수집 인터페이스	웹 서비스. Sockets, FTP, SQL, SAP	
데이터 소스	전사 운영 데이터: 고객, 오라클, SAP 등	구매 데이터: 실시간 구매, 배치 구매	웹 데이터: 정형, 비정형 데이터	기계, 위치 데이터: 정형, 비정형 데이터

---

1 빅데이터 전문 컨설팅 회사 오페라 솔루션(Opera Solution) 참고.

다음은 넷플릭스 플랫폼 사례를 그림으로 나타낸 것이다. 넷플릭스 플랫폼은 소셜 네트워크 기반의 웹 스케일 회사가 아닌 일반 회사에서 빅데이터를 활용한 사례 중 최고의 빅데이터 플랫폼이라 할 수 있다.

넷플릭스 플랫폼 구상도

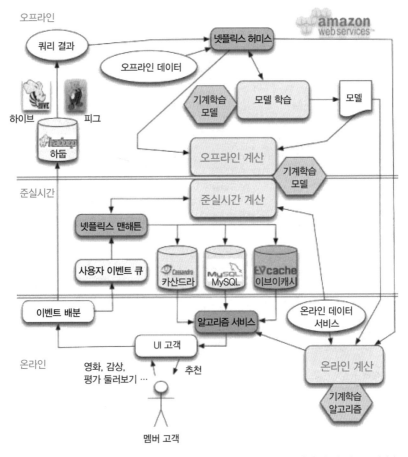

출처: 넷플릭스 블로그 페이지

하둡을 사용한 대량의 데이터 저장과 실시간 분석 알고리즘을 적용한 추천 엔진 시스템, 그리고 NoSQL을 사용해 비용 절감과 빠른 처리 속도의 프로세스를 구축했다. 넷플릭스는 NoSQL로 카산드라(Cassandra, 아파치의 오픈 소스로 공개된 NoSQL의 분산 데이터베이스)와 이브이캐시(EVcache, 클라우딩 시스템의 인메모리 데이터 스토어)를 사용했으나, 다른 기업의 플랫폼을 구축할 때는 그 기업의 비즈니스 환경에 맞는 NoSQL을 선택하여 적용하는 것이 중요하다. 예를 들면 페이스북은 사용자들의 관계 데이터와 추천, 그래프 등을 관리하기 위해 네오포제이(Neo4j, 그림을 저장하는 비정형 데이터베이스)도 함께 사용했다고 한다. 또한 넷플릭스는 빅데이터 플랫폼의 파워 사용자인 데이터 과학자와 일반 분석가 영역을 구분하고 실시간, 준실시간, 오프라인을 구분하여 데이터 트래픽를 조절하였다. 그리고 넷플릭스 플랫폼 본부에는 신뢰성팀(Reliability Team)이 있어, 실시간으로 전체 빅데이터 운영 시스템을 모니터링하고 테스트하여 플랫폼 운영의 신뢰성과 안정성을 감시하고 보장한다.

빅데이터 플랫폼, 하둡이 만병통치약은 아니다

하둡과 함께 사용하는 데이터베이스는 일반 관계형 데이터베이스가 대부분이고 필요에 따라 NoSQL이나 대량 병렬 처리(MPP: Massive Parallel Processing) 데이터베이스를 함께 사용하는 기업들도 있다. 오프라인 빅데이터 플랫폼에 하둡을 사용하는 것이 유행이긴 하나 모든 빅데이터에 하둡을 사용하는 것이 해결책은 아니라고 전문가들은 조언한다.

하둡은 분명 빅데이터 문제의 좋은 해결책이 될 수 있으나, 어떤 경우에는 잘못 사용하여 인력과 자원만 낭비하게 될 수도 있다. 글로벌 기술 컨설팅 회사인 소우웍스(ThoughWorks)에서 하둡 사용이 적합한지 아닌지를 판단하는 데 도움이 될 몇 가지 기준을 제시했다. 다음은 그 기준들을 정리한 것이다.

하둡을 선택하기 전에 고려해야 할 것들[2]

1. 빅데이터가 존재하는가?

빅데이터를 보유하고 있다고 믿는 회사가 아주 많은데 실제로는 그렇지 않은 경우가 많다. 다음은 빅데이터를 실제로 보유하고 있는지 확인해 볼 수 있는 진단 질문이다.

> **빅데이터 보유 확인을 위한 진단 질문**
> - 몇 테라바이트 이상의 데이터가 존재하는가?
> - 주기적으로 대량의 데이터가 유입되는가?
> - 얼마나 많은 데이터를 비즈니스에 활용할 예정인가?

미국 내 하둡 사용자들은 500~1,000TB를 저장하는 경우도 꽤 된다. 필자의 생각으로는 전체 데이터 사이즈가 10TB 이상이라면 하둡 사용

---

2 KDnuggets guest bloged By Anand Krishnaswamy, ThoughtWorks, 2013. 10. 4.

을 고려해 보는 것도 좋다고 본다.

2. 런타임이 길다는 것을 알고 있는가?

하둡은 런타임(Running Time), 즉 실행 시간이 길다. 프로그램 실행 결과가 나오기까지 지연 시간이 긴 것을 고려해야 한다.

실행 시간에 대한 질문
- 사용자가 얼마나 빠른 런타임(실행 시간) 반응 시간을 기대하는가?
- 어떤 일들을 배치(batch)로 처리할 수 있는가?

3. 온라인, 실시간으로 운영해야 하는가?

하둡은 배치 모드(batch mode) 환경이다. 즉 새로운 데이터가 유입되면 전체 데이터를 처음부터 다시 작업해야 해서 계속 분석 시간이 늘어난다. 따라서 실시간 환경에는 적용하기 어렵다.

실시간 운영 여부 질문
- 데이터의 상호 교환 수준이 어느 정도 되기를 사용자가 요구하는가?
- 사용자가 테라바이트급의 대량 데이터를 상호 교환하며 수행하기를 원하는가, 아니면 부분 데이터(subset)를 사용하기 원하는가?

4. 데이터의 원본을 유지하는 것이 중요한가?

하둡의 맵리듀스는 데이터의 관계나 내용을 조금 잃어버려도 문제가되지 않는 키값의 데이터 구조에 적합하다.

데이터 구조에 대한 질문

- 원천 데이터의 구조가 원천 데이터 그 자체만큼 중요한가, 즉 원천 데이터를 그대로 유지해야 하는가?
- 데이터만큼 또는 그 이상으로 데이터 구조를 반영해야 할 이유가 존재하는가?

5. 맵리듀스를 활용할 수 있는 능력이 있는가?

맵리듀스 프로그램 모델은 특별한 고급 분석 알고리즘이나 특정한 일들을 수행 못하는 경우도 있다. 예를 들어 전체 데이터가 크기는 하지만 수많은 작은 데이터들을 결합해야 하는 경우에는 효율적이지 않다.

맵리듀스 활용 가능 여부 질문

- 기업에 특정 도메인 프로세스가 존재하거나 특별한 고급 분석 알고리즘 사용을 강조하는 경우인가?
- 인프라 기술팀이 맵리듀스로 수행 가능한 분석 알고리즘인지 여부를 분석하여, 판단할 수 있는 역량을 가지고 있는가?

6. 하둡을 고려해도 좋을 상황인가?

하둡 고려 여부 질문

- 대량의 텍스트 로그로부터 정보를 추출해야 하는 경우인가?
- 대량의 비정형이나 반정형 데이터를 사용 가능한 정형 구조로 변환해야 하는 경우인가?
- 신용카드 회사처럼 하루의 운영 데이터를 전체 데이터베이스에 당일 내에만 반영하면 되는 경우인가? 다시 말해 주식시장의 주가처럼 실시간으로 가격 변동을 반영할 필요 없이 단독 프로세스로 생성된 데이터 값이 다음 프로세스까지 변화 없이 유지되어도 문제가 없는 경우인가?

결국 빅데이터 플랫폼에 사용하는 소프트웨어나 활용 기술을 선정하는 것도 비즈니스 실정에 맞게 해야 하고, 복잡한 알고리즘을 사용할 수 있는 분석 툴도 고려해야 한다. 더불어 대용량 데이터 처리도 가능해야 하지만, 새로운 기술에 적응할 수 있는 융통성과 고객의 요구에 빠르게 대처할 수 있는 순발력도 있어야 한다.

03

성공적인 데이터 활용

기업이 목표를 달성하기 위해서는 많은 문제를 해결해야 하는데, 그 모든 문제를 데이터만으로 해결할 수는 없다. 데이터로 해결할 수 있는 문제를 선별하고 그 문제를 해결하기 위한 운영 및 활용 전략을 짜고 인프라를 구축한 후에 분석을 하는 것이 정석이다. 과제를 진행하다 보면 때로는 정석으로 할 수 없을 때도 물론 있다. 하지만 정해진 방향 없이 일을 진행하는 것은 시간과 비용 면에서 큰 손실이다. 또한 기존 시스템 통합(SI) 방식처럼 필요한 시스템을 구축한다는 식의 생각은 잘못된 데이터 활용 접근 방식이다. 데이터 활용은 데이터 통합 전략 그리고 기업 문화와 조직 상호간의 관계 같은 프로세스 위에서 성공적인 결과를 창출하는 것이기 때문이다.

3장에서는 한국의 데이터 활용 발전 단계와 데이터 활용 수준이 어느 정도인지 알아보고, 성공적인 데이터 활용을 위한 체계적 전략을 데이터 과학적 관점에서 제시해 보고자 한다.

한국의 데이터 활용 수준은 5단계 중 3단계에서 4단계로 넘어가는 단계!

데이터는 운영 데이터, CRM 고객 데이터, 웹로그 데이터, 마케팅 이력 관리 데이터, 모바일 웹 데이터, 사용자 클릭 스트림, 소셜 네트워크 순으로 크기와 다양성, 복합성이 커진다. 데이터의 크기가 커진다는 것은, 내부에 수집하고 저장한 데이터의 양이 커진다는 뜻이다. 그럼 과연 한국의 기업들은 어느 선까지 데이터 수집과 저장을 하고 있을까? 그것을 알 수 있다면, 현재까지 수집·저장된 데이터의 종류와 크기가 곧 한국 기업의 빅데이터 현실이라고 해도 좋다.

빅데이터 크기와 종류

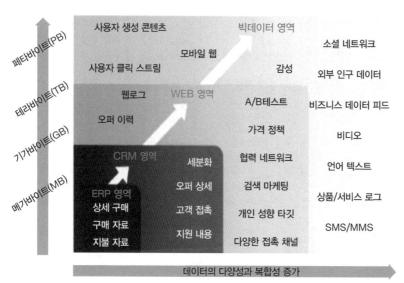

자료: 테라데이터

79

빅데이터에 관심이 있는 회사라면 ERP 내부 운영 데이터를 저장하지 않는 기업은 거의 없을 것이다. 그렇다면 CRM 관련 고객 데이터 중 고객 서비스 팀의 고객 접촉 이력이나 고객의 회사 접촉 이력, 회사가 고객에게 제공한 서비스, 고객의 세분화 그룹 같은 각각의 데이터와 이것들을 전사적으로 관리할 수 있는 통합 데이터는 존재할까? 대부분의 기업이 부분적인 데이터는 가지고 있지만 전사적으로 통합된 데이터는 가지고 있지 않다. 즉 데이터 사일로(silo)가 존재한다고 인정하는 회사가 대부분일 것이다.

▶데이터 사일로(silo)란 각각 높이 솟아 있는 곡식 창고처럼 부서별로 데이터 장벽이 존재하여 데이터가 공유되지 못한다는 뜻이다.

CRM 관련 고객 데이터의 전사 통합 시스템이 없다면, 그다음 단계인 마케팅 이력이나 웹로그 데이터의 통합 데이터는 더 없을 수밖에 없다. 그리고 그다음 단계인 빅데이터의 존재 여부는 언급할 여지조차 없다. 아마도 이것이 한국의 빅데이터 현실일 것이다.

데이터 활용 영역을 8가지로 나누고 그 발전 단계를 5단계로 구분한 가트너의 평가 기준에 따르면, 2014년 대다수 한국 기업들은 다음 그림에서 보듯이 3단계에서 4단계로 넘어가는 과정에 있다. 개별 부서나 사업 부분별로는 효율적으로 잘 운영되지만, 아직 데이터가 전체적으로 통합되지 않아 전사적 안목으로 고객을 바라보기는 쉽지 않은 단계에 있는 것이다.

기업 내 데이터 활용 프레임워크와 발전 단계

	1단계	2단계	3단계	4단계	5단계
비전 (Vision)	없음	생산 성과 비전 시도	각 영역별 채널의 효율성	전사 내부 통합	연결된 가치 부여 및 인식
전략 (Strategy)	없음	고립적 프로젝트, 아래로부터 시도	좀더 협력적 생각, 여전히 사일로 존재	전사적 통합 CRM 프로그램	서로의 이익을 위해 협력하는 가치 인식
고객 경험 (Customer Experience)	개념 없음	개념 없음	이해하는 사일로 수준에서 집중	각 영역별 연결된 비즈니스로 이해하고 집중	좀더 넓은 영역 이해, 협력
협력 (Collaboration)	내부 영역별로 집중, 사일로(Silo) 구조	초기 편협적 고객 위주, 사일로적	문화나 동기의 변화, 여전히 사일로적	고객 중심, 분야별, 영역별, 재구조 조정	고객 중심성 공유, 목표 연합적 협력
프로세스 (Process)	내부 영역별로 집중, 사일로적	초기 자동화 시기, 사일로적	사일로 수준에서 비용과 가치의 최적화	전사 수준에서 비용과 가치의 최적화	초기부터 끝까지, 실제적 최적화 프로세스
정보 공유 (Information)	기본적 정보의 산재	팀 기준, 산재, 최소의 인사이트	사일로 수준 정보 공유, 인사이트 발전 과정	전사 관여 정보 공유 및 인사이트	기업을 넘어선 인사이트와 정보 공유
기술 (Technology)	몹시 산재되고 미미한 기술	산재, 한정된 역할과 집중	사일로 내에서 높은 수준의 역할	전사 통합 수준의 높은 수준의 역할	기업을 넘어선 높은 수준의 역할
집중 영역 (Metrics)	적은 내부적 집중 영역	산재되고 한정된 집중 영역, 운영 내부적 집중	사일로 내에서 효율적, 고객 집중 부족	전사적 고객 집중/균형 있는 구조	목표 공유, 균형 있는 구조, 잘 연결, 정리된

한국

미국

자료: 가트너

이는 대부분의 미국 회사들이 2000년 초기에 진행했던 전사 데이터 통합을 한국 기업은 지금 해야 한다는 것을 의미한다. 전사 데이터 통합은 이미 7~8년 전 한국에서도 나왔던 얘기들인데 아직도 필요성만 언급될 뿐 진전되지 않은 경우가 대부분이다. 빅데이터 시대는 전사 데이터 통합 위에 대용량 데이터의 빠른 처리 속도와 고급 분석을 더한 것이기 때문에 데이터를 전사적으로 통합하지 않고 빅데이터를 활용하는 것은 더 어렵다. 그렇다고 해서 데이터 활용 전략을 세우기 위해서는 무조건 전사적 데이터 통합부터 해야 한다는 얘기는 아니다. 2000년 초기 CRM 붐이 불던 시절에, 데이터 웨어하우스나 데이터베이스를 구축하고 값비싼 글로벌 컨설팅을 받는 식으로 접근한 기업들이 얼마나 많은 손실을 입었는지 알 만한 사람은 모두 알고 있다. 우선 꼼꼼하고 깊이 있는 데이터 활용 전사 전략이 필요하다.

성공적인 데이터 활용 전략 세우기 1: 기업의 분석 경쟁력 파악하기

기업 운영 또는 비즈니스 결정에 데이터를 분석, 활용하여 기업의 경쟁력을 갖추는 것은 단계적인 접근이 필요하다. 한 번에 만족할 만한 성과가 나오지 않기 때문에 단계적으로 계속 발전시켜 성과를 얻어야 하는 것이다. 다음은 기업이 데이터 활용의 분석 경쟁력을 갖추어가는 과정을 5단계로 나타낸 그림이다.

기업 분석 경쟁력 5단계

내·외부 데이터 사용	최고 분석 경쟁력 확보	통계 분석 예측 모델
높은 데이터 품질 / 전사 차원 문화 형성	분석 위주 회사 구조	경쟁력 미비
BI 도구 사용/ 접근 쉽지 않음	분석 욕구 강함	고립된 부서들
대부분 보고서만 작성	부서별 분석	현상 유지
낮은 데이터 품질 / 누락 데이터 존재	분석 능력 결여	

분석 경쟁력은 다음과 같이 5단계로 구별할 수 있다.

| 1단계:
데이터 품질
미비, 개별적
보고서 작성 | 2단계:
일반 보고서,
개별적 생성 | 3단계:
부분 BI
접근, 전사적
부재 데이터,
보고서
사일로 현상 | 4단계:
전사 데이터
통합,
품질 관리,
보고서 | 5단계:
외부 데이터
활용, 고급
통계 분석,
최적화 |

1단계: 데이터가 산재해 있거나 데이터 품질이 좋지 않고 데이터 분석 기술을 갖추지 못한 최하위 단계이다. 이 단계에서 분석 보고서는 개별적 보고서로서 단발성으로 작성된다.

2단계: 부서별로 보고서식 분석이 주를 이루며 형식을 갖춘 정형 분석 보고서가 주기적으로 만들어지고 활용되나 여전히 개별적 생성이 존재한다.

3단계: 형식을 갖춘 BI 도구를 활용하면서 분석의 필요성을 느끼지만,

사업부나 부서별로 데이터 통합 없이 고립적으로 활용되는 단계이다.

4단계: 전사적 데이터 통합이 이루어지고, 품질 좋은 내부 데이터를 조직 운영에 활용하는 단계로 전사적인 데이터 활용과 공유가 자유로운 단계이다.

5단계: 내부 데이터를 통합한 후 외부 데이터를 활용해 데이터 품질을 한 차원 더 높이며 고급 예측 분석 및 최적화 등이 현업에 일상적으로 적용 가능한 단계이다.

한 예로 분석 활용 발전 단계의 5단계에 진입해 있는 P&G의 CEO 밥 맥도널드(Bob McDonald)의 얘기를 들어보면 5단계는 어떤 수준의 단계인지 짐작할 수 있을 것 같다. 그는 P&G의 데이터 분석 모델링과 시뮬레이션 그리고 다른 디지털 툴들이 회사 직원들의 일하는 기술을 바꾸어놓고 회사 조직을 개편하게 만들 만큼 혁신적이었다고 말한다.

P&G는 회사 내에 필요한 디지털 기술의 기본 지침서와 분석 활용에 도움을 주는 전략팀을 만들어 모든 조직의 분석 능력을 끌어올려 분석 활용 발전 단계 5단계로 발전시켰다고 한다. 단계별 발전 과정을 밟아 5단계에 이른 현재, 비즈니스 분석팀장은 회사 전략이나 비즈니스 영역에 그의 기술과 역량을 제공하고, 비즈니스 분석가는 데이터 분석을 활용하여 한 부서의 목적보다는 전사적 안목으로 기회를 찾아 적용하고 문제를 해결하기 위한 가설을 세웠고, 데이터 과학자는 데이터를 가지고 복잡한 통계 모형을 만들고, 데이터 팀장은 회사의 의사 결정 프로세스에 필요한 분석 결과를 적용하기 위해 IT 아키텍처를 전사적 안목으로 재구상하여 빅데이터(비정형 포함)를 비즈니스에 활용할 수 있게 만들었다고 한다.

성공적인 데이터 활용 전략 세우기 2: 전략적 로드맵 수립하기

분석 경쟁력 5단계 중 어느 단계에 속하고, 현재 데이터가 어떻게 활용되고 있는지 현황 파악을 마쳤으면, 그다음으로 각 기업과 기관의 목표에 따라 데이터 활용 전략을 세운다. 그리고 그에 따른 전략적 로드맵을 세워야 한다. 전략적 로드맵은 목표를 달성하기 위해 단계별 이행 과제를 주제별로 나눠 일정을 짜는 작업이다.

다음 그림은 전략 프레임워크와 전략 계획 및 실행 절차를 시각화한 것으로 '빅데이터 공유 및 활용 공통 기반 마련 플랫폼 구축'을 위한 컨설팅 제안 작업에 사용된 국내 사례 중 일부이다. 빅데이터 전략과 중장기 로드맵을 세우고, 실행 목표와 실행 전략을 수립할 때 고려해야 할 단계별 과제를 참고할 수 있을 것이다.

빅데이터 활용 비전 및 전략 수립 프레임워크

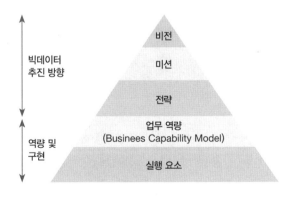

이 제안 작업에서는 중장기 로드맵을 다음과 같이 3단계로 나누어 목표 전략을 제시하였다.

1단계 : 빅데이터 공유 및 활용 공통 기반 조성과 단기 과제 실행

2단계 : 행정 전반 빅데이터 분석 기법 도입과 IT거버넌스 전략 방안

3단계 : 빅데이터 분석 기법 기반 전 분야 서비스 확대 및 거버넌스 고도화

▶ IT거버넌스는 단순한 관리(Management)가 아닌 기업을 움직이는 힘, 즉 지배 구조로 설명할 수 있다. IT전략의 개발 및 추진을 관리하고 이를 통해 비즈니스와 IT를 융합시키기 위해 이사회, 경영진, IT관리자가 추진하는 조직 기능이다. 기업 거버넌스의 통합적 부분이며 조직의 전략과 목표 달성을 뒷받침하는 조직 구조와 프로세스, 그리고 리더십으로 구성된다 — 위키백과에서 발췌.

빅데이터 전략 실행 프로세스 예시

전략 계획	1. 미션	희망 행복 구현하는 행정
	2. 비전	시민이 공감하고 함께 만드는 공유 행정
	3. 목적	초협력 전자 정부
	4. 목표	빅데이터 공유, 활용 공통 기반 마련
	5. 전략	
↓		
실행 계획	6. 목표 설정	빅데이터 플랫폼 구축
		분야별 과제 선정 및 통합 데이터 플랫폼 구축
	7. 전환 계획	목표 모델별 우선순위 설정
↓		
전략 실행	8. 실행 계획	우선순위에 의해 결정된 목표 과제별 예산, 일정 등 상세 로드맵 수립
	9. 실행	상세 로드맵에 따른 과제별 실행
	10. 평가	실행된 과제별 평가

(중장기 로드맵)

목표 전략이 분명하지 않거나 흔들리게 되면 다음 단계 작업은 무엇을 이루고자 했는지도 모른 채 성과 없는 빈 껍데기로 남을 것이다.

월드 와이드 웹(World Wide Web)의 창시자 팀 버너스 리(Tim Berners-Lee)는 "데이터는 정보가 아니고, 정보는 지식이 아니며, 지식은 이해가 아니고, 이해는 지혜가 아니다"라고 했다. 데이터만 있다고 모두 정보가 되는 것은 아니라는 이야기이다. 정보만 있다고 사람들에게 필요한 지식이 되지도 않는다. 그러나 이 말을 뒤집어서 이해하면, 데이터는 모든 정보의 원천이며, 지식, 이해 그리고 그 최고 단계인 지혜의 원천이라는 것을 알 수 있다.

다음 그림에서 보듯이 데이터에서 찾아낸 정보는 경험과 결합하여 지식이 되고, 지식이 이해되어 문제 해결의 실마리가 되면 인사이트가 되고, 그 인사이트로 문제까지 해결된다면 지혜가 된다.

데이터 활용 변화 과정

정확한 데이터와 정보에 의해 잘 짜인 전략은 자원의 효율을 높이고 문제 해결에 통찰력을 제공해 기업이나 조직의 지혜이자 경쟁력이 된다. 기업이나 조직의 문제를 해결하기 위한 데이터 전략은 목표나 비전 안에서 조화롭게 수립해야 하고 반드시 행동 가능한 단계적 전사 전략이어야 한다.

성공적인 데이터 활용 전략 세우기 3: 분석할 주제 선정하기

기업과 조직의 전략과 목표가 정해지면, 다음으로 데이터 분석 주제 선정 작업이 필요하다. 분석 주제 선정 작업은 중장기 전략적 의사 결정을 위한 분석 작업도 있고, 현업 최전선인 영업이나 마케팅을 위한 분석 작업도 있다. 예를 들어 전사 차원의 수익 지수가 되는 우수 고객 지수 개발 작업은 중장기 전략적 의사 결정을 위한 분석 작업이다.

데이터 분석의 주제는 조직의 성격에 따라 달라진다. 기업은 주로 매출 창출, 비용 감소, 최적의 효율, 위험 관리에 초점이 맞춰지고, 공공기관은 공공의 이익과 위험 회피, 비용 효율과 예산 추정, 성과 관리 같은 문제에 무게를 둔다.

가트너에서 발표한 자료(2013년)를 보면, 기업들의 비즈니스 전략 우선 과제 10위 중 기업 운영에 분석과 빅데이터를 적용하는 과제가 9위를 기록했다. 이 과제들을 자세히 살펴보면 어떤 비즈니스 영역을 중심으로 분석 주제를 선정해야 하는지 도움을 받을 수 있을 것이다.

다음 표를 보면 알 수 있듯이 과제 1위는 성장률 확대이고, 4위는 신규 고객 확보이다.

기업 비즈니스 전략의 우선순위

비즈니스 우선순위 10가지	순위	테크놀로지 우선순위 10가지
성장률 확대	1	분석과 BI 활용
운영 결과 전달	2	모바일 기술 적용
비용 축소	3	클라우드 컴퓨팅
신규 고객 확보	4	기술 협업(프로세스)
IT 애플리케이션과 인프라 개선	5	기존 기술과 시스템의 현대화
새 상품 개발과 서비스	6	IT 관리
생산성 증대	7	CRM(고객 관계 관리)
인력 확보와 유지	8	가상화
분석과 빅데이터 적용	9	보안
새로운 시장과 지역 개척	10	ERP 애플리케이션

자료: 가트너(2013)

기업 비즈니스 목표의 우선순위를 기준으로 하여 큰 주제 아래 세밀한 분석 주제 선정 작업이 이루어지는데, 다음의 산업별 데이터 분석 활용 분야 예시를 보면 기업의 비즈니스 우선순위와 분석 주제가 어떻게 연결되는지 쉽게 이해할 수 있다. 산업별 영역에 따라 데이터 분석 주제도 다양하다.

산업별 분석 활용 분야 예시

소매(Retail)	제조(Manufacturing)	정부(Government)
매출 패턴 (Sales Patterns) 통합 고객 이해 (Integrated Customer View) 캠페인 관리 (Campaign Management) 고객 가치 (Customer Valuation) CRM 분석 (Analytical CRM)	주문 사이클 (Order Life Cycle) 재고 분석 (Inventory Analysis) 품질 관리 (Quality Assurance) 공급자 관리 (Supplier Compliance) 분배 분석 (Distribution Analysis)	국가 안전 (National Security) 범죄 분석 (Crime Analysis) 건강(Health) 복지(Welfare) 사기 감지(Fraud Detection)
통신(Telecom)	**금융(Financial)**	**모든 산업(All Industries)**
통화 성향 분석 (Call-Behavior Analysis) 사기 감지(Fraud Detection) 서비스 사용 분석 (Service-Usage Analysis) 프로모션 효과 (Promotion Effectiveness)	신용 분석(Credit Risk) 자금 분석(Monetary Risk) 자산 관리 (Asset Management) 채권 관리 (Liability Management) 사기 감지(Fraud Detection)	수익 분석(Profitability) 성과 분석 (Performance Analysis) 가치 분석 (Value-Chain Analysis) 고객 프로파일 분석(Profiling)

예전에는 데이터 분석 활용 분야가 금융 산업에 국한되었으나 요즘엔 데이터가 쌓이면서 전 산업 분야로 확대되고 있다. 특히 모바일 웹 검색이 늘어나면서 빅데이터의 비정형 활용이 확대되어 온라인 마케팅이나 광고 분야의 경우 놀라울 정도로 빠르게 진행되고 있다. 최근 한국에서는 의약, 공공, 통신 분야를 중심으로 빅데이터 활용에 높은 관심을 보이고 있다. 한 예로, 건강보험심사평가원이 '빅데이터 활용과 미래 전략'이라는 목표를 세우고, 환자 진료 정보, 병원 정보, 의약품 정보 등의 빅데이터 통합 플랫폼을 구축한 것은 좋은 사례이다.

부서별 데이터 활용 영역을 살펴보면, 산업별 영역에 따라 분석 주제 선정이 달라지기도 하지만 부서별 담당 업무에 따라서도 분석 주제가 달라지는 것을 알 수 있다. 예를 들어 영업 마케팅 부서에서는 신규 매출 창출을 위한 마케팅 분석 중 신규 고객 유입을 중요하게 생각하지만, 총무 부서는 비용의 효율화를 위해 구매나 위험 관리에 집중한다. 그리고 신상품 개발팀에서는 웹 분석과 소셜 분석으로 시장의 숨겨진 요구를 찾고 전반적인 가격 비교 분석을 할 것이다.

부서별 데이터 활용 영역

조직 내 담당 업무	데이터 활용 영역
마케팅 부서	• 추가, 연계 판매 • 위치 기준 마케팅 • 스토어 내 고객 행동 분석 • 고객 마이크로 세분화 • 감성 분석 • 다채널 고객 경험 분석
판매 부서	• 진열 최적화 • 가격의 최적화 • 장소와 디자인의 최적화
조직 운영 부서	• 성과 투명성 • 인력 투입의 최적화
공급 체인 부서	• 재고 관리 • 배분과 운송 최적화 • 공급자 정보 협상
상품 개발 부서	• 가격 비교 • 웹 마켓 분석

분석 주제 선정 작업은 현업의 상세 현황 조사 및 문헌 조사 → 데이터 파악, 현업 인터뷰 → 과제 평가 및 도출 → 주제 우선순위 선정과 과제 시나리오 작성 순으로 진행된다.

다음은 한 지방자치단체의 빅데이터 주제 선정 절차이다. 정책 방향과 시민 중심 과제 위주로 현황 파악을 위한 자료 조사를 하고, 과제를 종합한 뒤 우선순위를 분석 평가했다. 그런 다음 우선순위 평가 결과에 따라 분야별 시나리오를 작성하여 로드맵을 만들고, 소요 자원 계획과 실행 계획을 세워 기대되는 효과를 도출하는 순으로 작업하였다.

주제 선정 절차 예시

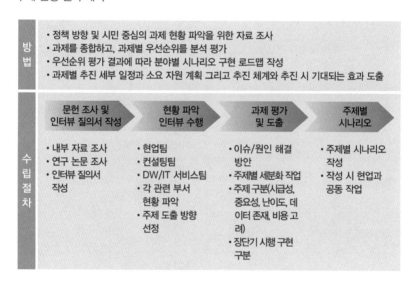

분석 주제 선정 과정 중 초기 조사 단계에서는 누가, 언제, 어디서, 무엇을, 어떻게, 왜라는 육하원칙에 따른 현황 파악을 가장 먼저 해야 한다. 해당 사업에 대한 이해의 폭을 넓힐 수 있는 내부 자료 조사나 연구 논문 조사, 현업 인터뷰는 필수다. 예를 들어 '비 오는 일요일에는 고객이 바쁘니까 편의점에서 우산을 많이 산다'라는 육하원칙에 따른 기준을 만들었

다고 하자. 이를 기준으로 실제 데이터도 그러한지 데이터에 대한 탐색적 분석도 철저히 진행해야 하는 것이다.

탐색적으로 데이터를 파악하기 위해서는 데이터의 차이, 변화, 반복, 주기, 구조 등을 고려해서 기본 통계치를 계산해 비교 평가해 본다. 기업이라면 이것들을 고객, 채널, 마케팅, 자재, 인력 관리 부서 등 기업 내 각 영역에 적용하고, 정부기관이라면 기관의 각 부처에 맞게 교통, 복지, 보건, 교육, 안전 등 다양한 영역에서 과거 경험을 기준으로 현황을 파악하여 문제점이나 개선할 점을 찾아 새로운 발전 방향을 연구한다.

분석 주제 선정 과정에서 또 한 가지 고려할 사항은 세부적인 시점에 대한 판단이 필요하다는 점이다. 과거, 현재, 미래 중 어느 시점에 대한 분석을 할 것인가를 결정해야 하는 것이다. 이러한 과정을 거쳐 심도 있는 연구와 분석을 하다 보면 문제를 발견하거나 문제의 원인을 찾아낼 수도 있다. 문제와 원인이 정확히 파악되면 그에 대한 대책을 세우는 것은 수월해질 것이다.

분석 주제 선정 과정의 마지막 단계는, 어떻게 활용할 것인가에 대한 시나리오를 작성하고 분석의 중요성, 시급성, 난이도, 적당한 품질의 데이터 존재 여부, 비용 등을 고려하여 분석 우선순위를 정하는 것이다. 특히 믿을 수 있는 품질의 데이터가 존재하는지, 그 데이터를 적당한 시기에 입수할 수 있는지 등은 실제 분석 작업에 들어가기 전에 충분히 검토해야 한다.

데이터 과학, 성공적 활용의 비밀은 클로즈 루프 프로세스!

앞에서 언급했듯이 CRM은 빅데이터 활용의 일부라 할 수 있다. CRM은 고객 관리 분야에 데이터를 활용하는 것인 데 반해 빅데이터는 경영이나 행정의 전 부분으로 확대 통합한 개념이라는 차이가 있을 뿐이다. 확대 통합해서 데이터 활용 범위가 넓어졌을 뿐이지 조직 구조나 분석 활용 프로세스, 인력 활용, 기술 등은 기존의 시스템과 유사하게 진행된다.

미국과 달리 한국에서 CRM이 정착하지 못한 가장 큰 이유는 조직 문화, 생각하는 방식 그리고 얼마나 집요하게 데이터 활용 프로세스를 정립하려고 노력했는가에 대한 차이에서 찾을 수 있다. 성실하게 데이터를 모으고 통합해서 개인이나 조직의 이기주의를 극복하고 수립한 프로세스를 실행해 그 결과를 다시 평가하고 반영하는 오랜 기다림 끝에 얻어진 값진 결과가 지금 미국의 CRM이고 빅데이터 성공의 비결인 것이다.

다음은 미국에서 데이터 활용의 가장 큰 성공 요인으로 꼽는 클로즈 루프(Close Loop) 프로세스이다. 클로즈 루프 프로세스란 데이터 수집에서부터 평가 모니터링까지 원 모양으로 순환하는 데이터 프로세스를 말한다. 다양한 채널에서 생성되는 데이터를 수집, 가공, 분석해 실행 가능한 조치를 현업에 적용하게 되는데, 적용한 후 최소 3개월에서 6개월까지는 아무 일도 일어나지 않을 수 있다. 더러는 그 기간이 1년까지 길어지기도 하는데, 이렇게 긴 기다림 끝에 넘겨받은 데이터를 다시 평가, 분

통합 마케팅 클로즈 루프 프로세스 예시

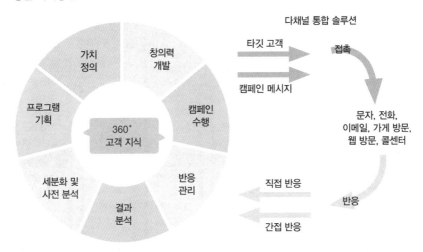

석하고 그 결과를 다음 개발 작업에 또다시 반영한다. 이러한 작업을 반복하여 조금이라도 더 발전된 실행 조치를 지속적으로 현업에 반영하는 순환 프로세스다.

다음은 국내 빅데이터 시범 프로젝트 당시 제안한, 클로즈 루프 프로세스를 포함하는 빅데이터 활용 프로세스이다. 분석 결과를 활용해 현업에서 서비스가 수행되면 반드시 실행 결과와 과정을 모니터링하여 다음 사이클에 더 발전된 실행 조치를 반영하는 순환 구조의 프로세스이다.

다음 빅데이터 프로젝트 제안은 주제 발굴 작업과 활용 프로세스, 그리고 서비스 활용의 모니터링과 평가가 강조되었다. 여기에서 가장 중요한 것은, 서비스 수행 후에 평가 결과를 반영하여 다시 결과를 도출하고, 그렇게 도출된 결과 데이터를 다시 분석하여 더 발전된 새로운 서비스 개발로 계속 발전해 가는 과정이다.

빅데이터 통합 활용 프로세스(클로즈 루프 프로세스)

전략 및 로드맵	플랫폼	BA	BI	수행 채널	수행 모니터링
민·관 협력 수행	내·외부 데이터 / 정형, 비정형, 공간 데이터	데이터 분석 알고리즘 예측 군집, 분류	타깃 선정 과제 개발 및 선정 채널 선정 시나리오 구상	채널별 디자인 채널별 수행 평가 구상	채널별, 분야별 평가 리포트
각 분야별 전문가 TF팀 구성	플랫폼 개발 Data Modeler 아키텍처 DBA	데이터 마이닝 GIS 분석 Business Analytics	행정 수행 및 활용 기획 상권 분석 전문가	각 분야별 채널별 수행팀	수행 효과 평가팀 (BA, BI)

Close Loop 프로세스

클로즈 루프는 개념은 그리 어렵지 않으나 소홀히 하면 데이터 활용에서 성공의 열매를 얻을 수 없다. 요즘 발표되는 빅데이터 성공 사례를 잘 분석해 보면 대부분 이 과정이 생략되어 있다. 과거 한국의 CRM 실패 전철을 다시 밟을 위험을 안고 있는 것이다.

클로즈 루프 프로세스를 바로 세우려면, 단계별 프로세스를 세세하게 나눠 문서로 만들고 그 과정을 꼼꼼히 체크해야 한다. 프로세스 확립은 넓은 의미에서 기업의 IT 거버넌스를 확립하는 것이 핵심이다. IT 거버넌스는 합리적인 데이터 활용 프로세스와 프로세스 관리에 관여한다.

특히 조직이나 기업의 목표에 부합하고 가치를 창출하는지, 위험·자원·성과·실적 관리를 제대로 하는지 등 조직 업무 방식의 전반적인 원칙과 방법을 다루는 IT 거버넌스는 데이터 활용 과정에서 성공적 결과를 얻기 위한 가장 중요한 업무 중 하나다.

데이터 중심의 경영과 조직 문화가 우선되어야 한다

한국 기업과 미국 기업은 조직 문화와 일하는 방식이 많이 다르다. 대부분 미국 기업들은 사람 중심이 아닌 일 중심의 운영 프로세스로 굴러간다. 사람 중심의 조직에서는 의사 결정을 개인의 경험에 의존해 직관적으로 하는 경우가 많지만, 일 중심 조직은 프로세스와 프로세스 관리 위주로 의사를 결정하므로 담당 책임자가 바뀌어도 영향을 덜 받는다.

일 중심의 경영 프로세스는 자료와 데이터를 근거로 하여 일처리가 이루어지기 때문에 데이터 중심의 경영 전환이 그나마 수월하다. 이에 반해 사람 중심의 프로세스는 일 중심의 프로세스를 먼저 구축해야 하는 선행 과제가 있어 데이터 중심 경영으로 전환하는 것이 좀더 느릴 수밖에 없다. 또한 미국은 데이터 중심의 경영 방식을 채택한 동기가 한국과는 조금 다르다.

미국은 갈수록 치열해지는 경영 환경에서 살아남기 위해, 특히 영업이나 마케팅에서 부딪히는 다양한 문제에 대해 경영 및 운영 부서를 중심으로 오랜 기간 그 해법을 모색하였고, 자연스럽게 효율적이고 합리적인 데이터 중심의 기업 문화가 조성되었다. 하지만 한국은 해외 기업의 사례를 전해 듣거나 글로벌 IT 컨설팅사의 지도를 받아 대부분의 데이터 활용 프로젝트가 시작되었다. 영업이나 마케팅 부서에서 데이터 중심 경영 문화가 조성되기도 전에 IT부서 쪽에서 단기적으로 데이터 활용 과제를 시작한 것이다. 이러한 이유로 현재 데이터 중심의 경영 성과를 내기 어려운 구조적 환경에 놓이게 되었다.

빅데이터 시대가 열렸다는 말은, 데이터가 크다거나 플랫폼이 기존과 다르다는 의미보다는 사람의 직관에 따른 의사 결정 시대에서 벗어나 데이터를 근거로 합리적 의사 결정을 한다는 의미가 더 크다. 때로는 오랜 경험에서 나온 직관이 데이터를 근거로 한 의사 결정보다 빠르고 더 정확할 수도 있다. 그러나 직관에만 의존할 경우 사람의 주관적 경험에 의해 의사 결정이 좌우되므로 일관성을 유지하기 어렵다.

무엇을 우선순위로 둘 것인가는 두 경우 다 의사 결정자의 선택 문제이다. 그러나 데이터를 갖고 한 번 더 확인을 하면 사람이 할 수 있는 실수를 줄일 수 있으며, 데이터는 인간이 모르는 어떤 상황을 미리 예견할 수도 있다.

데이터 중심의 의사 결정이 없어도 좋은 성과를 낼 수 있는 비즈니스 전략이 있다면 비용과 인력, 시간 낭비가 없는 최고의 사업 전략일 것이다. 그러나 지금은 싫든 좋든 데이터 활용에 뒤지면 날로 치열해지는 시장 환경에서 살아남기 어려운 빅데이터 시대다. 어차피 해야 한다면 조금은 힘들고 느리더라도 올바른 방향의 큰 그림에서 시작해야 한다.

앞에서 언급했지만 한두 번 만에 성과가 나오는 프로젝트는 많지 않다. 데이터 활용은 수없이 많은 테스트와 변화 과정을 관찰해 그 결과를 데이터로 받고, 분석한 정보를 현업에 활용하면서 점진적으로 발전해 가는 복합적인 작업이다. 데이터 과학의 핵심이 인사이트를 찾는 것이라면, 데이터 활용의 성공 여부는 인사이트를 이해하고 그것을 지속적으로 실험하여 발전시키는 과정에 있다.

산재한 데이터를 수집, 정제, 가공, 분석하여 현업에 활용하고, 다시 평가한 후 정보를 재수집해 정제, 가공, 분석, 활용하는 길고 긴 일련의 과정에는 인내와 성실함이 요구된다. 마치 농부가 이른 봄에 땅을 일구고 씨앗을 뿌린 후 늦가을까지 땀 흘려 노력한 대가로 그 열매를 따는 것과 같다.

지금 한국 기업이 미국 기업과 같이 CRM이나 빅데이터의 성공적인 활용을 원한다면 IT를 둘러싼 조직의 환경과 문화의 변화가 절실히 필요하다. 세상에 공짜는 없다. 미국도 지금 우리가 겪고 있는 데이터 활용 문제들을 똑같이 겪으며 하나하나 해결해 왔고 지금도 여전히 노력하고 있다. 한국의 기업과 기관도 겪을 만큼 겪고 노력할 만큼 노력해야 성공의 열매를 맛볼 수 있다. 단언컨대 다른 길은 없다.

앞으로 살펴볼 둘째마당과 셋째마당에서는 필자가 직접 경험하고 참여한 프로젝트와 제조 분야에서 다년간 제조 데이터를 분석하고 연구한 경험 사례를 주제별로 정리하였다. 필자는 주로 금융, 유통 판매, 통신 그리고 데이터 판매와 데이터 활용 컨설팅 업무 경험이 많아 이들 분야의 사례들을 다루었고, 제조 분야 사례는 필자보다 제조 분야에 경험이 많은 홍성진 씨에게 부탁했다.

둘째마당과 셋째마당의 사례는 필자가 부분적으로 참여한 작업도 있고 분석부터 활용까지 전 과정에 관여한 작업도 있다. 되도록이면 필자가 직접 수행한 사례들로만 구성했는데, 넷플릭스 사례만은 자료를 조사해서 분석 과정을 실었다. 넷플릭스 분석 경연대회와 데이터 활용 사례가 여러 곳에서 자주 인용되는데, 어떻게 데이터를 분석하고 어떤 알고리즘을 사용했는지 자세한 내용을 볼 수 없어서 정리하게 되었다. 한국에서 수행한 프로젝트는 고객 회사의 정보 보호 차원에서 주제별로 정리해 일반적인 한국의 데이터 과학 활용 현황과 나아갈 방향을 살펴보고자 했다.

또한 현업 활용 사례에서 분석 알고리즘들이 종종 언급되는데, 자세한 이론 설명은 이 책의 범위를 벗어나는 것이라 생략했다. 조금 덧붙이자면, 알고리즘의 가설과 이론은 현업의 사정에 맞게 기업마다 다르게 적용되는 경우가 많아 일반화해서 설명하기 어렵다는 것이 또 하나의 이유이기도 하다.

그리고 현업에서 중시하는 기업 매출 증대와 비용 축소 작업 위주로 책이 집필되다 보니 더러는 학계의 이론과 다른 내용도 있을 수 있다는 것을 미리 밝혀둔다. 데이터 과학자는 순수 연구자이기보다는 기업이나 조직의 수익 증대와 이익을 우선시하는 데이터 활용 비즈니스 전문가인 것이다.

미국 기업들의
데이터 과학 활용 사례

■

■

■

04 미국 최대 데이터 회사, 액시엄

05 GM 온스타

06 미국 대형 자동차 판매 딜러

07 뱅크 오브 아메리카

08 메트라이프

09 넷플릭스

I've missed more than 9000 shots in my career.
I've lost almost 300 games. 26 times, I've been trusted to take the game winning shot
and missed. I've failed over and over and over again in my life. And that is why I succeed.

나는 농구 경기에서 *9000*번 이상 실수를 했다.
또한 거의 *300*게임을 졌다. 그리고 사람들이 내가 승리의 슛을 넣을 것이라 믿었던 게임에서
*26*번이나 기회를 놓쳤다. 난 내 인생에서 실패를 하고 또 하고 또 하고 또 했다.
그리고 그 수많은 실패가 내가 성공한 이유이다.

— 마이클 조던(Michael Jordan)

현재 우리가 아는 미국이나 유럽의 빅데이터 성공 사례는 그들이 데이터 활용을 위해 수행한 업무 중 빙산의 일각에 지나지 않는다. 겉으로 보이는 그 성공 사례를 만들기 위해 그들은 과거 몇십 년간 수많은 시행착오를 겪으며 성공과 실패를 거듭한 끝에 지금의 빅데이터 시대를 열었다.

둘째마당에서는 필자가 데이터 과학자로서 액시엄에서 수행한 프로젝트들을 살펴볼 것이다. 미국의 회사는 어떤 과정을 거쳐 지금의 빅데이터 성공 사례들을 만들어냈는지 알아보고자 한다. 이를 통해 데이터 과학자가 데이터 활용 과정의 어떤 부분에 관여해 작업하는지 그 일면을 살펴봄과 동시에 미국 글로벌 회사가 어떻게 비즈니스에 데이터를 활용하는지 알 수 있을 것이다.

빅데이터가 '무엇(What)'이냐는 질문에 답해야 했던 시대를 지나 지금은 빅데이터 기술을 기업에 '어떻게(How) 적용해야 하느냐'는 질문에 답해야 하는 데이터 경제 시대를 맞이하고 있다. 한국의 기업과 기관이 이 질문에 대한 실마리를 얻는 데 도움이 되길 바라며, 한국에서도 멋진 빅데이터 성공 사례가 나타나길 학수고대해 본다.

미국 최대의 데이터 회사, 액시엄

미국은 어떻게 데이터와 데이터 과학을 기업에 활용하는지 사례별로 살펴보기 전에, 필자가 일했던 '얼굴 없는 회사'(The Faceless Organization) 액시엄이 어떤 기업인지 알아보고, 필자가 어떤 과정을 거쳐 미국의 여러 기업에서 데이터 관련 일을 할 수 있었는지 설명하고자 한다.

데이터, 왜 가공이 중요한가

건강한 사람은 피가 원활히 흐른다. 피가 한곳에 모여 있으면 살이 썩고, 혈관이 막히면 몸에 마비가 온다. 경제나 회사도 사람의 몸과 같다. 현금이나 자금이 원활히 흘러야 건강한 회사고 건강한 경제다. 데이터도 이와 다를 바 없다. 기업이나 조직이 건강하게 운영되려면 데이터도 필요에 따라 원활히 흘러야 한다. 데이터가 우리 몸의 피와 같이 가공 정제되어 필요한 영역에 적절히 사용된다면 기업뿐만 아니라 국가, 공공단체, 지방자치단체 등도 효율적인 성과를 내는 건전한 조직이 될 것이다.

요즘 공공 데이터 개방이 이슈가 되고 있다. '정부 3.0' 추진의 일환으로 한국에서도 공공기관들이 적극적으로 데이터를 개방하고 있고, 미국이나 영국은 일찌감치 공공 데이터를 개방하여 다양한 분야에서 활용하고 있다. 그러나 공공기관이나 일반 기업에서 생성된 원천 데이터는 새로 가공되고 정제되어야만 기관이나 기업에서 유용한 정보로 사용할 수 있다. 미국에는 이러한 원천 데이터를 수집하여 가공하는 회사들이 많다. 그중 대표적인 회사로 인포그룹(Infogroup), 하트행크스(Harte-Hanks), 이노베이티브 시스템(Innovative Systems), 데이터멘토스(DataMentors), 액시엄(Acxiom), 엑스페리언(Experian), 날리지베이스 마케팅(KnowledgeBase Marketing, KBM), 엡실론(Epsilon) 등이 있다.

필자는 이중 액시엄에서 일했다. 액시엄에 입사해서 맨 처음 느낀 것은, "아, 여기는 데이터 공장이구나"였다.

데이터 공장 액시엄

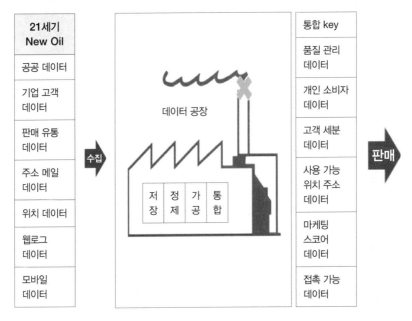

액시엄 데이터센터에는 정부기관, 잡지사, 유통 판매 업체 등 다양한 조직의 다양한 데이터가 모인다. 액시엄의 데이터 정제팀은 이렇게 모인 원천 데이터를 일련의 과정을 거쳐 영역별 필요에 따라 쓸모 있는 데이터로 만든 후 외부로 판매하거나 활용한다. 그리고 이렇게 판매된 데이터들은 기업에서 사용된 후, 남겨진 로그나 변화된 신호들을 갖고 다시 액시엄 데이터센터로 돌아오게 된다. 한 예로 소비자의 가공된 데이터가 웹 마케팅에 사용되었다면 그 소비자가 웹에서 어떤 상품들에 관심을 보여왔고 최근에 관심을 둔 상품은 어떤 것이며 언제쯤 상품을 살 것이라는 예측 가능한 신호를 가지고 액시엄으로 다시 돌아온다. 이것으로 끝

이 아니다. 되돌아온 데이터는 또다시 정제 과정을 거쳐 가공되고 다시 사용될 준비를 마친다. 필자는 이러한 과정을 거쳐서 가공 정제된 액시엄의 상업용 판매 데이터와 액시엄 고객 회사들이 보유한 내부 데이터를 사용해서 데이터 컨설팅 프로젝트를 수행했다.

미국 최대의 데이터 전문 기업, 액시엄

1969년에 설립된 액시엄은 미국에서 가장 큰 데이터베이스 마케팅 전문 기업으로 성장해 2013년 한 해 매출만 무려 11억 5,000만 달러(약 1조 2천억원)에 달한다. 초기 액시엄은 유권자 데이터를 판매하던 회사였는데, 이후 내부 개발과 데이터 매입을 통해 내실을 다지고 데이터 보유 회사들을 인수·합병해 외형까지 크게 키웠다. 2012년에는 구글의 분석 도구 책임 개발자를 영입해 구글 분석 도구(Google Analytics)에 액시엄의 데이터를 결합한 고객 운영 시스템, 즉 오디언스 오퍼레이팅 시스템(Audience Operating System)이라는 인프라 상품 개발에 착수해 1년 만에 성공을 거두고 2013년 말 대대적인 광고와 마케팅에 나서기도 했다.

액시엄은 마케팅 관련 IT 기술 컨설팅과 데이터 중심 마케팅 전문 회사라고도 할 수 있다. 다채널 마케팅, DM(Direct Mail) 마케팅 같은 데이터 중심 마케팅 매출이 회사 매출의 60%를 차지하고, IT 기술 컨설팅 분야의 데이터 마케팅을 위한 인프라 컨설팅과 데이터 판매가 나머지 매출의 대부분을 차지한다.

액시엄의 주요 상품은 메일링 프로세스, 마케팅 데이터베이스, 데이터센터 아웃소싱, 데이터 내용 보강, 데이터 액세스, 데이터 웨어하우스 구축, 인터넷과 온라인 마케팅 서비스와 컨설팅, 어빌리테크 키(Abilitec Key, 개인 식별 번호), 데이터 품질 관리, 고객 정보 통합 및 인프라 구축 등이다.

액시엄은 미국 인구 대부분에 해당하는 약 3억 명의 개인정보 데이터를 보유하고 있다. 전 세계로 범위를 넓히면 자그마치 7억 명이 넘는 개인정보를 수집하고 관리한다. 한 사람당 약 1,500가지의 원천 데이터와 그것을 가공 정제한 1,000가지 정도의 정제된 고급 데이터를 보유하고 있으니 어마어마한 양이다. 2000년 초기 이후로는 접촉 채널에 대한 중요성도 인식하여 다양한 루트로 데이터를 수집하고 있다. 이렇게 엄청난 양의 정형 데이터를 보유한 까닭에 1990년 말부터 정형 빅데이터는 액시엄에게 가장 큰 도전 과제였다. 데이터 처리 속도나 저장 문제가 항상 난제였던 것이다.

다음 그림은 액시엄의 전체 데이터 통합 과정과 데이터 수집 채널에

대한 데이터 가공 통합 시스템을 표현한 것이다. 얼마나 다양한 데이터
가 다종다양한 채널을 통해 수집되고 가공되는지 여실히 보여준다.

액시엄 데이터 가공 통합 시스템

액시엄의 가공 데이터, 어떤 것들이 있나?

인포베이스

액시엄은 인포베이스(Infobase)라는 개인 소비자 데이터베이
스를 바탕으로 하여 고객 세분화 및 클러스터링한 데이터를 생성하고 판

매한다. 인포베이스는 다양한 방법으로 수집되지만, 일차적으로는 정부의 공공 데이터에서 가장 많은 정보를 수집하고, 그다음으로 이메일링 카탈로그 데이터에서 생성되는 정보를 축적한다. 수집된 정보는 가공된 후 신규 고객 창출을 위한 마이크로 타기팅에 주로 활용되는데 상품 선호, 브랜드 선호, 소비 행태 등이 담기게 된다.

아래 표는 액시엄에서 인포베이스의 데이터베이스에 담아 판매하는 개인정보 항목들이다. 자녀의 수뿐 아니라 담배를 피우는지 여부, 부인이 직업을 가지고 있는지 등 아주 자세한 데이터베이스 항목으로 구성되어 있다.

인포베이스의 가구 구성원 데이터 예시

가구 구성원		
• 가구 내 성인 수	• 입당한 정치 정당 – 2번째 가구원	• 교육–1번째 가구원–100퍼센트
• 가구원 수	• 입당한 정치 정당 – 3번째 가구원	• 자녀 존재 여부
• 가구 내 결혼 상태	• 입당한 정치 정당 – 4번째 가구원	• 생애 주기 코드
• 이름/성별 – 1번째 가구원	• 입당한 정치 정당 – 5번째 가구원	• 직업–3번째 가구원
• 가구 내 세대	• 의회 지구	• 직업–4번째 가구원
• 직업을 가진 여성	• 담배 피우는 자	• 직업–5번째 가구원
• 이름/성별 – 2번째 가구원	• 자녀 존재 여부 – 100퍼센트	• 이름/성별–3번째 가구원
• 기본 데이터 확인 날짜	• 성인수100퍼센트	• 이름/성별–4번째 가구원
• 가구 내 자녀 나이 구간	• 가구원 수 – 100퍼센트	• 이름/성별–5번째 가구원
• 가구 내 자녀수	• 자녀수 – 100퍼센트	• 가구 내 노인 존재

액시엄은 매달 320억 개의 데이터 레코드를 업데이트하고 2천만 명의 고객 데이터와 예비 고객에 대한 데이터를 수집하고 매일 40억 명의 개

인 소비자 데이터를 가공 통합한다.

싱글뷰를 위한 어빌리테크 키

액시엄은 개인 식별 번호인 사회보장번호(Social Security, 한국의 주민등록번호)를 그대로 사용하는 것은 개인정보 유출의 위험이 있고 데이터 정제 과정에서도 효율적이지 못하다는 것을 깨닫고 1999년부터 어빌리테크 키(Abilitec Key)라는 자체 식별 번호를 생성하여 내부 활용 및 외부 컨설팅과 판매도 하고 있다. 데이터 통합 과정에서 식별 번호의 중요성을 일찌감치 인식하고 90년대부터 개발해 왔던 것이다. 이 식별 번호는 개인 또는 가구 단위 식별 데이터 품질 관리에서 중복 데이터를 제거하기 위해 반드시 필요한, 기본 식별 번호(primary key)이다.

퍼소닉엑스

액시엄은 인포베이스를 가지고 데이터를 그룹화(clustering)해서 퍼소닉엑스(PersonicX)라고 이름 붙였고, 데이터 품질 관리 과정을 옵틱엑스(OpticX)라 이름 붙여 내부 데이터 품질뿐만 아니라 고객 데이터 품질 컨설팅과 데이터 활용 컨설팅을 한다. 퍼소닉엑스는 개인 소비자를 70개 그룹으로 나누어 생애 주기에 따른 20가지 유형으로 구분하고, 필요에 따라서는 산업별 특성에 따라 더 세분화하여 사용한다. 각각의 그룹은 일반적으로 다음과 같이 코드가 부여된다. 예를 들어 'GX 3 15'라는 그룹의 경우 GX는 생애 주기 코드, 3은 소득 수준 코드, 15는 그룹 클러스터 코드를 의미한다.

생애 주기 Key	소득 Key
GX: 가구 내에 자녀 없음 **GF:** 가구 내에 자녀 있음 **GR:** 은퇴 **GM:** 믹스(Mixed)	**1:** 고소득 **2:** 중상소득 **3:** 중간소득 **4:** 중저소득(차상위 소득) **5:** 저소득

이렇게 그룹화된 전체 소비자들은 영역별 목적에 따라 더욱 세분화되어 사용된다. 보험, 금융, 디지털, 지리 등 영역별 특성으로 세분된 그룹데이터가 그 예이다. 오른쪽에 예시된 스테이트팜(State Farm) 보험회사의 경우 편안함/자녀 출가, 안정적 부유, 예비 은퇴, 적당한 안정, 자녀 부양/부유, 빠듯한 임대, 안정적 임대, 싱글 그룹 등으로 더 작게 쪼개어 그룹화를 하였다. 이 경우 전체 소비자 그룹 위에 이 보험회사 고객들을 오른쪽 그림과 같이 맵핑하여 전체 데이터와 비교하면 주로 어느 그룹에 이 회사의 고객이 집중되어 있는지 알 수 있다.

고객 성향 지수 데이터

액시엄은 고객 성향 지수(Audience propensity) 데이터도 생성해 판매한다. 고객 성향 지수는 고객의 소비 성향, 미디어 사용 성향, 행동 및 태도 성향, 브랜드 성향, 상품 성향, 구매 선호 시기, 선호 채널, 자산 정도 등을 지수로 나타낸 데이터이다. 다음 그림 오른쪽의 인덱스 숫자(68, 87, 65, 115, 97, 98, 103, …)가 해당 그룹에 속한 사람들이 스테이트팜의 보험에 가입할 가능성을 고객 성향 지수로 나타낸 것이다.

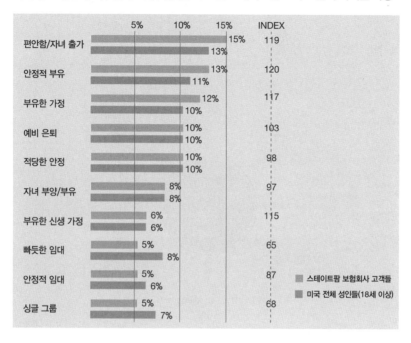

미국 일반 성인과 비교한 주택 및 임대주택 보험 스테이트팜 고객 그룹이 가지는 특성

고객 성향 지수는 마케팅에 꼭 필요한 질문들의 답을 구하는 데 도움을 준다.

- 고객들에게 무엇이 중요한가?
- 어떤 브랜드가 우리의 브랜드와 비슷한가?
- 전체적으로 얼마만큼의 소비 잠재력이 있는가?
- 누가 우리의 상품을 살 가능성이 있는가?
- 고객이 구매를 목적으로 시장 조사를 할 때 주로 어떤 미디어를 활용하는가?
- 고객이 상품을 구입할 때 주로 이용하는 경로는 어디인가?

- 시장에서 우리 상품과 경쟁하는 상품은 무엇인가?

액시엄의 고개 성향 지수 예시

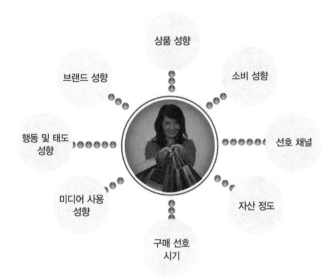

액시엄의 데이터 활용 컨설팅 조직, 어떻게 구성되나?

액시엄은 하나의 프로젝트에 5명에서 많게는 10명 정도로 팀을 구성하여 투입하고, 컨설팅은 짧게는 3개월, 길면 1년 반 정도 진행된다. 프로젝트 팀은 시스템 프로그래머, 데이터 솔루션 컨설턴트, 데이터 분석가, 데이터 품질 담당자, 팀 코디네이터, 팀장으로 구성되고, 데이터 웨어하우스가 구축되면 그쪽은 그쪽대로 IT팀을 새로 구성해 별도로 진행한다.

필자는 데이터 솔루션 컨설턴트로서 데이터 가공 전 과정에 관여하며 다양한 업무를 수행했다. 최종 결과에 대한 가공과 추정, 예측 데이터의 품질 관리는 물론이고, 데이터 웨어하우스 구축 후 BI(Business Intelligence)나 마케팅 캠페인 툴이 확정되면 그에 대한 활용 교육도 맡아했다.

프로젝트 개발이 끝나면 팀 코디네이터와 데이터 품질 담당자(데이터 분석가)만 남고 나머지 팀원들은 또 다른 프로젝트를 맡아 새로운 팀으로 옮겨간다. 이러한 진행 과정만 보면 일반 컨설팅 프로젝트와 별반 다르지 않다. 하지만 그 이면을 들여다보면 고객 데이터 컨설팅의 전 과정이 액시엄 데이터나 액시엄의 데이터를 활용한 기술을 바탕으로 이루어진다는 것을 알 수 있다. 데이터 품질 관리도 액시엄의 데이터를 참고하거나 활용하지 않고는 쉽게 일이 진행되지 않는다.

액시엄의 가공 데이터, 정확도 떨어져도 가치 있는 정보로 변신한다

액시엄 스스로도 데이터의 30% 정도는 정확성이 떨어진다고 인정한다. 그러나 마케팅 분야에서는 정확도 70%인 품질이 낮은 데이터도 데이터 과학자의 손을 거치면 충분히 가치 있는 정보로 변신한다. 이런 데이터가 얼마나 중요한지는 구글 분석 도구 개발 담당자로 6년 가까이 일했던 필 뮤이 박사(Ph. Phil Mui)가 2012년에 액시엄으로 옮겨온 이유를 보면 짐작할 수 있다. 필 뮤이 박사는 분석 툴만 사용하기 쉽고 간편

하게 만들어주면 이를 사용하는 회사의 성과가 신장될 것이라 믿었으나,
해당 부서들은 통계 수치를 내느라 바쁠 뿐 회사의 성장을 위한 데이터
분석 활용에는 관심이 없었다. 그는 데이터를 기반으로 신규 고객 창출
에 초점을 맞추는 것이 중장기 사업의 최고 전략이라는 굳은 믿음이 있
었다. 바로 그 때문에 대량의 판매 데이터를 보유한 액시엄으로 자리를
옮기게 된다.

액시엄의 필 뮤이 박사(왼쪽)와 CEO 스콧 하우

필 뮤이 박사가 합류한 후, 액시엄은 '더 좋고 더 빠르고 더 저렴하게'
(better, faster, cheaper) 데이터를 가공한다는 목표 아래 2013년 10월 고객
운영 시스템(Audience Operating system)을 출시하고 본격적인 마케팅에
들어갔다. 액시엄의 고객 운영 시스템은 클라우드 기반의 분석 도구에다
액시엄이 가공하고 정제한 개인 소비자 데이터가 더해져 지금 당장이라
도 기업의 마케팅에 활용할 수 있다고 한다.

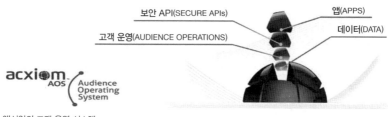

보안 API(SECURE APIs)　　　앱(APPS)

고객 운영(AUDIENCE OPERATIONS)　　데이터(DATA)

acxiom
AOS Audience
Operating
System

액시엄의 고객 운영 시스템

분석 컨설팅 회사 리치렐러번스(RichRelevance)의 데이터 과학자 더그 브라이언(Doug Bryan)은 고객 운영 시스템 출시로 액시엄은 지나온 40년보다 앞으로의 40년이 더 전망 있을 것이라고 내다봤다.

기업이 당면한 최우선 과제가 회사 전체의 성장이라면 당연히 새로운 사업이나 신규 고객 창출 또는 신상품 개발에 도전할 것이다. 그리고 이러한 도전은 늘 내부 데이터보다 외부 데이터를 더 필요로 하기에, 외부 판매용 데이터를 보유한 액시엄의 미래는 밝아 보인다.

액시엄 소비자 데이터, 모호함을 없애고 처리 과정을 투명하게!

필 뮤이 박사의 합세로 상업용 데이터와 분석 툴이 합쳐져 상품으로 나왔다는 것도 획기적인데, 그것에 버금가는 또 한 가지 일이 있었다. 액시엄은 그동안 모호한 개인정보보호법 때문에 많은 문제에 부딪혀왔다. '얼굴 없는 회사'라는 언론의 비아냥은 말할 것도 없고, 9·11테러 이후 세상의 주목을 받기 시작하면서 더 많은 부담을 안고 비즈니스

▶9·11테러 당시 11명의 테러범 정보를 액시엄이 내부 데이터베이스에서 찾아내 정부에 제공했다는 사실이 알려지면서 액시엄이라는 회사가 대중에게 알려졌고 미디어는 액시엄이 어떤 방법으로 데이터를 수집, 가공하는지 궁금해하기 시작했다. 그 이전까지는 일반 소비자나 미디어는 액시엄 같은 회사가 존재한다는 사실조차 모르고 있었기 때문에 '얼굴 없는 회사'라는 별명을 갖게 되었다

를 해왔다.

그런 액시엄이 어바웃더데이터닷컴(aboutthe data.com)을 오픈해 지금까지 수집한 개인 및 가구 정보를 개방하여 누구나 자기 정보를 찾아보고 수정하고 삭제 요청할 수 있는 웹 공간을 만들었다.

어바웃더데이터닷컴에 공개된 액시엄 CEO 스콧 하우(Scott. Howe)의 정보를 보면, 하우는 45세 기혼자에다 아이가 둘이며, 주택을 소유하고 있고, 테니스, 국내여행, 요리, 공예품, 경품 추천에 관심이 많다. 하우는 이 정보가 대체로 정확하다고 말했다. 다만 아이가 둘이 아닌 셋이고, 주택 담보 대출이 없다고 나오는데 실제로는 있다고 지적했다. 이렇게 액시엄 CEO가 직접 자신의 정보를 어바웃더데이터닷컴에 공개한 것은 소비자 데이터에 대한 모호함을 없애고 데이터 처리 과정을 투명하게 하겠다는 회사의 의지를 보여준다.

액시엄 어바웃더데이터닷컴에 공개된 자신의 정보를 소개하는 액시엄 CEO 스콧 하우

이제 액시엄의 데이터를 미국 글로벌 기업들이 어떻게 활용하고 있는지, 그 과정에서 고려해야 할 크고 작은 기술적인 내용은 무엇인지 등 데이터 분석 및 활용과 관련한 상세한 내용을 살펴보자.

05

GM 온스타

기업에서 데이터를 활용하기 위해서는 데이터의 품질이 중요한데, 현업에 필요한 데이터는 내부 데이터만으로는 품질이 충분하지 못하다. 그런 이유로 미국에서는 대부분의 기업들이 외부 데이터를 구매해서 사용한다.

이번 장에서는 GM 온스타(GM OnStar) 사례로 기업이 어떤 외부 데이터를 활용해서 데이터의 품질을 향상시키는지 살펴보고자 한다.

GM 온스타, 정제된 고객 데이터에 기초한 텔레매틱스 서비스

GM 온스타(OnStar)는 GM 자동차의 자회사로 텔레매틱스 (Telematics) 서비스를 제공하는 회사다. 안전운전 도우미, 길안내, 원격 진단, 긴급 출동 서비스 등을 제공하는 온스타는 1997년 초창기만 해도 고급 차인 캐딜락에만 장착되어 서비스가 제공되었다. 현재는 40종의 GM 자동차와 75종의 다른 회사 차량에도 장착할 수 있고, 2,000명이 넘는 직원이 콜센터에 상주하며 미국이나 캐나다에서 걸려오는 600만 고객의 전화를 받고 있다. 한 달 평균 3,000만 통의 고객 전화를 받는데, 그중 2/3가 길안내 서비스에 관한 전화이고 나머지 1/3은 비상상황 전화라고 한다. 일 년으로 따지면 약 4억 통에 육박하니 엄청난 통화량이다. 1999년에 이용자가 고작 150,000명에 불과했던 것과 비교하면 놀라운 성장을 한 것이다.

온스타 커맨드 센터(OnStar Command Center)

GM 온스타가 액시엄에 데이터 가공을 의뢰해 온 2001년 금융팀에서 일하던 필자가 GM 자동차 팀에 막 합류했을 때이다. GM 온스타 CEO로 14년 간 일해 온 체스터 휴버(Chester A. Huber)는 GM이 지금의 온스타를 만들기까지 수백만 달러의 수업료를 지불했다고 말했다. 휴버가 처음 이 사업을 맡았을 때만 해도 이 프로젝트는 그가 경영대학원에서 배웠던 위험한 프로젝트 분류 기준인 VUCA, 즉 변화속도(Volatility), 불확실성(Uncertainty), 복잡성(Complexity), 모호성(Ambiguity)을 다 갖추고 있었다고 한다. 그랬던 온스타가 지금은 스마트폰보다 더 빠른 온스타 4G LTE 서비스를 선보일 정도로 성장했다. GM에 따르면 온스타 4G LTE는 GM의 2015년 새 모델에 장착되어 차량 안에서도 최고 속도의 무선 인터넷 을 즐길 수 있다고 한다.

오늘날 온스타는 최고의 기술로 시대를 앞서가게 되었지만, 액시엄의 문을 처음 두들겼던 2001년 당시에는 영업 부진으로 어려움을 겪고 있

백미러에 장착된 온스타

온스타 4G LTE

었다. 온스타 서비스는 자동차 생산이나 판매 프로세스를 방해하지 않는다는 조건으로 출발했기에 초기에는 자동차 딜러들을 통해서 캐딜락 데빌의 옵션으로만 판매할 수 있었다. 이를 바꿔 말하면 자동차 딜러가 판매와 장착, 고객 관리를 전부 책임져야 한다는 얘기가 된다. 그런데 자동차 판매 이익에 비해 온스타 판매 이익은 너무도 보잘것없어서 자동차 딜러들에게는 관심 밖의 옵션 서비스였다. 책임져야 할 것은 많은데 돈은 안 되니 자연히 뒷전으로 밀릴 수밖에 없었던 것이다.

온스타와 GM 경영진은 온스타 사업의 성장을 위해 기존의 딜러 장착 방식을 공장에서 장착해 출시하는 빌트인 방식으로 바꾸기로 했다. 이로써 장착 비용의 70%를 절감할 수 있었고 훨씬 더 빠르게 시장에 진입할 수 있었다. 2002년 온스타는 GM의 52종 자동차 중 32개 차종에 장착할 수 있게 되었는데, 자동차 판매와 온스타 서비스를 묶어서 함께 영업하기 위한 준비 작업 중 일부 프로젝트를 액시엄과 같이 하게 된 것이다.

온스타 데이터와 액시엄이 만나다

온스타 마케팅팀은 GM과 온스타가 보유하고 있는 고객 데이터를 통합하고 가공, 정제하는 일을 가장 먼저 시작했다. 판매 및 접촉 이력이 있는 과거 이력 데이터(레거시 데이터) 중 고객 이름과 주소를 액시엄 데이터센터로 가져와 데이터 품질 관리 작업에 들어간 것이다.

온스타의 모든 데이터는 오라클 데이터베이스로 구축되어 있었는데, 마침 액시엄의 통합 식별 번호인 어빌리테크 키도 오라클 데이터베이스의 프라이머리 키(Primary key)를 사용하고 있었다.

고객의 필요에 부합하는 상품과 서비스를 적당한 시기에 제시하고, 고객과의 관계를 장기간 유지하는 데는 반드시 좋은 품질의 데이터가 필요하다(좋은 품질로 보강된 데이터는 최신 상태로 업데이트되어 정확한 정보를 제공한다). GM 마케팅팀은 데이터 품질의 중요성에 대해 잘 알고 있었고 데이터 품질 관리는 내부 데이터 품질만 개선한다고 해결되지 않는다는 사실도 알고 있었기에 고품질의 다양한 데이터가 있는 액시엄과 함께 데이터 품질 관리를 진행한 것이다.

데이터 품질 관리는 고품질의 외부 참고 데이터(reference data)가 반드시 필요하다. 액시엄은 고품질 참고 데이터를 보유하고 있기 때문에 세계 최고의 자동차 회사 10곳 가운데 9곳을 고객으로 둘 수 있게 된 것이다.

액시엄의 고객 데이터 정제 과정 살펴보기

원천 데이터는 고객의 이름이나 주소 등이 왜곡되거나 잘못 기록된 상태로 통합 데이터베이스로 넘어온다. 예를 들면 오른쪽 예시처럼 로버트 스미스(Robert Smith)라는 이름이 여러 형태로 잘못 표기되어 부정확한 정보가 들어올 수 있다.

잘못 기재된 이름이나 주소 정보는 구분해서

ROBERT SMITH:

ROBERTA SMIFF,
ROGER SMITS,
BERT SMITH,
RABURN SMUFF,
RODNEY SNIFF,
HOBART SNUF,
NORBERT SNITS,
TREBOR THIMS

Robert Smith의 표기 오류 예

수정하고 식별되어야 비로소 사용할 수 있다.

우선 이름 데이터부터 각각의 단어 분리 작업(Parsing)을 하고 중복 제거 작업(merge/purge process)을 한다. 이 작업이 끝나면 주소 정제와 주소 중복 제거, 수신 거부 프로세스를 진행하는데, 주소 데이터는 미국 우체국의 주소 정제 제품을 사용해 먼저 정제한다.

다음은 주소가 정제된 예시이다. 주소 표준이나 번지수가 잘못 표기되었거나 번지수가 빠진 것을 수정하고 보충한다.

주소 정제 내용 예시

주소 표준화(Standardization)
Susan P Leones
7203 South Grove Street
Mission Grove, Utah 30279

Susan P Leones
7203 SGroveSt.
Mission Grove, UT 30279–1234

주소 변경(Change of Address)
Daniel R Garvey
13417 Williston Road
Elma, New York 14059

Daniel R Garvey
16 Rosebud Ln.
Burnt Store, FL 33951-2890

잘못 표기된 주소(Misunderstood Address)
Robert T. Jones
1245 Oak St
Bryant, AR 72022

Robert T. Jones
124 S. Oak St.
Bryant, AR 72022–2184

빠진 주소 정보(Missing Information)
Susan Hines
458 Pleasant Ridge Road
Little Rock, AR 72212

Susan Hines
458 Pleasant Ridge Rd, Apt 518
Little Rock, AR 72212–3438

틀린 거리 번호(Incorrect Street Number)
Alexander Nicholas
1806 Parkway
Memphis, TN 38113

Alexander Nicholas
1860Parkway
Memphis, TN 38113–1234

▶색글씨 부분이 수정된 주소이다.

부정확한 이름과 주소가 어떻게 정제되는지 좀더 자세히 살펴보자. 데이터 정제를 위해 제일 먼저 원천 데이터의 품질을 조사하고 관리 계획을 세운다. 그런 다음 데이터를 표준화하여 중복된 내용을 제거하고 내용상의 오류를 수정한 후 개인정보보호법에 저촉되는 부분이 있는지 확인해 고객 식별 작업을 하면 데이터 정제 작업이 마무리된다.

액시엄의 데이터 정제 작업은 액시엄이 수십 년 동안 모은 방대한 참고 데이터와 정제 도구를 사용해 이루어진다. 축적된 참고 데이터 없이 데이터의 내용을 수정하여 데이터의 품질을 높이는 것은 한계가 있다. 액시엄의 데이터 정제 도구와 참고 데이터는 입력 오류뿐만 아니라 정확한 정보를 확인하여 수정도 한다. 더불어 미국 우체국 서비스의 주소 표기 표준에 맞춰 가공하기 때문에 고객이 우편을 보낼 때 비용을 절약할 수 있다.

액시엄의 데이터 정제 서비스 흐름

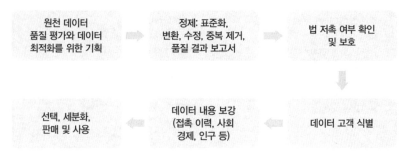

원천 데이터 품질 평가와 데이터 최적화를 위한 기획	⟹	정제: 표준화, 변환, 수정, 중복 제거, 품질 결과 보고서	⟹	법 저촉 여부 확인 및 보호
선택, 세분화, 판매 및 사용	⟸	데이터 내용 보강 (접촉 이력, 사회 경제, 인구 등)	⟸	데이터 고객 식별

액시엄의 데이터 정제 소프트웨어 살펴보기

다음은 액시엄에서 데이터 정제 서비스를 할 때 이용하는 제품들이다.

① **미국 우체국 주소 정제 소프트웨어**(USPS Cleansing Products): 이 소프트웨어는 주소 데이터를 아래 주소 정제 제품을 사용해 정제한다.

- DPV$^{®}$: 배송지 주소
- DSF2$^{®}$: 휴가나 계절 주소, 배달 가능한 주소
- NCOA$^{Link®}$: 우체국에 신고된 새 주소지(National Change of Address)

② **액시엄 베스트 주소**(Acxiom's BestAddress): 이 소프트웨어는 주소에서 빠진 아파트 번호나 잘못된 거리 번호를 수정하거나 채워넣는 작업을 한다.

③ **통합 식별 번호**(AbiliTec$^{®}$)**와 중복 제거**:

액시엄의 어빌리테크 키는 개인이나 가구 단위 통합 식별 번호로, 아래의 그림에서 보듯이 우편 주소, 이메일 주소 또는 전화번호와 관계없이 고객 정보를 관리할 수 있는 번호이다. 이 번호는 액시엄의 최근 데이터뿐만 아니라 과거 이력 데이터를 활용하고 자체 개발한 매칭 알고리즘을 사용하여 만들어진다. 이 번호를 사용하면 고객이 이름을 바꾸거나 예고 없이 이사를 한 경우 또는 정보가 잘못 입력된 경우에도 이를 정확하게 반영해 수정할 수 있다.

어빌리테크 - 디지털 파워링 싱글뷰 예시

다음 3개의 주소는 "John O'Connor, 303 Palomino Lane, Westwood MI 02093"이라는 주소가 잘못 표기된 것인데, John O'Connor에게 한 개의 어빌리테크 키를 부여하고 3개의 주소 중 정확한 주소 1개만 정제해 최근 주소로 저장한다. 중복된 필드의 제거는 개인별, 가구별, 주소별, 전화번호별로 각각 가능하다.

1. John O'Connor, 30 Palomino Lane, Westwood MA 02090
2. J. J. Oconnor, 303 Palomino Lane, Westwood MI 02093
3. John Joseph Connor, 30 Polo Pony Court, Westawooda RI 02021

④ **액시엄 체인지 플러스**(Acxiom ChangePlus): 이 소프트웨어는 각각의 어빌리테크 키에 기록된 주소를 업데이트해 주는 최신 주소 서비스이다. 통신 판매 업체나 카탈로그 발송 업체 같은 곳에서 변경된 새 주소를 제공받아 한 달에 한 번 업데이트되며 5년치의 주소를 가지고 있다.

⑤ **인포베이스–엑스 수신 거부 프로세스**(InfoBase-X® Suppression Products): 이 소프트웨어는 중복 제거 작업이 끝난 후 수신 거부 작업을 한다. 소비자가 수신을 거부하는 경우에 마케팅 협회의 우편 수신 거부, 유선 전화 거부, 휴대폰 수신 거부, 징역, 파산, 미성년자 등의 파일을 참고하여 고객 데이터 파일에서 수신 거부를 요청한 개인의 이름을 제거한다.

인포베이스–엑스의 수신 거부 목록

- 유선 전화 수신 거부(Do-Not-Call Suppression): 고객이 수신 거부를 요청한 유선 전화
- 휴대폰 수신 거부(Wireless Suppression): 고객이 휴대폰만 수신 거부를 요청한 경우
- 징역이나 파산(Profit Max Suppression): 교도소 재소자나 파산자인 경우
- 미성년자(Underage Suppression): 미성년자인 경우
- 재난이나 비상 지역(Geo Suppression): 재난이 발생한 지역이나 비상 상황에 처한 지역인 경우

---

⑥ **DM 마케팅 협회 자체 소비자 보호 거부**(Direct Marketing Association [DMA] Suppression): 이 소프트웨어는 DM 마케팅 협회에서 자체적으로 만든 규칙으로, 우편 선호 서비스(MPS)와 이메일 선호 서비스 (EPS), 그리고 전화 선호 서비스(TPS)가 있다.

수신 거부에 대한 일련의 처리 작업들은 개인정보보호법을 적용하여 고객을 보호한다는 차원도 있으나 수신자가 불분명하거나 영업적으로 가치가 없는 곳을 사전에 제거함으로써 영업 비용을 줄이는 역할도 한

다. 재난이나 비상 지역 또는 징역이나 파산의 경우를 그 예로 들 수 있다. 징역이나 파산 데이터는 열람을 하는 것이 아니라 수신 거부 난에 플래그(flag, 항목 표시)만 하기에 개인 정보 침해 우려는 없다.

마침내 사람들이 온스타 서비스를 사기 시작했다

GM 온스타는 신규 메일링 리스트와 판매 마케팅을 목적으로 데이터를 정제한 후 액시엄에서 인구 통계와 사회 경제에 관련된 데이터도 구매하였다. 고객의 거주 지역이나 생활 패턴, 보험, 금융 관련 세분화 데이터, 소득 또는 소유 부동산 가치와 같은 데이터들이다. 이에 더해 최근에는 소셜 네트워크 관련 데이터들도 구매하고 있다. 이 데이터들은 기업이 고객의 프로파일을 분석해 적당한 시기에 적당한 제품으로 고객에게 판매 제안을 하는 마케팅을 계획하기 위해 꼭 필요한 정보를 제공한다.

액시엄 가공 데이터 판매 리스트 일부

데이터 고유 번호	데이터 내용
1270	Personicx Refresh - Cluster Code & Indicator(그룹 세분 코드)
1271	Personicx Refresh - LifeStage Group Code & Indicator(생활 주기 그룹)
1274	Personicx Refresh - Insurance Groups & Indicator(보험 관련 그룹)
1275	Personicx Refresh - Financial Groups & Indicator(금융 관련 그룹)
2705	Social Network - Number of Sites - Input Individual(개인별 SNS 사용 사이트 수)
2706	Commercial Network Membership - Input Individual(개인별 쇼핑 사이트 가입 현황)

이러한 노력으로 이제 온스타는 GM 자동차뿐만 아니라 렉서스, 아우디, 어큐라, 이스즈, 사브, 수바르에 이르기까지 다양한 자동차 브랜드에도 장착되고 있다. 온스타의 매출은 현재 1억 5천만 달러에 이른다고 한다. GM 전체 매출 180억 달러와 비교하면 턱없이 낮은 수준이지만, 자동차의 판매 순수익률이 6.2%로 아주 낮은 것에 비하면 온스타의 순수익률은 30~35%로 아주 높은 편이다. 그러나 수익률보다 더 중요한 것은 고객 감성 관리 및 연계 판매, 추가 판매 등을 계획할 수 있는 전략적 사업 모델이라는 것이다.

06

미국 대형 자동차 판매 딜러

액시엄 자동차팀은 GM, 포드, 벤츠 등의 프로젝트를 수행하며 데이터와 모델 개발에 관한 경험과 지식을 쌓았고, 이는 미국 대형 자동차 딜러들의 영업을 지원하는 마케팅 분석 모델 개발에 착수하는 동기가 되었다. 이처럼 데이터 활용의 새로운 인사이트는 기존의 데이터 활용 경험이 쌓일 때 찾아내지고 진화한다. 6장에서는 액시엄 데이터만 으로 자동차 판매를 지원하는 각종 분석 지수를 개발한 과정을 살펴보고자 한다.

액시엄, 자동차 딜러들의 영업을 지원하는 마케팅 분석 모델을 개발하다

이번에 소개할 사례는 자동차 판매 신규 고객 확보를 위한 데이터 분석 알고리즘 개발 프로젝트인데, 자동차 시장 상황에 대한 전문 지식과 경험은 자동차 판매 마케팅 전문회사의 도움을 받았고, 데이터 가공 및 분석은 액시엄의 자동차팀에서 직접 진행하였다.

2000년 초 미국 자동차 시장은 GM, 포드, 크라이슬러가 전체 시장의 50%를 차지했고, 나머지는 외국 브랜드가 점유하고 있었다. 현대자동차는 현재 8%대의 점유율을 유지하고 있지만, 그 당시엔 3~4%에 불과해 액시엄의 영업망에는 포착되지 않았다.

다음은 미국의 대형 자동차 판매사의 2012년 순위를 정리한 것이다. 1위인 오토 네이션(Auto Nation)은 미국 전역에 걸쳐 215곳의 딜러 체인망을 가지고 있고 연매출도 7억 달러가 넘어 한국의 웬만한 대기업보다도 매출이 많다. 당연히 자동차 판매 관련 가공 데이터에 대한 고객 수요도 대단했다. 오죽했으면 상품이 개발되기도 전에 액시엄 영업팀이 판매를 완료해서 개발기간 내내 시간에 쫓겨야 했다.

Mega dealer 100

순위	메가딜러 그룹명	도시	주	대표자	딜러샵 수	신규 소매 매출
1	AutoNation, Inc.	Fort Lauderdale	FL	Michael Jackson	215	$7,498,900,000
2	Penske Automotive Group	Bloomfield Hills	MI	Roger S. Penske	191	$5,811,084,000
3	Carmax, Inc.	Richmond	VA	Tom Folliard	103	$198,500,000
4	Sonic Automotive, Inc.	Charlotte	NC	O. Bruton Smith	119	$4,037,065,945
5	Van Tuyl Group	Phoenix	AZ	Cecil Van Tuyl; Larry Van Tuyl	69	$2,937,473,315
6	Group 1 Automotive	Houston	TX	Earl Hesterberg	109	$3,402,600,000
7	Hendrick Automotive Group	Charlotte	NC	Edward Brown	73	$2,278,499,265
8	Asbury Automotive Group	Duluth	GA	Craig Monaghan; Michael Kearney; Charles R. Oglesby	79	$2,237,600,000

2012년 미국 자동차 대형 판매사

액시엄 자동차팀은 딜러가 자동차를 판매하는 과정을 다음과 같이 단계별로 나누어 접근했다.

1. 지금 자동차를 구매하려고 하거나 구매하고 싶은 사람을 찾아서(적정 구매 시기 파악)

2. 그 사람이 좋아할 것 같은(구매자 성향 파악)

3. 구매자 개개인에게 딱 맞는 자동차 모델로 마케팅을 한다(개인 성향에 맞는 적정 자동차 모델 선정).

데이터 분석 알고리즘 개발 과정 1: 자동차 모델 세분화하기

자동차 판매 마케팅 회사의 도움으로 모든 자동차 모델을 종류별로 세분화하여 정리하는 것은 어렵지 않았다.

개인용 차량은 크게 일반 자동차와 가벼운 트럭으로 나누었다. 그런 다음 일반 자동차는 다시 4도어 세단, 2도어 세단, 스테이션왜건, 컨버터블, 스포츠카로 나누고, 가벼운 트럭은 미니밴, SUV, 픽업트럭, 일반 밴으로 나누었다. 그리고 각각을 다시 엔진 크기와 가격대에 따라 세분화했다.

자동차 분류 예시 1

Parent Category 1	Child Categories
Car Type	Coupe Sedan Sports Car SUV

Parent Category 2	Child Categories
Engine Type	4 cylinder 6 cylinder 8 cylinder

자동차 분류 세분화 예시 2

	Size	Cost	Characteristics
	Subcompact	32.2	4 cylinder Avg MPG = 32
	Compact	42.3	4 cylinder Avg MPG = 23
	Intermediate	46.9	6 cylinder Avg MPG = 20
	Full–Size Vehicle	51.1	6 cylinder Avg MPG = 19
	Compact Pickup	40.2	4 cylinder Avg MPG = 18
	Full–Size Pickup	47.7	8 cylinder Avg MPG = 13
	Compact Utility	45.6	4 cylinder Avg MPG = 15
	Intermediate Utility	51.4	6 cylinder Avg MPG = 15
	Full–size Utility	52.9	8 cylinder Avg MPG = 13
	Mini–Van	50.7	6 cyliner Avg MPG = 17
	Full–Size Van	52.0	6 eyliner Avg MPG = 13

데이터 분석 알고리즘 개발 과정 2: 구매자 성향 파악하기

자동차 분류 작업을 마친 후, 인포베이스(Infobase) 데이터에서 각 모델별로 해당 자동차 사용자들을 상대로 임의의 샘플 데이터 세트를 만들어 프로파일 분석을 시작했다. 연구에 따르면 고객이 타는 자동차 모델은 고객에 대해 많은 것을 얘기해 준다고 한다. 예를 들어 중간 사이즈의 자동차는 어린 자녀를 둔 여자나 싱글인 아버지들이 선호하고, 이 사람들은 아이들을 학교에 보내고, 장을 보고, 가족 여행을 가는 용도로 쓰기 위해 겉모습보다는 안전성이 높은 차를 중시하는 특징이 있다고 한다.

액시엄의 조사에 따르면, 자동차를 사기 위해 1월 16일에 쇼핑을 시작한 고객들 가운데 4월 29일에 중형 SUV인 포드 익스플로러를 산 고객의 프로파일은 다음과 같다.

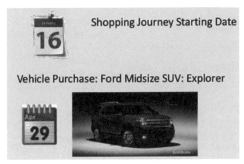

고객의 자동차 쇼핑 시작 시점과 구매 완료 시기(1월 16일 쇼핑 시작, 4월 29일 구매)

이 고객은 32살 여자다. 혼자 거주하며 대학을 졸업했고 소득은 연 5천만원 정도이고 집을 소유하고 있고 가장이고 아이가 하나 있다. 자동차와 투자에 관심이 많고 컴퓨터, 사냥, 골프, 오토바이, 아웃도어 스포

Demographic	Life Interests	Vehicle Brand	Affinity Rank
Age = 32	Auto Work	Ford	1
Gender = Female	Parenting	GMC	1
Marriage Status = Single	Investments–Personal	Dodge	2
Education = College Graduate	Computers	Jeep	2
Income = $40k–$50k	Hunting/Shooting	Kia	2
Networth = $25k–$50k	Golf	Chevy	3
Home Owner	Motorcycling	Suzuki	3
Head of Househotel	Sports Grouping	Volkswagen	3
Number of Children = 1	Outdoors Grouping	Chrysler	4
Number of Adults = 2	Travel Grouping	Nissan	4

츠 그리고 여행에도 관심이 있다. 관심 있어 하는 자동차 브랜드는 포드 (Ford), 지엠씨(GMC), 닷지(Dodge)이다. 그리고 이 고객은 관심 브랜드 중 하나였던 포드의 SUV를 샀다. 다른 브랜드가 아닌 평상시 관심 있어하던 브랜드 중 하나를 구매했다는 사실에서 이 데이터의 가치를 알 수 있다.

다음 데이터 변수들은 액시엄에서 판매하는 자동차 관련 정보이다. 자동차 관련 데이터는 주로 가구 단위로 수집되어 활용되는데, 고객의 선호 브랜드나 구매 시기를 추정할 수 있는 실마리가 된다.

액시엄 자동차 관련 판매 데이터

데이터 고유 번호	데이터 내용
9047	Vehicle Verification Date(자동차 등록 날짜) – 1st Vehicle(1번째 차)
9057	Vehicle Verification Date(자동차 등록 날짜) – 2nd Vehicle(2번째 차)
9180	Vehicle Type(자동차 종류) – 1st Vehicle(1번째 차)
9181	Vehicle Type(자동차 종류) – 2nd Vehicle(2번째 차)

액시엄 자동차팀은 자동차 분류 데이터와 고객 프로파일 데이터를 가지고 고객이 선호하는 자동차 그룹을 선정하는 통계 모델을 만들었다.

우선 자동차 종류를 분류하여 통계 모델의 종속 변수를 선정하였고, 독립 변수는 나이, 가족 수, 자녀 나이, 소득, 주거 지역, 소유 부동산 가치, 취미, 교육 등 차량 모델 선택과 관련 있는 변수들을 임의로 선정했다.

> 자동차 선호 그룹 = f(나이, 가족 수, 성별, 자녀 나이, 소득, 주거 지역, 취미, 교육 등)

알고리즘은 다변량 로짓 모델(multinomial logit model)을 사용했고, 독립 변수는 액시엄의 인포베이스에서 관련 있는 변수들을 1차 선정하고 상세 선정 작업은 원인 분석(factor analysis)과 주성분 분석(principle component analysis) 알고리즘을 사용해서 했다. 샘플이 작으면 자동차 그룹별 차이를 명확하게 하기 위해 분산 분석(ANOVA) 테스트를 해야 하나, 인포베이스의 방대한 데이터 덕분에 자동차 그룹별로 뚜렷한 차이를 보

였고 자동차 연구 전문 컨설팅 회사의 도움도 받았기 때문에 이 테스트
는 생략했다.

분석 프로그램으로는 SAS를 사용했고, Proc CATMOD 명령어로 작
업을 했다. SAS의 Proc CATMOD는 R에서는 mlogit 패키지로 가능하
다. 이 작업으로 어떤 고객이나 가구가 어떤 종류의 자동차 그룹을 구매
할 것 같다는 추정을 했다.

```
proc catmod data=travel;
   direct age;
   model chosen=age;
   title 'Multinomial Logit Model Using Catmod';
   run;
```

Response Profiles

Response	Chosen
1	Auto
2	Plane
3	Transit

Analysis of Maximum Likelihood Estimates

Parameter	Function Number	Estimate	Standard Error	Chi-Square	Pr > ChiSq
Intercept	1	3.0449	2.4268	1.57	0.2096
	2	2.7212	2.2929	1.41	0.2353
Age	1	-0.0710	0.0652	1.19	0.2762
	2	-0.0500	0.0596	0.70	0.4013|

SAS Proc CATMOD 코드 및 결과 예시

데이터 분석 알고리즘 개발 과정 3: 적정 구매 시기와 구매력 파악하기

액시엄의 조사에 따르면 파산자의 37%가 파산 과정에서 차를 팔아치우고 30일 만에 다시 차를 산다고 한다. 그리고 20~25%는 파산 후 6개월 안에 다시 차를 구입하고, 10%는 1년 안에 차를 구입한다. 또한, 새로 이사 온 집주인의 20%는 1년 안에 새 차를 산다. 이러한 자료를 기초로 관련 있는 변수들을 모아 지수 작업을 했고, 소득이나 신용 상태도 활용할 수 있도록 만들었다. 자동차 구매를 위한 인포베이스 평가 지수(Economic Assessment Auto Trade Scores)는 자동차 예비 구매자에게 판매를 제안하는 시기 측정에 주로 사용되는데, 이 지수들은 다음과 같다.

– 자동차 대출(오토론) 개수
특정 지역 자동차 딜러의 최근 거래별 평균 대출 개수, 우편번호 코드별 대출 개수

– 최근 자동차 딜러와 거래를 시작한 때로부터 경과한 개월 수
4가지로 세분화해 판매도 가능하다.
* 최근에 자동차를 사려고 딜러와 접촉 또는 거래를 시작한 고객
* 최근에 자동차를 찾고 있을 가능성이 다소 있는 고객
* 최근에 자동차를 찾고 있을 가능성이 매우 확실한 고객
* 아마도 최근에 리스나 자동차 대출을 갚은 것 같은 고객

또한 고객의 경제 수준을 파악하기 위한 인포베이스-엑스의 경제 상황 평가 지수(Infobase X economic assessment score)도 다양한 레벨의 그룹

을 타기팅할 수 있도록 신용과 상관없이 사용할 수 있게 만들었다. 이 지수는 우편번호 코드 기준으로 구분할 수 있으며, 부동산 대출이나 유통 판매와 같은 다른 정보들을 합산하여 신용 평가 점수 300점 이상으로만 산출한 점수이다.

초기에 샘플 데이터로 만들었을 때는 통계 모델이 잘 맞는 듯했으나, 원천 데이터인 인포베이스에 결측값(missing value, 데이터가 없는 정보)이 너무 많아서 현업에 적용하려니 어려움이 많았다. 시간이 흘러 정보가 쌓이면 좀더 좋아지겠지만 필자가 작업할 당시에 어떤 지역은 판매하기 곤란할 정도로 형편없는 지수가 나왔다. 우리 팀은 시범 딜러를 선정하고 DM(Direct Mail) 캠페인을 한 달에 한 번씩 3개월 동안 진행하면서 반응 테스트 작업도 했다. 테스트 초기에는 고객이 우리가 보낸 DM을 받아 보고 자동차 딜러를 찾아왔다는 표시를 해두도록 하는 걸 빠뜨려 마케팅 캠페인 효과를 추적하지 못하는 실수도 범했고, 생각보다 반응이 좋지 않아 마음고생도 많았던 통계 모델이었다. 반응이 상대적으로 높지 않은 이유는 모델 문제일 수도 있지만 여러 가지 다른 문제일 수도 있다. 예를 들면 캠페인 수행 과정이나 캠페인 대상 고객을 관리하는 딜러에게 문제가 있을 수도 있는 것이다. 문제의 원인을 정확히 파악하기 위해서는 여러 가지 가능성을 열어놓고 지속적으로 조사해야 한다.

이 프로젝트는 필자가 액시엄에서 진행한 마지막 프로젝트였다. 2008년 9월 액시엄이 엑스셀넷(XSellNet)이라는 회사와 협력하여 자동차 관련 실시간 고객 데이터와 분석 데이터를 X12라는 상품명으로 자동차 딜러들에게 판매한다는 소식을 접하게 되었다. 이 자동차 통계 모델 분석 데이터는 개발 및 테스트 기간만 3년이 넘게 걸렸다고 한다. 이렇게 개발된 데이터 지수는 우편번호별로 집계하여 판매되며, DM뿐만 아니라 TV나 라디오 또는 일반 지면 광고에도 활용된다.

07

뱅크 오브 아메리카

필자가 액시엄에 입사해서 처음으로 맡은 프로젝트는 그린트리 금융회사(Green Tree Financial Company) 프로젝트였다. 그린트리 프로젝트는 알고리즘을 위한 분석 작업 보다는 금융 영업 보고서나 성과 보고서 등 각종 보고서 작성이 주를 이루었다. 그리고 두 번째로 맡은 금융 관련 프로젝트가 뱅크 오브 아메리카(Bank of America) 프로젝트다. 7장에서는 뱅크 오브 아메리카 프로젝트를 중심으로 금융 관련 회사에서 정형 빅 데이터를 활용하여 전략적 의사 결정에 필요한 분석 보고서 작성하는 방법과 신용카드 관련 연체 관리와 이탈 고객 관리, 신용카드 신규 고객 확보를 위한 마케팅에 필요한 통계 분석 방법들을 살펴본다.

뱅크 오브 아메리카 프로젝트, 금융 성과 분석 보고서와 고객 관리 모델을 만들다

뱅크 오브 아메리카(Bank of America)는 1904년에 설립된 민간 상업은행으로, 미국 남부를 근거지로 하는 42년 역사의 네이션스뱅크(NationsBank)와 1988년에 합병하여 현재의 체제가 갖추어졌다. 2006년에 엠비엔에이(MBNA)를 인수하여 세계에서 가장 큰 신용카드 회사가 되었고, 2007년에 시카고 지방은행인 라살(LaSalle)을 인수·합병하였으며, 2008년에 메릴린치를 인수하여 현재는 뱅크 오브 아메리카 메릴린치라는 이름으로 영업하고 있다. 미국 내 48개 주에 금융센터를 두고 있으며, 전 세계 38개국에 지점을 개설한 초대형 금융기업이다.

뱅크 오브 아메리카 크리스티나 종합 데이터센터

뱅크 오브 아메리카 프로젝트에서 필자가 맡은 역할은 금융 성과 분석 보고서를 작성하는 일이었다. 이후에 신용카드 연체 고객을 세분화하는 일과 고객 이탈 모델 만드는 일, 신용카드 예비 신규 고객 선정 작업을 했다.

뱅크 오브 아메리카의 데이터센터, 슬림화와 효율성에 도전하다

뱅크 오브 아메리카의 데이터센터는 빅데이터 시대를 맞아 부족한 데이터 저장소, 산재해 있는 데이터와 애플리케이션 통합 등 각종 현안을 해결하기 위해 총력을 기울이는 중이다. 특히 잦은 인수·합병으로 곳곳에 흩어져 있는 시스템을 통합하는 일은 여러 해에 걸쳐 진행되고 있는 큰 사업이다.

뱅크 오브 아메리카 데이터센터 현황

고용 인력: 109,000명
CIO: 9명
사업 국가: 40개국
특허 보유: 900개
지사: 5,900개
ATM: 18,000개
가구별 고객: 5,800만 가구
온라인 뱅킹 사용자: 3,000만 명
모바일 뱅킹 사용자: 700만 명
모바일 앱 사용자: 500만 명

뱅크 오브 아메리카의 글로벌 기술 운영팀의 규모는 웬만한 회사를 능가한다.

뱅크 오브 아메리카는 현재 네트워크로 연결된 55개 데이터센터를 2년 안에 반으로 줄이는 작업을 진행 중이다. 또한 12개 장소에서 운영 중인 세계에서 가장 큰 메인 프레임 환경(어떤 시스템은 20~30년 된 것도 있다)

을 15~30% 정도 줄일 계획이다. 단지 시설과 설비를 줄이는 것만이 최선은 아니라는 것을 이 모든 과정을 지휘하는 최고책임자 캐서린 베산트(Catherine Bessant)는 잘 알고 있다. 운영 비용을 줄이는 것 못지않게 효율적으로 원활하게 전사 운영을 지원하는 것도 중요하기 때문이다.

액시엄은 이렇게 규모가 큰 작업을 진행 중이거나 데이터 저장소가 부족한 회사들에게 임시로 자신의 데이터센터를 대여해 주는 사업을 1980년대부터 해왔다.

금융 성과 보고서, 과거 추이를 분석해 현재 성과를 평가하고 미래 전략을 시사한다

2014년 현재 최고의 데이터센터를 구축하고 있는 뱅크 오브 아메리카는 점점 더 늘어가는 데이터를 통합하고 성과 보고서 생성 관리를 위해 1990년 말에 액시엄 데이터센터에 아웃소싱을 의뢰하였다. 이때 필자는 금융 성과 분석 보고서(Bank performance analysis report) 프로젝트에 참여했다.

2010년 IDC(International Data Corporation)의 금융 인사이트 보고서에 따르면, 미국의 은행들을 상대로 한 설문에서 데이터 분석 및 BI를 활용하는 업무 분야가 무엇인지 묻는 질문에 금융 보고서 작성이라는 대답이 35%로 최상위였고, 그 뒤를 이어 비용 축소 관리 32%, 위험 관리 29% 순이었다. 설문에서 확인할 수 있듯이 갈수록 치열해지는 시장 환경에서 데이터에 기초한 세밀하고 정확한 금융 성과 보고서는 사업 전략과 운영 계획을 수립하는 데 결정적인 역할을 한다. 금융 분석 보고서는 과거 추이를 분석하여 현재의 성과를 평가하거나 미래 계획을 위한 시발점을 결정하거나 미래 수행 결과를 예측하기 위해 활용하기도 하고, 미래의 성과 측정을 위한 지수를 정하는 데도 사용된다.

보고서에는 금융 관련 비율(ratios)들이 많이 제시되는데, 이 비율들은 숫자로 표준화되어 서로 비교할 수 있게 해준다. 다양한 측면에서 금융 성과를 측정한 비율 지수를 이용해 다른 은행들과 비교 분석하거나 과거와 비교해 변화의 추이를 분석하기도 한다.

은행 간 성과 비교 예시

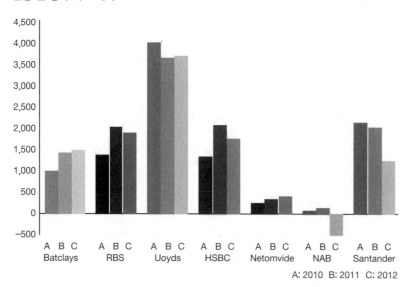

A: 2010 B: 2011 C: 2012

출처: KPMG LLP(UK) 2013

금융 분석 보고서의 산출 지수들은 CAMELS, 즉 운영 자금의 적정성(Capital Adequacy), 자산의 건전성(Asset Quality), 경영 능력 및 시스템(ManagementQuality), 영업 수익성(Earnings), 자금의 유동성(Liquidity), 시장이나 이자 변동에 대한 민감성(Sensitivity) 등 은행 경영 성과를 전반적으로 측정한다.

일반적인 데이터 위주의 보고서는 ① 사전 자료 준비, ② 보고서 정의, ③ 제안, ④ 개발, ⑤ 정기적 보고서 생성의 과정을 거쳐서 작성된다.

데이터 보고서 작성 프로세스

사전 자료 준비 과정은 원천 데이터의 종류나 접근 방법 또는 데이터 소스들 간의 관계를 파악하는 단계인데, 주로 현업의 도움으로 이루어진다. **보고서 정의**는 필요한 기능과 보고서의 항목을 선정하는 작업으로, 주로 보고서 작성자, 보고서 청중, 필요 데이터 필드, 가공 변수 생성, 데이터 종합 및 정렬, 보고서 틀, 차트, 그래프, 결과 데이터 형태 등 고객의 다양한 요구들이 정의된다. 정의된 보고서 요구에 따라 필요 시간과 비용이 책정되면 고객에게 **개발 제안 작업**을 해 제안이 수락되면 본격적으로 **보고서 개발**에 들어간다. 완료된 보고서는 보고서 정의서와 비교해 다시 한번 확인 작업을 마친 후에 운영팀으로 넘겨져 **주기적으로 생성**되는 것이 일반적이다.

보고서를 생성하면서 가장 중요한 작업은 각각의 수치가 올바른 계산 방식에 따라 정확히 산출되었는지 확인하는 것이다. 각 사업부나 지사에서 보내온 데이터를 통합하여 작성하는 일이기 때문에, 일일이 확인하는 작업이 무엇보다 중요하다. 또한 이 작업은 품질 관리 과정에서 해당 분야의 지식이 필요한 작업이기도 하다. 즉 은행이라면 금융 지식이 필요한 작업인 것이다.

뱅크 오브 아메리카를 위한 금융 성과 보고서 생성 과정에서도 가장 중요한 작업은 과거 데이터와 최근 데이터를 통합하는 것이었다. 데이터 통합 작업은 프로그램 코딩을 필요로 하는데, 보고서는 주로 SAS 작업으로 이루어졌고, 데이터 가공은 주로 코볼이나 C++ 작업으로 이루어졌다. 기존 데이터가 IBM 메인 프레임 테이프(tape)로 저장되어 있어서 1차 통합 작업이 코볼로 이루어진 후에 2차로 최종 보고서가 메인 프레임 SAS로 완성되었다. 완성된 보고서는 매월 말 고객들에게 우편으로 전달되었는데, 마지막 인쇄 작업까지 확인하면 모든 임무가 종결된다. 당시에는 보고서를 이메일로 보내기에는 파일 크기가 너무 커서 주로 인쇄 작업을 했다. 뱅크 오브 아메리카는 이때가 일반 보고서를 개별 생성 분석하는 단계, 즉 분석 경쟁력 2단계에서 3단계로 넘어가는 과정이었다.

▶ 분석 경쟁력 발전 5단계는 1단계: 데이터 품질 미비, 개별적 보고서 작성 → 2단계: 일반 보고서, 개별적 생성 → 3단계: 부분 BI 접근, 전사적 부재 데이터, 보고서 사일로 현상 → 4단계: 전사 데이터 통합, 품질 관리, 보고서 → 5단계: 외부 데이터 활용, 고급 통계 분석, 최적화이다.

뱅크 오브 아메리카의 분석 보고서를 생성하여 활용하던 중에 액시엄 금융 영업팀이 로컬 데이터 웨어하우스를 구축하고 BI 리포팅 툴을 갖추는 프로젝트를 뱅크 오브 아메리카로부터 수주했고, 필자는 이 팀에 합류하게 되었다. 당시 은행의 정형 빅데이터 문제는 액시엄에게 엄청난 도전이었다. 메인 프레임에서도 결과 분석을 위한 프로그램 실행 시간(Run Time)만 거의 일주일이 걸리는 마당에 데이터베이스 서버에서 바로 보고서를 작성해야만 했으니 아무리 정제된 데이터만 탑재하고 있다 해도 무리였다. 결국 개발팀만으로는 대용량 데이터 처리와 속도 문제를 해결할 수 없어서 액시엄 본사 기술팀의 지원을 받게 되었다. 이 작업은 필자가 접한 최초의 정형 빅데이터 작업이었다. 이후 본사 기술팀의 투입으로 데이터는 분산 처리하여 가공하고 여러 곳에 분산 저장된 데이터를 가상 서버로 올리는 방식으로 해결책을 마련하였다.

▶액시엄의 데이터 공학자들은 백 오피스(Back-Office, Back-End)에 소속되어 데이터 플랫폼 차원에서 데이터 처리 과정에 관여하며 데이터 처리의 속도나 크기를 최적으로 운영하는 것을 담당하는 기술자인 동시에 개발 전문가들이다.

90년 말부터 액시엄 본사 기술팀에는 이미 대용량 데이터를 효율적으로 가공하도록 돕는 데이터 공학자들만의 팀이 있었다. 이들은 주로 대용량 데이터 처리와 속도 문제에 관여하며 전사 데이터 프로세스의 효율을 전담하는 전략적 팀이었다.

신용카드 고객 이탈 모델, 고객 이탈률을 줄이고 마케팅 캠페인의 효과를 높인다

뱅크 오브 아메리카의 금융 성과 분석 보고서 프로젝트에 이어서 한 작업은, 통계 모델을 개발하는 작업이었다. 은행은 위험 관리와 고객 관리를 위해 다양한 통계 모델을 개
발하여 활용하는데, 필자는 신용카드 연
체 모델(credit card delinquency model)과
이탈 모델(Attrition model, churn model)을
작업했다. 현업과 협업을 해야 하는 작업이라 작업기간 내내 뱅크 오브
아메리카의 본사 직원이 액시엄의 프로젝트 팀에 상주하며 모델 개발을
도왔다.

이탈 모델은 고객이 향후 3개월에서 6개월 사이에 경쟁업체로 이탈할
가능성을 예측하는 모델로 카드사뿐만 아니라 보험, 통신사 등 고객 이
동이 잦은 분야에서 중요한 역할을 한다. 목적은 이탈 가능성이 높은 고
객 그룹을 사전에 찾아내 고객의 이탈률을 줄이는 마케팅 캠페인의 효율
을 높이는 데 있다. 제한된 예산과 인력 구조에서 모든 고객을 상대로 마
케팅 캠페인을 하는 것은 비효율적이기 때문에, 타깃 고객을 선별하는
것은 비용의 효율성을 높이는 중요한 작업이다. 이탈 모델을 이용하면
이탈 가능성이 높은 타깃 집단을 선정하여 전화나 이메일 등을 통해 그
고객들과 접촉하게 된다.

은행 이탈 모델은 개인신용평가 기관의 데이터와 은행의 내부 데이터
를 결합하여 만들어진다. 먼저, 은행의 내부 데이터는 고객의 행동을 예
측하는 데 꼭 필요한 정보를 담고 있다. 예를 들면 고객이 최근에도 우리
신용카드를 꾸준히 사용하고 있는지, 고객의 최근 소비가 과거보다 줄었
는지 늘었는지, 또는 고객의 카드 잔액이 늘었는지 줄었는지 따위인데,
이는 고객의 이탈 행동을 예측하는 데 아주 중요한 요인으로 작용한다.

다음으로, 개인신용평가 기관의 데이터에서 알아낼 수 있는 정보도 중요한 신호가 될 수 있다. 가령 고객이 갑자기 경쟁업체 카드를 사용하거나, 경쟁업체 카드 잔액이 늘고 당사 카드 잔액은 줄어드는 상황이라면 이탈의 중요한 신호가 된다. 그외에 고객의 신상 변화도 중요한 신호일 수 있다. 예를 들면 주소가 바뀐다든지, 갑작스러운 신용 조회가 있다든지 등이다. 이런 경우 회사는 신용 위험이 낮은 고객에게 신용 한도를 늘려준다든지 이자를 낮추어준다든지 등의 회원 업그레이드를 하게 된다. 그리고 신용 좋은 고객을 유지하기 위해 특별한 서비스를 제공하거나 생일이나 기념일에 축하 카드를 보내기도 한다.

이탈 모델은 1990년대부터 미국의 개인신용평가 기관들이 생성해서 판매하고 있으나 대다수 은행들은 자체 이탈 모델을 개발해 활용하고 있다. 그 이유는 은행 내부 데이터와 외부 데이터 또는 개인신용평가 기관의 데이터를 결합한 이탈 모델이 개인신용평가 기관에서 생성해 판매하는 모델보다 더 효과적이기 때문이다. 개인신용평가 기관에서 판매하는 데이터는 은행 내부 데이터가 포함되어 있지 않아 모델의 정확도가 떨어졌다.

이탈 모델 개발, 어떻게 이루어지나?

이탈 모델의 개발 절차는 ① 이탈 요건의 정의, ② 데이터 전처리, ③ 이탈 모델의 개발 및 검증, ④ 현업 적용 순으로 진행된다.

이중 이탈 요건의 정의 단계에서 중요한 작업은 이탈 고객의 종류를 정의하는 것이다. 어느 정도 신용카드를 사용하다 이탈하는 고객, 신규 고객 서비스만 몇 번 사용하고 이탈하는 고객, 다른 자사 카드로 이전하는 고객, 고위험 고객 등 다양한 이탈 고객에 대한 비즈니스 규칙을 정의하는 것을 우선시해야 한다.

이탈 모델 개발 순서

요건 정의	• 이탈 문제 및 이탈 정의 • 데이터 리뷰 및 필요 데이터 선정 • 데이터 기준 이탈 문제 정의 • 데이터 수집, 정리, 도식화

데이터 전처리	• 데이터 정제, 시간 기준에 민감한 데이터 정의 • 기초 통계 분석 • 종속 변수(목표 변수) 선정 • 민감도 분석, 후보 독립 변수 선정 • 샘플링

모델 개발 및 검증	• 판별 분석 모형 개발 : ① the regression-based method ② the tree-based method ③ the artificial neural network method ④ an ensemble of classifiers • 모델 비교, 검증(K-S 테스트, ROC 차트 사용)

모든 분석 모델 개발이 다 그렇지만, 시간과 노력이 가장 많이 드는 작업이 데이터 전처리 과정이다. 데이터 전처리 작업이란 데이터를 선택하고 정제하고 준비하고 가공하고 정리하는 과정을 통틀어 말한다. 전처리 과정이 끝나면 독립 변수 후보 선정에 들어간다.

고객 이탈(종속 변수) = f(고객, 서비스 등 다양한 이탈 원인들(독립 변수들))

고객의 이탈은 종속 변수가 되고 이탈의 원인이 되는 고객의 성향이나 서비스 등은 독립 변수 후보가 된다. 독립 변수 선정 과정에서 학자나 연구자들은 주로 이론 위주로 가설을 세우고, 마케팅이나 비즈니스 전문가들은 비즈니스 목적을 위한 수익 극대화 위주로 가설을 세운다.

고객 이탈의 경우에는 비즈니스 운영상 효율적이고 효과적인 변수들을 주로 독립 변수로 선정한다. 어떤 변수를 선정해야 할지 모르겠을 때는 통계 모델 검증 차원에서도 이론적 논문들을 참고하는 것이 여러모로 도움이 된다. 데이터가 너무 크면 샘플링하여 사용하고, 샘플링된 데이터는 모델 개발을 위한 데이터 세트(training set)와 검증 데이터 세트(testing set)로 분리하여 최종 모델의 검증 작업에 사용한다.

유의성과 상관관계 같은 테스트를 거쳐 후보 변수의 그룹화 작업을 마치고 기초 통계 현황까지 파악하고 나면 본격적인 모델 개발 작업에 착수한다.

Variable		Total	Total	Go...	Good	Bads	Bad Distr.	Bad Rate	WOE
⊟ ● LTV (0,59)									
	17,39<=...<=43,68	688	20,01%	621	24,24%	67	7,65%	10%	1,15
	43,68<...<=53,76	687	19,98%	586	22,87%	101	11,53%	15%	0,69
	53,76<...<=70	703	20,45%	562	21,94%	141	16,10%	20%	0,31
	70<...<=89,86	690	20,07%	455	17,76%	235	26,83%	34%	-0,41
	89,86<...<=100	670	19,49%	338	13,19%	332	37,90%	50%	-1,06
⊟ ● MARRIED (0,00)									
	0	1741	50,64%	1296	50,59%	445	50,80%	26%	0,00
	1	1697	49,36%	1266	49,41%	431	49,20%	25%	0,00

유의성 검증 예시

보통의 이탈 모델은 대부분 로지스틱 회귀 모델을 많이 사용한다. 기계학습 알고리즘은 원인관계를 설명하기가 쉽지 않으나 로지스틱 회귀 모델은 사용자가 임의로 모델 조정이 가능하고 원인을 설명하기 쉬워 현업 적용이 용이하다. 알고리즘 선정 요소는 비즈니스 여건이나 데이터 요건, 기술적인 요건 등에 제한을 받을 수 있기 때문에 상황에 맞게 선정하는 것이 중요하다.

모델 개발 중에는 되도록 다른 모델도 함께 사용하여 모델의 성능을 비교해 보아야 한다. 모델의 성능 평가를 위해서는 수신자 조작 특성 (ROC: ReceiverOperatingCharacteristic) 차트를 많이 사용한다. 다음 차트는 고객 중 우량 누적 비율을 Y축에, 불량 누적 비율을 X축에 나타낸 차트인데 위로 볼록할수록, 즉 면적이 클수록 좋은 모델이다. 예시된 차트에

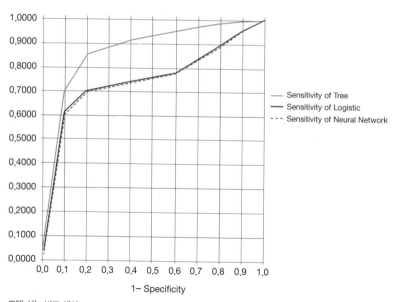

모델 성능 비교 예시

서는 의사 결정 나무 모델(Decision Tree)의 성능이 로지스틱 모델보다 좋다고 나타난다.

산출된 개인별 점수(score)는 등급화하여 실제 테스트 데이터를 이용한 검증 작업을 거쳐 현업에 적용된다.

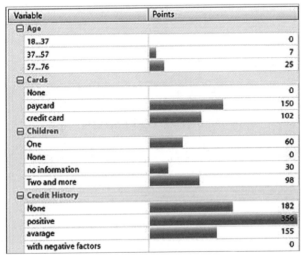

독립 변수 가중치 예시

현업에 적용된 모델은 지속적으로 관찰하여 전체 데이터에 큰 변화가 생기거나 비즈니스 규칙에 변화가 생기면 그에 맞게 수정하는 작업을 한다. 마지막으로, 모니터링 리포트를 주기적으로 생성하게끔 해두면 모든 개발 작업이 완료된다.

비즈니스 상황이나 사용 변수 등이 다를 뿐 대부분의 분석 모델 개발은 이러한 절차를 거쳐 진행된다. 뱅크 오브 아메리카의 모든 작업은 데이터 전체가 아니라 샘플링 작업으로 진행됐고, 각각의 진행 과정에 2~3명이 함께 작업하며 데이터와 프로세스, 개발 프로그램을 상호 확인했다.

카드 연체 가능 고객 세분화, 마이크로 타기팅으로 마케팅 비용을 최적화한다

뱅크 오브 아메리카의 이탈 모델을 만든 후 전사 차원의 연체 가능 고객 세분화(credit card delinquency) 작업을 했다. 고객 세분화는 마이크로 타기팅을 가능하게 하여 마케팅 캠페인 비용의 최적화와 캠페인 평가 작업에 중요한 틀을 제공한다.

고객 세분화 작업은 통계 모델을 사용하는 방법과 통계 모델 없이 하는 방법이 있는데 필자는 두 가지를 다 경험했다. 우선 통계 모델이 개발되어 있지 않았던 프로젝트 초기엔 다음과 같이 고객 세분화 작업을 했다. 우선 전체 고객을 연체 존재 고객과 미연체 고객으로 구분하고, 연체 존재 고객은 다시 파산 경험이 있는 고객과 파산 경험이 없는 고객으로 구분했다. 그리고 연체가 없는 고객은 카드가 4개 이하인 고객과 3개 이상인 고객으로 세분하고, 카드가 3개 이상인 고객은 다시 신용한도가 50% 이상 남은 고객과 그 미만인 고객으로 나누었다. 이렇게 고객을 구분해 관리하고 그룹별 증감 현황을 매월 보고서로 작성했다.

다음 그림은 통계 모델 없이 카드 연체 고객을 세분화한 것이다. 초기엔 그림과 같이 통계 모델 없이 카드 연체 고객의 세분화 작업을 하다가 이후 연체 고객의 예측 정확도를 높이기 위해 카드 연체 통계 모델을 개발하게 되었다. 연체 통계 모델은 이탈 모델과 같은 방법으로 개발되며, 이를 이용하면 연체 고객을 좀더 세분하여 관리할 수 있다. 세분화 작업에 통계 모델을 결합하여 사용한 후 영업에도 더 효과적이었다고 한다.

카드 연체 고객 세분 예시(통계 모델 없이)

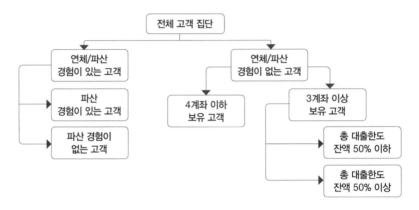

다음은 세분화를 했을 때 영업에 효과적이었다는 것을 보여주는 그림이다. 세분화만을 단독으로 적용하였을 때는 발송된 메일 1개가 1.95달러의 매출을 생성시킨 반면에 세분화와 통계 모델을 결합해 추출한 고객리스트를 토대로 발송된 메일은 1개당 4.03달러의 매출을 창출했다고 미국 마케팅 전문가들은 말한다.

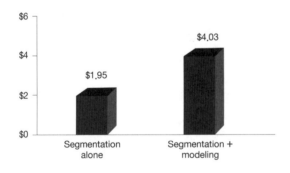

아래 그림은 기존의 고객 세분화에 더해 위험 관리 통계 모델을 적용하여 연체 고객을 좀더 세분화한 것이다.

카드 연체 고객 세분 예시(통계 모델 사용)

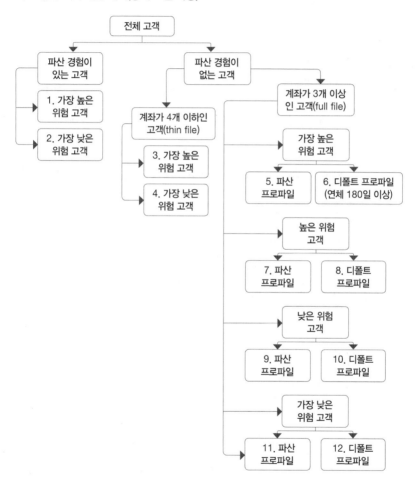

통계 모델을 사용한 세분화 작업을 할 때 전체 고객을 파산 경험 여부에 따라 먼저 구분하고, 파산 경험이 있는 고객은 위험 관리 통계 모델의 점수에 따라 다시 고위험군과 저위험군으로 구분했다. 파산 경험이 없는 고객은 신용카드가 4개 이하인 고객과 3개 이상인 고객으로 구분하였고, 위험 통계 모델에 따라 다시 고위험군과 저위험군으로 나누어 관리했다. 그리고 나서 파산/연체 가능 모델을 이용하여 신용카드가 3개 이상인 고객을 파산/디폴트 가능 고객으로 나누어 이들의 변화 추이를 관찰했다. 관찰 후 파산을 할 수도 있어 조치를 취해야 할 고객에게는 카드 발급을 거절하는 거부 조치(Adverse Action) 코드를 제공하였는데, 미국은 카드 발급을 거절하거나 신용 평점을 고객에게 불리하게 바꿀 경우에 반드시 고객에게 우편으로 그 이유를 알리도록 법(신용 공정관리 법Fair Credit Act Reporting)으로 의무화되어 있다.

필자는 세분화된 고객들을 상대로 매월 비즈니스 규정을 적용하여 자동으로 개인별 거부 조치 코드를 생성하고 그에 따른 보고서 작성 작업을 했다. 뱅크 오브 아메리카의 전체 고객 데이터가 매월 테이프(tape) 파일로 액시엄 데이터센터에 도착하면 일련의 전처리 과정을 거쳐 통계 모델과 보고서 작성이 진행되었다. 일단 개발이 끝난 작업은 운영팀으로 넘겨지고 주기적으로 결과 보고서가 생성되어 뱅크 오브 아메리카로 전해졌다. 보고서에는 은행 고객 세분화에 따라 당월 새로 생성된 코드와 과거 추이 분석, 마케팅 조치의 효과 분석을 수행할 수 있는 현황 통계들도 함께 생성되었다.

통계 모델의 장점은 좀더 일찍 고객의 위험성을 파악하여 사전에 조치를 취할 수 있다는 것이다.

위험 관리 모델과 파산/연체 가능 고객 모델은 이탈 모델과 같은 절차를 거쳐 만들어졌는데, 신용카드 이탈 모델과 마찬가지로 내외부 데이터(개인신용평가 기관 데이터)를 활용하여 개발되었다.

액시엄의 주요 금융 고객들인 뱅크 오브 아메리카, 시티은행, 캐피털원, 디스커버리 카드, 체이스 은행은 앞서 소개한 고객 세분화와 통계 모델을 사용하여 치밀하게 고객을 분석하고 마케팅에 적용하여 체계적으로 관리를 하고 있다. 그 결과 연체율이 해마다 줄어들고 있는 추세다.

연체 가능 고객 분석 후 사전 조치 시점 예시

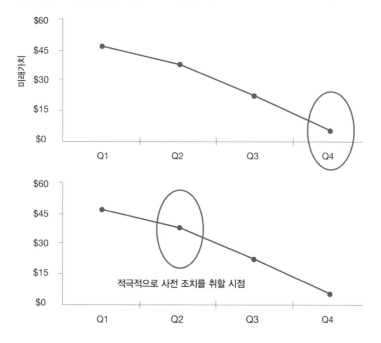

161

신용카드 예비 신규 고객 선정, 고객 반응률을 높여 투자 대비 수익률을 높인다

미국에서 '사전승인(Pre-Approved) 신용카드'라는 문구가 적힌 우편물은 카드 회사에서 발송한 영업 목적의 우편물들이다. 고객의 호기심을 자아내 우편물 봉투를 열게 하여 반응률을 높이기 위한 마케팅 전략의

사전승인 신용카드 초대장 샘플

일환인 것이다. 은행은 초기 캠페인으로 이름과 주소를 수집하거나 액시엄과 같은 데이터 브로커로부터 데이터를 구매하여 활용하기도 한다. 그러나 데이터 수집 비용과 우편물 제작 비용, 발송 비용 등 투자 비용이 만만치 않다. 참고로 미국의 마케팅 캠페인 비용은 고객 한 명당 우편 비용으로 약 1달러, 전화 비용으로 약 5달러가 든다.

그래서 은행은 비용의 효율화를 위해 자체 수집한 초기 데이터와 이름과 주소만 있는 외부 구매 데이터를 액시엄에서 통합한 뒤 액시엄 인포베이스 데이터를 활용하여 캠페인에 대한 반응이 높을 것으로 추정되는 고객을 골라내는 통계 모델을 개발했다. 이렇게 개발된 모델은 타기팅 캠페인에 꼭 필요한 고객 지수를 매월 주기적으로 산출한다. 미국 마케팅 협회에 따르면, 2010년 다이렉트 마케팅 광고에 평균 1달러를 투자하면 12.57달러의 매출이 창출되었다고 한다(여기서 다이렉트 마케팅이란 데이터 분석에 의해 걸러진 고객들에게 직접적인 홍보물을 보냈다는 의미가 담겨 있다). 또

한 2004년에서 2014년까지의 투자 대비 수익률(ROI)을 보면, DM(Direct Mail) 마케팅이 15.48달러의 수익을 올려 텔레마케팅 8.42달러, TV 광고 6.62달러, 라디오 광고 8.82달러보다 높았다. 이는 텔레마케팅 위주의 한국 기업들이 주의 깊게 살펴봐야 할 부분이다.

08

메트라이프

기업이 목표로 하는 데이터 활용의 성공적 결과를 얻기 위해서는 데이터 분석을 통해 인사이트를 얻는 것만으로는 충분하지 않다. 데이터 통합, 적합한 툴, 그리고 데이터 중심의 기업 문화도 함께 성숙되어야 한다.

8장에서는 보험회사인 메트라이프에서 어떻게 데이터 중심의 기업 문화를 만들어가고 있는지 알아보고, 데이터 통합 과정과 BI 툴의 구축 과정도 함께 살펴보고자 한다.

메트라이프 프로젝트, 전사 데이터 웨어하우스와 BI 툴 구축을 지원하다

메트라이프 로고

메트라이프는 뉴욕에 본사를 두고 있는 북미에서 가장 큰 생명보험 회사다. 세계적으로 9천만 명이 넘는 개인 고객을 보유하고 있고 생명보험에서부터 손해보험, 자동차 보험, 부동산 보험, 치과 보험까지 다양한 상품을 판매한다.

2000년 초 메트라이프는 대대적인 전사 데이터 통합 작업을 진행했다. 부분적으로 사용하던 리포팅 툴(BI)과 사업부별로 진행해 온 데이터 작업이 한계에 부딪히면서 전사적 안목을 위한 대대적인 통합(Enterprise Data Warehouse) 작업이 필요했던 것이다. 데이터 분석 경쟁력 5단계 중 3단계에서 4단계로 넘어가는 작업이었다.

액시엄은 그 프로젝트를 수주했고, 필자가 속한 팀이 그 일을 맡았다. 이 프로젝트를 수행하기 위해서 EDW(Enterprise Data Warehouse) 구축팀과 데이터 품질 및 가공, 분석을 담당할 팀이 구성되었다. 필자는 분석팀에 속해 초기에는 데이터 품질 및 가공과 애드호크(Ad-hoc) 보고서 작성, 통

▶ 애드호크(Ad-hoc) 보고서: 필요에 따라 만들어지는 비정규 보고서

계 분석을 담당하였고, 프로젝트 마지막에는 데이터 프로세스 스케줄링과 현업 관련자들을 대상으로 한 BI 활용 교육 컨설팅을 진행했다.

마케팅 데이터 활용 단계별 프로세스

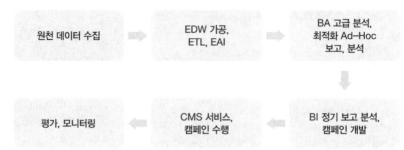

▶ BA: Bussines Analytics, BI: Bussines Inteligence, CMS: Campaign Management System

BI 1.0에서 BI 3.0으로 발전하다

매월 똑같은 보고서의 반복이 아닌 다양하고 새로운 방식의 보고서 작성 툴이 현업의 의사 결정을 돕는 데 필요했다. 2000년 밀레니엄을 지나면서 BI 리포트 툴은 새로운 틀을 요구했고, 이 같은 변화 분위기에 힘입어 BI 시스템 개발과 기업 활용이 유행처럼 번져갔다. 통합 데이터 웨어하우스 구축 작업과 그것을 활용하는 카그노스, 이피피니, 크리스털 리포트, 프람투 같은 BI 툴을 사용하기 시작한 때가 이 무렵이다.

정기적인 보고서가 메인 프레임에서 생성되던 1990년대 이전 시기가 BI 1.0 시대라면, 1990년 말부터 2005년까지는 BI 2.0 시대이다. BI 2.0은 가공된 과거 이력과 현재 현황을 보고서 형식으로 취합해 관련자가 사용하기 쉽게 반복적으로 생산하는 시스템이었다. 데이터는 전사적으로 통합되고 정제되어 데이터 웨어하우스에 저장되었다. 그러나 BI 2.0은 상위 20% 정도의 의사 결정자에게만 국한된 보고서 시스템이라는 한계가 있었다. 많은 기업들이 더 많은 내부 사용자와 공급자, 파트너, 고객 또는 정부 관련 기관과 함께 분석 및 보고서 자료 등을 실시간으로 공유하기를 원하면서 2005년 이후 새로운 BI 3.0 시대가 시작되었다. BI 3.0 시대에는 보고서뿐만 아니라 영업, 마케팅, 분석, 데이터 통합 관련 BI 툴이 계속해서 세분화되어 빠르게 발전하고 있다.

BI와 분석 플랫폼

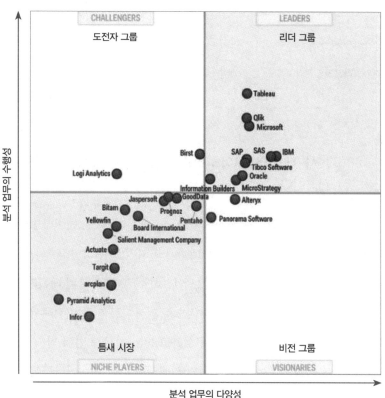

출처: 가트너, 2014년 자료, BI와 BA 벤더들의 포지션

그러나 BI 3.0 또한 BI 2.0 위에 발전 구축되는 것이기에 빅데이터 시대인 오늘날에도 여전히 전사 데이터 통합 작업은 최고의 데이터 분석 경쟁력을 갖추는 단계로 나아가는 중요한 작업 중 하나이다.

BI 발전 단계

90년대 말	2000년~2005년	2005년 이후
상위 1% 사용	상위 20% 사용, 순환 형태	80% 사용, 상호 연결 형태
메인 프레임 경영 관리 보고서	데이터 웨어하우스 & BI 툴	협력 네트워크 및 협력 지능

전사 데이터 웨어하우스, 전사적 전략적 인사이트를 제공한다

데이터 통합 작업은 데이터 품질, 데이터 정제, 데이터 웨어하우스, 데이터 마트, 데이터 모델링, 데이터 거버넌스 등 다양한 분야를 다루기 때문에 빅데이터 시대인 지금도 여전히 이슈다. 분산된 데이터에서도 정보를 찾긴 하지만 전사적 전략적으로 인사이트를 찾기 위해서는 최소한 데이터들 간의 연결이 가능해야 하고, 인사이트를 넘어 회사 내 성과를 내는 지식 또는 지혜로 활용되기 위해서는 더더욱 데이터들이 서로 통합되고 조화롭게 융합되어야 하기 때문이다.

데이터 통합의 정도에 따른 가치

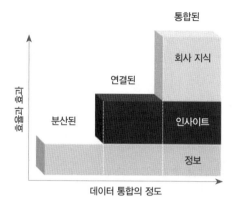

특히 데이터 웨어하우스 구축 과정에서 ETL(Extract, Transform, Load. 추출, 변환, 탑재) 작업은 다양한 원천 데이터를 한곳으로 모으고 가공하는 중요한 전사 데이터 통합 프로세스 중 하나이다.

ETL 프로세스

전사 데이터 통합 프로세스의 출발은 데이터 변수 선정과 품질 확인

메트라이프 프로젝트에서 필자가 맡은 첫번째 작업은 ETL 작업과 함께 원천 데이터에 포함된 각각의 변수들의 품질을 체크하는 것이었다. 먼저 각 변수마다 기초 통계를 산출하여 일일이 현황을 파악한 뒤 데이터를 어떻게 가공하여 어떤 변수로 가공 저장해야 할지 결정했다. 이 작업은 데이터가 지나치게 많이 가공되어 원천 데이터의 가치나 내용이 소멸되어서도 안 되고, 너무 덜 가공되어 비즈니스 분석가가 어려운 가공 과정을 직접 수행해야만 하는 상황이 발생해서도 안 되는 까다로운 작업이다. 가공이 덜된 데이터는 데이터 웨어하우스의 공간만 쓸데없이 차지하므로 이것을 살릴 것인지 삭제할 것인지도 결정해야 한다. 데이터 과학자나 비즈니스 분석가들의 경험이 결정적으로 필요한 작업인 것이다.

변수 선정 작업은 세심함을 요하는 일이라 시간이 많이 걸려 몇 주일씩 밤샘 작업을 했다. 변수 선정 작업이 끝나면 데이터는 데이터베이스 모델러(Modeler)나 아키텍트에게 넘겨지고 데이터 웨어하우스가 구축된다. 그와 동시에 분석팀에서는 필요한 통계 모델 개발에 들어갔는데, 이탈 모델이나 연계 판매(cross sell), 추가 판매(up sell), 우수 고객 선정을 위한 고객 지수 산정 같은 전사 차원의 고객 전략에 활용되는 통계 모델은 그 전에 미리 개발해서 ETL 작업 중 임베드(Embedded)되어 주기적으로 생성, 관리되었다.

다음은 데이터 통합 후 가공 데이터를 분석하거나 리포트 작성과 모니터링을 할 수 있게 돕는 BI 툴과 대시보드 화면의 예이다.

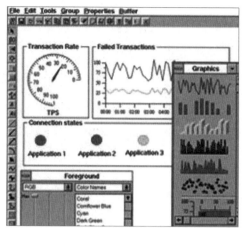

BI 2.0 툴

완성된 ETL 작업은 매일, 매주, 매달 간격으로 비즈니스의 필요에 따라 정기적으로 업데이트되어야 했기 때문에 데이터가 들어와서 정제되고 전사 데이터 웨어하우스에 업데이트되기까지의 스케줄을 세팅해야 했다. 당시에는 ETL 툴이 많이 개발되지 않아서 스케줄을 작성할 때 각각의 프로세스를 유닉스 스크립트로 일일이 작성했다.

전사 데이터 통합 과정에 뒤따르는 조직 갈등과 재구성

데이터 통합 프로젝트를 시작한 지 4개월 만에 메트라이프 프로젝트 팀은 갑자기 작업을 중단해야 했다. 메트라이프 내부 조직들 간에 데이터를 둘러싸고 갈등이 생겨 더는 진행이 어려웠기 때문이다. 각 부서 간 또는 조직 간 데이터를 통합하면서 데이터의 이전과 소유에 대한 프로세스, 운영 조직의 재개편 등 다양한 측면을 미리 고려해서 통합 작업을 해야 했는데, 데이터만 전산팀에 넘겨주고 그에 상응하는 구조적 문제는 등한시하여 내부에 갈등이 생긴 것이었다.

이를 계기로 데이터 분석을 둘러싼 분석 조직의 구조 문제가 현안으로 떠올랐다. 통합 이전에는 분산적으로 운영 조직에만 관여하는 형태였는데, 통합 후에는 중앙집중적 분석 구조로 개선해 데이터의 처리나 활용을 전사적 관점에서 처리하면서도 각 부서나 본부에서 현업에 활용하게 되었다. 그러면서 이렇게 활용하는 조직이 가장 효율적이라는 것을 알게 되었다.

2007년 ING보험사가 고객 맞춤화 마케팅 전략을 추진하면서 중앙집중적 구조로 재정비한 이유도 같은 맥락이다. 현재 한국의 많은 기업은 분석 조직을 단독 구성하여 현업과 동떨어진 연구소 구조로 운영하는 경우가 많은데, 이 또한 효율적이지 못한 조직 형태이다.

다음 그림의 3가지 분석 조직은 각각 장단점이 있다. 효율적 분석 조직을 갖추려면 무엇보다 분석 조직이 전사 차원의 전략적 의사 결정을 지원하고, 현업의 운영 부서, 즉 영업이나 마케팅, 재정 부서도 지원해야 최적의 성과가 나온다.

결국, 메트라이프는 본사 소속 책임 담당자가 퇴사하고 새로운 조직으로 재편성되고 나서야 1년 6개월 만에 전사 데이터 통합 프로젝트가 마무리되었다.

분석 조직의 3가지 형태

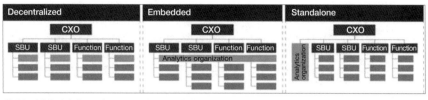

현업 부서에만 관여하는 조직

현업과 전체 회사가 동시에
관여하는 조직

단독 부서가 있는 조직

메트라이프의 빅데이터 활용 사례 3가지

고객 관리 시스템 '더 월' 구축

2000년 초 구축된 오프라인 ETL 기술은 지난 10여 년간 비즈니스에 활용되어 왔고, BI 2.0은 중장기 전략적 의사 결정에 주로 사용되어 왔다. 그러나 직접 고객에 관여하는 적극적인 의사 결정과 단기적 운영은 여전히 직감이나 경험에 의존하는 일이 잦았고, 24시간 운영되는 글로벌 경제 시대에 오프라인 ETL은 적합하지 않았다. 2000년 중반에 접어들면서 BI 3.0 시대를 맞아 기업들은 실시간으로 고객과 직접 접촉하기를 원했다. 또한 소수 몇 명의 의사 결정보다는 내·외부 관련자들이 각자 필요한 곳에서 직접 그리고 동시에 정보를 받아보고 싶어했다. 나아가 데이터 정보를 온라인에서 실시간으로 받아보는 것뿐만 아니라 각기 다른 위치 및 형태로 제공된 정보를 한번에 통합해서 보기를 원했다.

메트라이프의 고객 서비스센터는 고객 응대에 필요한 정보를 비즈니스 시스템에서 바로 찾아 신속하게 고객 대응을 하고자 했다. 하지만 필요한 정보가 서로 다른 위치, 서로 다른 소스, 서로 다른 포맷으로 고객 관리 담당자에게 제공되고 있어서 바로 찾아보기 어려웠다.

메트라이프는 이 문제를 해결하기 위해 10여 년간 노력했지만 고전을 면치 못하다가 빅데이터의 새로운 기술 도입으로 획기적인 전환점을 맞게 되었다(2013년). 메트라이프 기술팀은 페이스북을 모델 삼아 빅데이터 플랫폼을 구축하고, 더 월(The Wall)이라는 고객 관리 시스템을 3개월 만에 새로 구축했다. IT개발 프로젝트들이 보통 수개월에서 수년씩 걸리는 것과 비교하면 놀랄 만큼 빠른 속도로 구축된 것이다. 더 월은 고객 서비스센터 직원들이 고객 관리를 할 때 좀더 빠르게 필요한 정보에 접근하고 좀더 쉽게 사용할 수 있도록 구축되었는데, 직접 고객을 관리하는 관계자뿐만 아니라 백엔드 개발자도 좀더 수월하게 관리할 수 있도록 만들어졌다.

더 월을 구축하기 위해 메트라이프 기술팀은 우선 10젠(10Gen)이라는 빅데이터 컨설팅 회사의 도움을 받아 NoSQL 데이터베이스인 몽고디비(MongoDB)를 사용해 70가지의 레거시 시스템을 통합했다. 최대 24테라

빅데이터 기술을 활용한 고객 관리 시스템, 메트라이프 '더 월'

바이트까지 저장이 가능한 12개의 데이터베이스 서버와 6개의 애플리케이션을 가지고 있는 2개의 데이터센터를 통합한 것이다. 관계형 데이터베이스처럼 짜여진 틀에 맞출 필요 없는 정형이나 비정형, 준정형 데이터베이스를 다루기에는 NoSQL 데이터베이스만 한 것이 없다.

메트라이프도 다른 글로벌 회사들과 마찬가지로 다양한 상품과 다양한 IT시스템을 가지고 있는데, 그중에는 자체 개발한 시스템도 있고 구매한 시스템도 있었다. 그리고 인수 합병을 위해 개발한 애플리케이션도 있었다. 이 시스템들 대부분은 연방정부의 복잡한 규율과 요구 사항을 적용해야 했고, 데이터 품질과 데이터의 다양성 문제도 해결해야 했다. 또한 의료 자료의 경우 이미지 레코드나 사망 신고 같은 비정형 데이터도 다루어야 했다.

더 월은 이 모든 고객 정보를 연결하여 하나의 레코드로 만들어 좀더 빠르고 쉽게 고객 정보를 한 화면에서 볼 수 있게 만들었다. 최근 업데이트된 고객 정보와 클레임 내역, 그리고 콜센터 전화 이력과 홈페이지 방문 같은 각종 접촉 내용이 실시간으로 하나의 화면에 보여지게 한 것이다. 프로세스마다 다르긴 하지만, 이로써 고객의 상품 가입 현황과 과거 이력, 웹사이트 방문 이력, 고객 센터 방문 이력, 보상 이력 등 이전에는 40번을 클릭해야만 볼 수 있었던 것을 단 한 번에 볼 수 있게 되었다. 이 모든 프로토 타입은 2주 만에 만들어졌고, 개발에 소요된 비용도 약 20,000달러밖에 안 됐다.

더 월은 전사적 영업망 시스템을 보충해 주는 시스템이다. 회사는 최종적으로 2개의 스크린만 사용할 계획이다. 하나는 운영 서비스와 영업을 돕는 세일즈포스(saleforce)이고, 다른 하나는 고객 관리를 위한 '더 월'이다. 고객 관리와 영업에 관한 BI 툴인 세일즈포스와 더 월의 완성은 메트라이프의 데이터 분석 경쟁력을 4단계에서 5단계로 끌어올리는 결정적인 역할을 하게 될 것이다. 5단계에서는 또 다른 차원의 데이터 통합과 정보의 전달 속도가 핵심이 된다.

더 월은 실시간 고객 요구를 만족시키는 혁신적인 고객 관리를 위해 회사에서 투자한 3억 달러 중 일부로 구축되었다. 더 월은 기술과 비즈니스, 통합적 고객 관리 환경의 변화를 고려하여 혁신적인 조직 문화를 구축하고 지속 가능한 성장의 기반을 마련하려는 회사의 의지를 보여주는 상징적인 의미도 갖는다.

메트라이프는 이미 몇몇 유럽 국가에 더 월과 같은 통합적 고객 관리 서비스를 적용할 준비를 하고 있다. 영업 중심의 운영체제는 러시아에서 시험 중이고, 이탈 예측 모델의 애플리케이션은 일본에서 시험 중이다. 이탈 예측 모델 애플리케이션은 이탈 가능성 점수를 높게 받은 고객이 콜센터에 전화를 하면 담당자에게 실시간으로 경고 메시지를 띄워준다. 이 통계 모델은 과거 이력과 고객의 프로파일 데이터를 실시간으로 분석하여 만들어졌고, 이탈 가능성이 높은 고객을 응대하게 되면 담당 관리자가 즉시 새로운 상품을 추천할 수 있도록 맞춤형 시나리오를 제공한다.

또한 더 월은 '테크잼'(TechJam)이라는 프로젝트에도 영감을 주었다. 테크잼은 퇴직 군인과 그 가족들을 관리하는 정부 부서를 도와 여기저기 흩어져 있는 퇴직 군인들의 자료를 하나로 통합해 각종 건강 정보와 의료 정보에 쉽게 접근할 수 있도록 돕는 시스템을 구축하는 프로젝트이다.

더 월은 메트라이프가 빅데이터 기술로 추진한 사업의 한 부분이다. 앞으로 기술팀은 더 월을 고객 담당자에게 고객 관리 지침을 알려주는 차세대 행동 통계 모델로 발전시킬 계획이다. 다른 곳에서는 이미 중앙 집중화된 몽고디비 시스템을 가지고 이탈 모델을 개발하여 사용하고 있다. 이 시스템은 하둡이나 에이치베이스(Hbase) 등 오픈 소스도 가능하면 활용할 예정이며, 그래프, 기계학습, 차세대 BI 3.0도 검토 중이다.

또 다른 계획은, 레거시 시스템의 레코드를 업데이트하는 애플리케이션으로 고객과 양방향으로 의사소통을 할 수 있도록 만드는 것이다.

인재를 찾아내는 '시냅스'와 직원들의 문제 해결을 돕는 개발 특공대 'S.W.A.T' 프로젝트

'더 월' 프로젝트를 진두지휘한 사람은 메트라이프의 부사장이자 애플리케이션 개발 담당 CIO인 호버맨(Hoberman)이다. 그는 시티은행에서 16년간 근무하다 2012년에 메트라이프로 옮겨왔는데, 입사 후 2개의 프로젝트를 시작했다.

하나는 유능한 인재를 찾아내는 일을 돕는 '시냅스'(Synapse) 프로젝트이고, 또 하나는 내부 직원들의 문제 해결을 돕는 개발 특공대 'S.W.A.T'(special weapons and tactics) 프로젝트이다.

시냅스 프로젝트는 일종의 사내 인력 풀 구축 프로젝트로, 사내 개발자들의 이력서나 링크드인(LinkedIn) 프로파일을 JSON(Javascript Object Notation)에 올려 오픈 포지션이 생성되게 해놓고 데이터베이스에서 적당한 인재를 찾아내는 시스템이다. 이를 이용해 메트라이프는 48시간 이내에 적절한 인재를 찾아 적재적소에 배치한다. JSON은 반정형 구조(semi structured)로, 몽고디비에서 별도의 조치 없이 바로 사용할 수 있다.

현재 이 시스템은 클라우드 서비스로 수행되고 있는데, 메트라이프가 이 시스템을 만든 이유는 최고의 능력을 가진 사내 기술자들의 관심을 모으고, 최신 기술을 빨리 시험해 보기 위해서였다.

'S.W.A.T' 프로젝트는 이름 그대로 내부 직원들의 문제 해결을 돕는 개발 특공대를 구성하는 프로젝트였다. 호버맨은 개발자, 데이터 과학자, 인프라 엔지니어, 아키텍처 그리고 프로그램 매니저 등 최고의 전문가들로 특공대 팀을 조직하였다. 웹 개발에서부터 자바, 고객 관리 앱, 데이터베이스 그리고 메인 프레임 기술에 이르기까지 최고의 기술을 자랑하는 전문가들로 팀 구성을 완료한 것이다.

이들은 사내 앱들을 리뷰하고 사내 개발을 해야 할지 외부에서 개발된

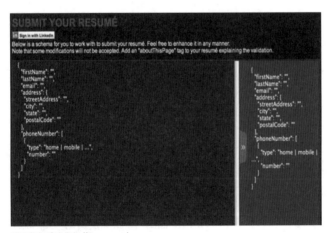

메트라이프 '시냅시스'(Synpases)

상품을 사야 할지 통합을 해야 할지를 결정해 빠르게 해결책을 제공하는 일을 하면서, 최첨단 기술들의 활용 방안도 검토한다.

특공대 팀은 자신들을 필요로 하는 곳이라면 회사 어디든 달려간다고 한다. 메트라이프는 100년이 넘은 회사지만 S.W.A.T 개발 특공대를 통해 창업 정신을 실천하는 기업 문화와 도전 정신을 회사 곳곳에 퍼트려 비즈니스 문제 해결을 돕는다고 호버맨은 자랑했다.

데이터 중심의 기업 조직과 문화가 경쟁력이다

메트라이프는 데이터 위주의 분석 경쟁력을 갖춘 기업 조직과 기업 문화를 정착시키기 위해 혁신적 기술 활용에 대한 아이디어 공모전도 연다. 2013년 열린 공모전의 제목은 '라이즈 투 더 톱'(Rise to the Top)이었다. 현재까지(2013년 4분기) 150개의 아이디어가 공모됐고, 5개 대륙 14개 나라의 직원들이 최고의 아이디어를 가려내기 위해 투표를 하고 있다. 이 투표 점수와 글로벌 기술 운영팀 경영진이 매긴 심사 점수가 합쳐져 최종 선택된 아이디어는 2단계 과정을 거쳐 현업에 적용된다.

이외에도 메트라이프는 다양한 분야에서 일하는 데이터 과학자들을 서로 이어주는 노력도 아끼지 않는다. 2013년 10월, 메트라이프는 각 나라 지사와 미국 본사에서 일하는 데이터 과학자와 분석 전문가들을 한자리에 모아 파티를 열었다. 3일 동안 뉴욕 본사 근처 호텔에서 열린 이 파티의 목적은 우수 사례와 아이디어를 공유하고, 데이터 전문가들의 관계를 돈독히 해 각자 현업에 돌아가서 일할 때 서로 조언을 나눌 수 있게 하자는 것이었다.

이런 취지에 걸맞게 이 파티에는 시스템 공급 업체(IBM, Informatica, EMC)와 업무 파트너 등 100여 명이 참여해 서로 의견을 나누고 첨단 기술과 경험들을 공유했다. 직원이 64,000명이나 되는 글로벌 회사에서 이런 행사를 마련하는 것은 쉽지 않은 일이다.

09

넷플릭스

넷플릭스는 개인 맞춤형 영화 추천 서비스를 위해 고객이 영화 감상 후 부여하는 평가 점수를 예측하는 분석 알고리즘 경연대회로 유명할 뿐만 아니라, 실시간 빅데이터 플랫폼을 구축하여 활용한 사례로도 유명하다. 9장에서는 넷플릭스 분석 경연대회 우승 팀의 분석 알고리즘 개발 과정과 개발에 사용한 기계학습에 대해 알아보고, 넷플릭스의 하둡 빅데이터 플랫폼 구조와 운영 원리를 살펴보고자 한다. 더불어 경연대회 우승 팀의 분석 알고리즘이 왜 끝내 현업에 적용되지 못했는지 설명하고자 한다.

넷플릭스 분석 경연대회, 분석 모델의 예측력을 높여라

　　넷플릭스는 비디오 대여 및 온라인 영화 스트리밍 서비스를 제공하는 미국 회사로 1997년에 설립됐다. 2005년에 이미 35,000편의 영화를 보유하고 있으면서 하루에 1백만 개가 넘는 DVD를 배송하는 기록을 세웠다. 2012년 기준으로 미국에서만 회원이 2,440만 명에 달해, 4가구 중 1가구가 넷플릭스를 이용할 정도로 성공한 닷컴 회사 중 하나이다.

넷플릭스

　　넷플릭스는 고객의 영화 선택을 돕기 위해 고객들의 리뷰와 평가 등급을 이용해 개인 맞춤형 추천 시스템을 개발하여 활용하고 있다. 맞춤형 추천 시스템은 상품도 추천하지만, 뉴스 같은 콘텐츠도 추천하고, 과거 구매 이력 또는 평가 리뷰와 평점을 활용하여 고객이 선호할 것 같은 아이템도 추천한다.

2006년 넷플릭스는 고객이 영화에 매기는 평점(1~5등급)을 예측하는 맞춤형 추천 시스템의 기존 알고리즘인 시네매치(Cinematch)보다 10% 이상 예측력이 향상된 분석 모델을 개발하는 팀에게 100만 달러의 상금을 수여하는 분석 경연대회를 열었다. 이 대회는 3년에 걸쳐 진행되었는데, 예측력 향상도가 2007년 8.43%, 2008년 9.44%에 그쳐 2년 연속 수상자가 없었다. 그러다 2009년에 드디어 10.06% 향상되어 벨코의 실용적 혼돈(Bellkor's Pragmatic Chaos) 팀이 동일한 예측 결과를 20분 늦게 제출한 앙상블(The Ensemble) 팀을 제치고 1등의 영광을 차지했다. [1]

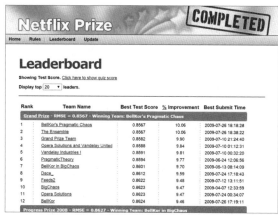

출처: Netflix Prize

---

1 넷플릭스 분석 경연대회에 참여한 팀들의 치열한 경쟁 과정과 구체적인 모델링 방법에 대해서는 《빅데이터의 다음 단계는 예측 분석이다》(에릭 시겔 지음, 이지스퍼블리싱 2014)를 참고하세요.

우승팀은 어떤 알고리즘을 사용해 예측력을 높일 수 있었나?

개인 맞춤형 추천 시스템에 접근하는 방법은 여러 가지가 있으나 넷플릭스 분석 경연대회에 출전한 참가자들 대부분은 협업 필터링(collaborative filtering)을 사용했다. 협업 필터링은 고객과 아이템 간의 관계를 분석하여 고객의 선호를 예측하는 방법인데, 과거 운영 이력과 상품에 대한 평가 점수를 이용하기 때문에 고객에 대한 프로파일 변수들이 필요하지 않아 고객이나 아이템에 대한 프로파일을 얻기 힘든 경우 활용할 수 있다. 여기에서는 최고 우승팀인 벨코의 실용적 혼돈 팀이 사용한 알고리즘과 분석 과정 위주로 살펴보고자 한다.

벨코의 실용적 혼돈 팀은 우선 데이터를 두 개의 세트, 즉 알고리즘 개발을 위한 데이터 세트(training data)와 예측한 것을 검증할 데이터 세트(testing data)로 나누었다. 그리고 원천 데이터의 고객 식별 번호, 영화 번호, 평가 점수, 평가 날짜를 변수로 사용했다. 개발 데이터 세트에는 2000~2005년 사이에 이루어진 1억 개의 평가 점수와 480,000명의 사용자 데이터, 17,770개의 영화 데이터를 사용했고, 검증 데이터 세트는 각각의 사용자들의 마지막 평가 점수 몇 개를 대상으로 하였는데 280만 개의 평가 점수가 포함됐다.

데이터 예시 - 개발용 데이터

사용자	영화 식별 번호	고객 평점
1	21	1
1	213	5
2	345	4
2	123	4
2	768	3
3	76	5
4	45	4
5	568	1
5	342	2
5	234	2
6	76	5
6	56	4

데이터 예시 - 평가용 데이터

사용자	영화 식별 번호	고객 평점
1	62	?
1	96	?
2	7	?
2	3	?
3	47	?
3	15	?
4	41	?
4	28	?
5	93	?
5	74	?
6	69	?
6	83	?

전체 데이터의 기초 통계 현황을 살펴보면 고객의 87%가 5점 만점에 3점 이상 평가 점수를 준 것으로 확인된다. 이는 고객들이 평가를 후하게 하는 경향이 있거나 본인들이 좋아하는 영화를 중심으로 평가했을 가능성이 있음을 시사한다.

평가 점수 분포

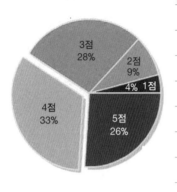

가장 활동적인 사용자들

사용자 ID	평가 등급	평균 평점
305344	17,651	1.90
387418	17,432	1.81
2439493	16,560	1.22
1664010	15,811	4.26
2118461	14,829	4.08
1461435	9,820	1.37
1639792	9,764	1.33
1314869	9,739	2.95

가장 높은 평가 점수를 준 사용자는 거의 모든 영화를 평가한 것으로 나타났다. 그리고 가장 많이 평가를 받은 영화는 '미스 에이전트'(Miss Congeniality)였고, 두번째로 많은 평가를 받은 영화는 '인디펜던스 데이'(Independence Day)였다.

가장 많은 평가를 받은 영화

제목	평가 등급	평균 평점
미스 에이전트(Miss Congeniality)	227,715	3.36
인디펜던스 데이(Independence Day)	216,233	3.72
패트리어트(The Patriot)	200,490	3.78
투모로우(The Day After Tomorrow)	194,695	3.44
귀여운 여인(Pretty Woman)	190,320	3.90

한 고객의 평균 평점과 한 영화의 평균 평점은 각각 3.5점으로, 3점대가 가장 많은 빈도를 보였다.

영화와 고객의 평점

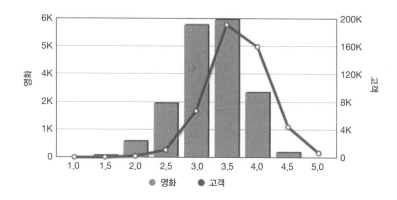

개발 과정에서 가장 어려웠던 점은 99%의 데이터에 결측값(missing value)이 존재한다는 것이었다. 이는 사용 가능한 예측 알고리즘을 제한시키는 요인이 된다. 동시에 평가 점수에 영향을 주는 요인이 수없이 많다는 얘기이기도 하다. 즉 고객이 선호하는 장르와 스타일, 감독, 영화배우 등 수없이 많은 요인이 평가 점수에 영향을 미칠 수 있다는 뜻이다. 또다른 문제점은 각 고객이나 영화별로 평가 점수의 개수가 크게 달라서 데이터의 불균형이 나타나는 것이었다.

2007년에 벨코의 실용적 혼돈 팀이 맨 먼저 사용한 알고리즘은 군집분석의 일종인 K-NN(K-Nearest Neighbors)이었다. 이들은 모델 개발에 들어가기 전에, 모델에 투입되는 원천 데이터의 자체 속성을 없애기 위해 모든 데이터를 표준화시켰고, 영화, 사용자, 평가 시간과 평가 점수의 평균과 빈도를 활용하여 모델에 투입 가능한 후보 변수들을 새로 만들어 사용했다. 다음은 이 팀이 가공해서 만들어낸 변수들이다.

투입 후보 변수 예시

1. 영화 효과(movie effect)
2. 사용자 효과(user effect)
3. 사용자의 첫 평가 시간
4. 사용자의 첫 영화 평가 시간
5. 영화의 첫 영화 평가 시간
6. 영화의 첫 사용자 시간
7. 사용자의 영화 평점 평균
8. 사용자의 영화 평점 합계 수
9. 영화의 사용자 효과(사용자 평점 평균)
10. 영화의 사용자 평점 합계 수

같은 해, 이 팀은 위의 변수들과 K-NN 알고리즘을 사용해서 테스트를 했는데, 아이템이나 사용자의 그룹 수(K값), 표준화 방법에 따라 다양한 예측 결과가 나왔다. 이후 K-NN, RBM(Restricted Boltzmann Machine, 일종 의 신경망 분석), SVD(Singular Value decomposition)를 분석 알고리즘으로 사용하고 혼합 모델에는 선형 회귀 방법을 사용해서 마지막 결과를 제출했다. K-NN 알고리즘은 서로 근접해 있는 그룹들에 대해서는 예측력이 높으나 멀리 떨어져 있는 그룹에 대한 예측력은 떨어지기 때문에 이를 보완하기 위해 SVD를 사용했다.

다음 그림은 K-NN＜SVD＜혼합 모델 순으로 예측력이 높다는 것을 보여준다. 2008년에는 2007년 모델에서 SVD를 빼고 대신 NNMF(Non-negative matrix factorization) 알고리즘을 추가해서 차원 축소를 하여 혼합 모델을 만들었다.

개별 알고리즘과 혼합 알고리즘의 성능 비교 예시

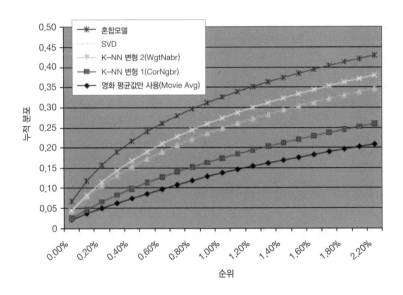

그리고 2009년에는 고객이 하루에 평점을 매기는 빈도와, 시간이 흐르면서 변하는 사용자의 선호도와 영화의 인기도를 모델에 적용했다. 일일 평점 빈도는 고객이 하루에 평가하는 빈도가 그날의 평점에 영향을 끼치는 것을 반영하기 위한 것이었다. 예측 모델의 가설을 세울 땐, 먼저 사용자로 인한 효과와 영화로 인한 효과를 분리하고 둘 사이의 관계를 적용하는 것이 중요하다. 마지막으로 제출한 모델은 700개가 넘는 예

측 알고리즘 모델을 GBDT(gradient boosted decision tree) 알고리즘으로 혼합한 모델이었다. 이 알고리즘은 예측력을 높이는 데 결정적인 역할을 했다. 혼합 모델에는 회귀 분석(Linear Regression), 신경망 분석(Neural Network), GBDT 알고리즘 등을 사용할 수 있다.

하지만 현업 운영을 고려하면 너무 많은 알고리즘을 혼합하는 것은 적합하지 않다. 몇 개의 알고리즘만 사용한 단순한 모델도 많은 알고리즘을 사용한 모델의 90% 정도는 예측할 수 있다.

다음은 투입한 변수가 많을수록 RMSE(Residual Mean Square Error: 평균 제곱근 편차. 정밀도(precision)를 표현하는 데 적합한 측도로 추정값이나 모델이 예측한 값과 실제 환경에서 관찰되는 값의 차이를 다룰 때 흔히 사용한다)가 작아지는 것을 보여주는 차트이다.

알고리즘의 변수 개수에 따른 RMSE 변화 추이

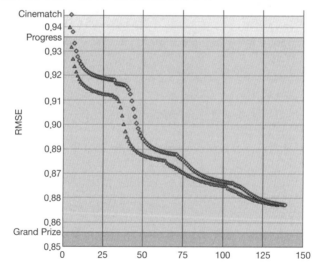

이번엔 SVD 알고리즘의 변수 개수에 따라 RMSE가 작아지는 것을 보여주는 또 다른 차트이다.

SVD의 변수 개수에 따른 RMSE 변화 추이 예시

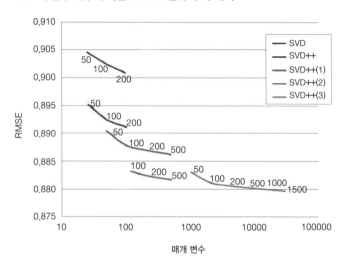

위의 두 차트를 통해 알 수 있듯이 단순히 모델의 오차를 나타내는 RMSE만 평가하는 것은 현업에 적용할 모델을 평가하는 데는 적당하지 않다. 지나치게 정교화, 특수화되어서 일반적 적용이 힘들어지는 과적합(Overfitting) 문제도 존재하기 때문이다.

2009년에 우승한 벨코의 실용적 혼돈 팀은 다른 팀과의 협업을 통해 데이터 현황과 사용자 및 영화에 대한 속성을 더 깊게 이해함으로써 모델의 예측력을 높일 수 있었다. 결국 경험과 비즈니스 영역에 대한 지식이 중요하다는 것을 입증한 셈이다.

다음 표는 2007~2009년의 3년간 넷플릭스 경연대회에서 1위에 오른

팀들이 사용한 주요 알고리즘과 예측력을 추정하는 RMSE를 연도별로 정리한 것이다.

넷플릭스 분석 경연대회 우승팀이 사용한 주요 알고리즘

연도	주 사용 알고리즘	RMSE 시네매치 기준치: 0.9514
2007	K-NN(Nearest Neighbors) , SVD(Singular value decomposition), RBM(Restricted Boltzmann Machine)	0.8712(8.43% up), 107개 모델의 혼합 모델
2008	K-NN, RBM, Non-negativematrix factorization (NNMF)	0.8616(9.44% up), 2007년 모델과 혼합한 100개 이상 모델의 혼합 모델
2009	NNMF, RBM Gradient boosted decision trees (GBDT)	0.8567(10.06% up), 2008년 모델과 혼합 병행

기계학습에 대하여

넷플릭스 분석 경연대회에서 주로 사용된 알고리즘은 최근에 발전한 기계학습 알고리즘들이었다. 통계와 기계학습의 차이는 무엇일까? 통계는 정해진 분포나 가정(假定)을 가지고 엄격하게 규칙이 적용되는 설문 조사나 실험 계획에 많이 사용되는 반면, 기계학습은 대용량 데이터의 분석이나 패턴을 찾는 데 많이 사용된다. 하지만 현업에서 볼 때는 기계학습이든 통계든 직면한 문제를 해결하는 데 잘 맞고 적합한 방법을 찾는 게 가장 중요하다.

기계학습은 주로 분류, 예측, 차원(변수) 축소, 그룹화 그리고 데이터를 비교할 때 사용할 수 있다.

다음은 다양한 기계학습 알고리즘을 정리한 것이다.

다양한 기계학습 알고리즘

기계학습 분류	알고리즘
분류	Logistic regression, decision tree, nearest-neighbor classifier, kernel discriminate analysis, neural network, support vector machine, random forest, boosted tree
예측	Linear regression, regression tree, kernel regression, support vector regression
차원(변수) 축소	Principal component analysis, non-negative matrix factorization, independent component analysis, manifold learning, SVD
그룹화	k-means, hierarchical clustering, mean-shift, self-organizing maps(SOMs)
선행학습(Pre-training), 2차 분류	Deep Learning(Stacked Restricted Boltzmann Machine, Stacked Auto-Encoders등을 사용한 Multi layers Neural Nets, Non-linear Transformation)
데이터 비교	Bipartite cross-matching, n-point correlation two-sample testing, minimum spanning tree

위 표에 소개된 기계학습 알고리즘들은 꾸준히 발전해 왔는데, 최근 눈에 띄게 발전한 알고리즘은 다층 신경망(Neural Network)을 기초로 발전한 딥러닝(Deep Learning) 알고리즘이다. [2]

2 "A fast learning algorithm for deep belief nets, Neural Computation," Geoffrey E. Hinton and Simon Osindero, 2006.
"Fast Inference in Sparse Coding Algorithms with Applications to Object Recognition," Computational and Biological Learning Lab, Courant Institute, Koray Kavukcuoglu, Marc'Aurelio Ranzato, and Yann LeCun, 2008.
"Pedestrian Detection with Unsupervised Multi-Stage Feature Learning," in Proc. International Conference on Computer Vision and Pattern Recognition (CVPR'13), P. Sermanet, K. Kavukcuoglu, S. Chintala, Y. LeCun, 2013.

시대별 주요 기계학습 발전 및 활용 추세

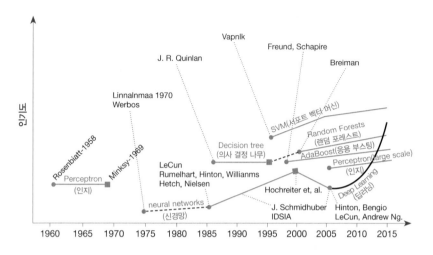

과거 대부분의 알고리즘이 지도학습(Super-vised Learning) 위주로 개발된 것에 비해 딥러닝은 자율학습(Unsupervised) 데이터들을 선행학습(Pre-training)을 먼저 하고 다시 분류하는 방식으로 다층 신경망을 기초로 한다. 주로 영상 및 이미지 검색이나 음성 인식에 구글과 페이스북 같은 회사들이 사용하고 있다. 선행학습을 위해 대용량의 데이터가 필요한 알고리즘이라 빅데이터 기술이 획기적으로 기여한 영역이기도 하다. 기계학습 또는 분석 알고리즘을 사용할 때 중요하게 고려해야 할 것은 정확도(예측력), 실행 속도(run time), 변수 간 인과관계에 대한 모델의 설명력, 그리

▶ 지도학습: 훈련 데이터(Training Data)로부터 하나의 함수를 유추해 내기 위한 기계학습의 한 방법이다. 훈련 데이터는 일반적으로 입력 객체에 대한 속성을 벡터 형태로 포함하고 있으며 각각의 벡터에 대해 원하는 결과가 무엇인지 표시되어 있다 – 출처 위키백과.

▶ 자율학습: 기계학습의 일종으로. 데이터가 어떻게 구성되었는지를 알아내는 문제의 범주에 속한다. 이 방법은 지도학습 혹은 강화학습(Reinforcement Learning)과는 달리 입력값에 대한 목표치가 주어지지 않는다 – 출처 위키백과.

고 간결성이다. 현업에 적용할 때는 늘 정확도와 나머지 요소들(속도, 설명력, 간결성) 사이에서 타협을 해야 한다. 모든 것이 좋으면 좋겠지만 대부분 그렇지가 못하다. 예를 들어 마케팅 캠페인의 경우 분석 모델은 고객들을 상대적으로 평가하기 위해서 활용할 때가 많아 정확도보다는 운영 측면에서의 관리와 설득력이 더 필요하다. 그래서 속도, 설명력, 간결성이 더 고려되어야 한다. 대부분의 기계학습은 예측력은 높지만 속도, 설명력, 간결성이 다소 낮다. 또한 이상치에 대한 민감성, 실측치(失測値, Missing Value), 논–벡터 데이터(Non-Vector Data), 클래스 임밸런스(Class Imbalance)와 고차원(High Dimension)의 효율성 문제들도 고려해야 한다.

이 문제들은 넷플릭스 분석 경연 대회에서도 이미 제기됐었다.

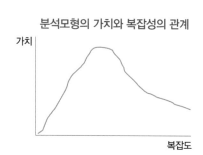

분석모형의 가치와 복잡성의 관계

분석 방법과 알고리즘의 복잡성은 그 가치에 정비례하지 않는다. 그러므로 최적의 조합을 찾아내는 것이 중요하다.

10억짜리 알고리즘, 현업 적용에 실패한 이유는?

2012년 넷플릭스는 분석 경연대회에서 100만 달러의 상금을 받은 우승팀의 알고리즘을 현업에 적용하지 못했다는 안타까운 소식을 발표했다. 최종 우승팀의 알고리즘은 현업에 적용하기에는 너무 복잡했던 것이다.

넷플릭스 운영팀은 우승팀이 2007년에 제출했던 조금 덜 복잡한 알고리즘을 변형해서 적용해 보기도 했다. SVD와 RBM만을 사용해서 현업에 적용하려 한 것인데, 이 모델의 경우엔 분석 경연대회에서 사용한 레코드는 1억 개의 평점인 데 비해 현업의 평점 레코드는 50억 개 이상인데다 사용자를 더 이상 추가하지 못하게 되어 있어서 마찬가지로 현업에 적용하기에는 문제가 있었다. 이 문제들은 결국 해결했지만, 기존의 시네매치(Cinematch) 모델을 완전히 대체하지는 못했고 최종 우승팀의 분석 모델은 결국 사용하지 못했다.

다음은 넷플릭스의 분석 모델 개발 과정과 현업 적용 순서도이다.

넷플릭스 분석 모델 개발과 현업 적용 순서도

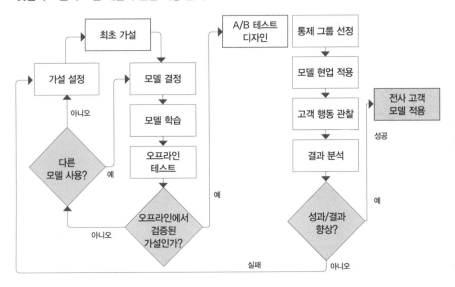

넷플릭스는 우승팀의 알고리즘을 오프라인 플랫폼에라도 적용해 보려 했으나 예측력만 높이는 것은 쏟아부어야 할 노력과 시간에 비해 별 도움이 되지 않아 포기했다. 현업의 환경과 비즈니스 영역을 전혀 고려하지 않고 무조건 예측력만 높이려 한 아이디어는 넷플릭스 운영 과정에 대한 이해와 경험 부족에서 나온 것이었다.

실제로 영업이나 마케팅에 기계학습 모델을 활용할 경우 실행 속도와 변수들의 인과적 설명력이 상당히 중요하다. 예를 들면, 캠페인 과정에서 결과에 대한 원인과 관계 파악이 가능해야만 다음 캠페인 개발에 반영할 수 있다. 그리고 캠페인을 한 번이라도 더 해야 하거나, 실시간으로 맞춤형 추천을 해야 하는 현업의 상황에서 복잡한 알고리즘으로 인해 처리 속도가 한없이 느려진다면 이 또한 큰 문제이다.

넷플릭스 분석 모델의 현업 적용에 걸리는 일정

이런 이유로 여러 고급 알고리즘을 사용하여 예측력을 높이는 것도 중요하지만 실행 속도, 모델 설명력, 모델의 간결성 등을 고려하여 적정선을 찾아 타협해야 한다. 분석 컨설팅을 하다 보면 새롭고 복잡한 알고리즘을 사용하는 작업을 요구하는 경우가 많은데, 이는 넷플릭스 분석 경연대회의 결과와 동일한 결과를 초래할 수 있다.

넷플릭스 빅데이터 운영본부, 엄청난 양의 빅데이터를 문제 없이 처리하는 비결은?

넷플릭스 빅데이터 운영본부의 주요 팀 구성과 이슈, 작업 과정에 대해 알아보자.

넷플릭스 알고리즘 & 분석팀

넷플릭스 중앙에는 회사 전체의 데이터 분석을 담당하는 알고리즘 & 분석(Algorithm & Analytics) 팀이 있다. 이들은 분석 알고리즘을 개발하고 온라인 운영과 고객 관리에 필요한 앱을 개발한다. 또한 내부 재정팀의 예산 예측이나 마케팅팀의 고객 분석 등도 지원한다. 예를 들면 마케팅팀을 위해 고객의 온라인 방문 이력을 분석하고 이탈 방지 및 영업 캠페인에 필요한 고객 세분화를 지원하며 고객의 생애주기 분석 등을 한다. 그리고 필요한 보고서(Ad-Hoc report)도 작성한다.

넷플릭스 성공 비결, A/B 테스트 실험 플랫폼

넷플릭스의 고품질 맞춤형 추천 실시간 영상을 가능하게 한 것은 다름 아닌 A/B 테스트이다. 실제는 A 안이나 B 안에서 고르는 것 외에도 A, B, C 안에서 고르는 등의 멀티 테스트도 하지만 보통 마케팅 쪽에서는 이런 식으로 여러 안을 제시하고 고객이 선택하게 하는 것을 A/B 테스트라 부른다. A/B 테스트는 새 상품을 출시하여 전체 고객에 적용하기 전에, 위험 요소를 줄이고자 일부 고객의 반응을 부분적으로 확인하기 위해 활용한다.

A/B 테스트는 웹페이지의 UI(user interface) 디자인 시안을 여러 개 만든 후 고객에게 선택하게 하는 게 대표적이다. 오바마 대통령 선거 때에도 여러 개의 테스트 이메일 중 더 많이 선거 자금을 모은 이메일을 선별하거나 후원 페이지 디자인 등을 선별하기 위해 자주 사용되었다. 넷플릭스의 데이터 과학자와 데이터 엔지니어들은 혁신적인 A/B 테스트 플랫폼을 개발하여 반응이 높은 UI 디자인을 채택하고, 그에 맞춰 다시 디자인하여 최고 20~30% 영상을 더 보게 만들기도 했다. 넷플릭스는 내부의 다수결에 의하거나 조직 내 목소리 큰 사람들의 의견을 받들어 상품을 디자인하지 않았다. 오직 실제 고객이 반응하는 결과를 보고 서비스를 디자인하는 것을 원칙으로 했다. 그리고 그것을 가능하게 하는 것이 실험 플랫폼(the Experimentation Platform)이다.

아마존 EC2 클라우드 플랫폼

넷플릭스 시스템은 온라인으로 하루에 20억 건이 넘는 비디오 요청을 받고, 700억~800억 건의 고객 활동을 처리한다. 이러한 요청은 해를 거듭할수록 증가해 2010년보다 2012년에 무려 37배나 더 늘었다. 넷플릭스는 빅데이터 시스템의 대부분을 아마존 클라우드 서비스로 사용하고, 스트리밍 서비스는 100% 사용한다. 넷플릭스 IT운영 부사장인 마이크 카일(Mike Kail)은 아마존 클라우드와 SaaS(software as-a service)를 활용하여 내부의 모든 시스템을 100% 클라우드로 옮기는 것이 목표라고 한다. 하드웨어와 데이터센터를 관리하는 것보다 비즈니스에 관련된 서비스를 제공하는 것이 우선이라고 생각하기 때문이다. 그는 데이터센터를 완전히 없어지는 않겠지만 2,500개에 달하는 가상 서버를 최대 50개까지 축소할 예정이라고 한다.

넷플릭스는 오라클의 문제점으로 인해 오라클로 개발된 SQL 데이터 베이스를 아파치 카산드라(Cassandra)로 교체했다. 우선 오라클은 비용이 많이 들고, 모든 데이터가 한곳에 집중되어 있어야 하는 문제가 있었다. 그리고 2주에 한 번씩 새로운 데이터베이스의 논리구조(schema)로 바꿀 때마다 10분 이상 다운타임(downtime)을 가져야 한다는 것도 문제였다.

SQL 데이터베이스를 카산드라로 교체한 이후 넷플릭스의 비즈니스는 아주 빨라졌다. 추가 사용에 대해 허락을 받거나 계획을 세울 필요가 없어 언제든지 필요하면 개발할 수 있게 되었다. 게다가 카산드라는 스키마가 없어 다운타임도 없다. 넷플릭스는 이제 고객 정보, 영화 평점, 영화 속성 데이터, 영화 북마크 그리고 사용자 로그 같은 데이터의 95%를 카산드라로 저장한다.

모든 카산드라 클러스터에는 705개 이상의 노드(node)를 가진 50개 이상의 카산드라 클러스터가 있고, 이는 1초에 50,000번의 읽기와 100,000번의 쓰기를 가능하게 해준다. 하루 평균 21억 번의 읽기와 43억 번의 쓰기가 가능한 셈이니 엄청난 양의 데이터를 하루에 처리해 내는 것이다.

넷플릭스 빅데이터 플랫폼

넷플릭스 플랫폼은 오프라인(Offline), 준실시간(Nearline), 온라인

(Online)의 3가지 모듈로 구성되어 있고 모든 인프라는 아마존 클라우드 서비스에서 운영된다. 온라인 모듈은 실시간으로 고객의 요구에 응대하면서 최근 이벤트나 고객의 반응에 더 빨리 대처할 수 있게 한다. 그러나 대용량 데이터나 복잡한 알고리즘을 계산하는 데에는 한계가 있다. 이를 위해 오프라인 모듈에서 시간을 좀더 넉넉하게 할애하여 배치 작업을 실행하고 대용량 데이터나 복잡한 알고리즘 작업을 한다. 준실시간은 온라인에서 고객이 요구하는 좀더 복잡한 이벤트를 오프라인과 온라인의 중간에서 작업을 한다. 각 모듈에 대한 자세한 내용은 뒤에서 설명하겠다.

분석 모델링(Model Training)은 기존 데이터를 활용하여 실제 온라인 분석 모델에 활용할 모델을 생성하는 작업인데, 이는 오프라인에서 진행한

넷플릭스 플랫폼 구상도

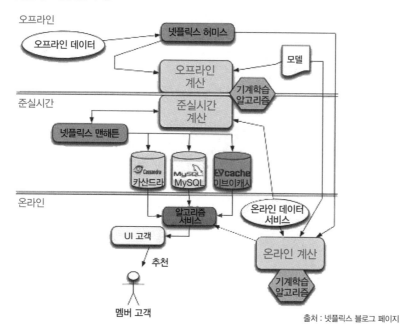

출처 : 넷플릭스 블로그 페이지

다. 오프라인은 데이터 저장, 데이터 전처리, 대용량 데이터의 접근 등을 가능하게 만드는 인프라인데, 여기에서 실제 온라인 운영에 필요한 알고리즘이나 프로세스를 수없이 테스트한다.

다음은 오프라인, 준실시간, 실시간으로 모듈을 나눈 넷플릭스 플랫폼 구상도이다.

오프라인에는 최신 데이터가 반영되지 않지만, 최신 데이터를 반영하는 개인 맞춤형 추천 시스템의 특성상 온라인과 오프라인이 아무 문제 없이 연결되는 것이 중요하다. 그러기 위해서는 중간에 준실시간이 필요하다. 준실시간은 온라인을 요구하지는 않지만, 온라인에 가까운 작업을 수행한다.

준실시간은 온라인에서 고객이 요구하는 좀더 복잡한 이벤트를 오프라인과 온라인의 중간 작업으로 해결한다. 예를 들어 고객이 추천 영화를 보면 이를 바로 반영하여 새로운 영화를 추천할 준비를 한다. 그리고

오프라인 작업

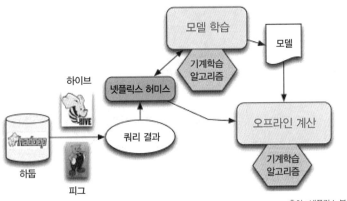

출처 : 넷플릭스 블로그 페이지

그 결과를 중간 작업을 한 내용과 함께 오프라인 데이터 저장소에 저장한다. 온라인, 오프라인 그리고 준실시간 프로세스는 따로 분리돼서 작업을 하는 것이 아니다. 반드시 서로 조화롭게 통합 운영되어야 한다.

오프라인에서 하는 분석 모델 생성 작업과 결과 데이터 작업을 위한 데이터 전처리는 주로 쿼리로 작업하는데, 이 작업은 데이터가 대용량이라 하둡에서 하이브(Hive)나 피그(Pig)로 작업한다. 또 오프라인에서는 분석 모델을 통해서 산출된 결과 데이터가 완성되면 그 사실을 준실시간 프로세스에 알리는 작업과 함께 데이터 작업 중 발생한 오류나 경고 메시지를 검토하기도 한다. 넷플릭스에서는 이 오프라인 플랫폼을 허미스(Hermes)라 명했다.

온라인이든 오프라인이든 알고리즘을 계산할 때는 분석 모델, 데이터

시그널 & 분석 모델

출처 : 넷플릭스 블로그 페이지

그리고 시그널(signal)을 함께 사용해서 작업해야 한다. 분석 모델은 오프라인에서 이미 만들어져 작은 파일에 저장되어 있고, 데이터는 정제된 데이터베이스 형태로 정보가 저장되어 있다. 시그널은 고객이 반응한 새로운 정보를 말한다. 시그널은 실시간으로 일어나는 서비스들로 고객과 관련된 정보들이다. 최근에 본 영화나 영화를 본 날짜, 시간, 사용기기, 에피소드 같은 내용을 예로 들 수 있다.

넷플릭스의 이 모든 시스템은 온라인상에서 고객에게 최고의 서비스를 제공하기 위해 인사이트를 발굴하려 노력한 결과이다. 넷플릭스는 어느 때라도 고객의 의견이나 온라인상의 클릭, 고객이 검토한 페이지 등 다양한 이벤트 데이터를 모으려고 한다. 또한 고객이 사용하는 앱, 스마트 TV, 태블릿 또는 게임 도구에서도 데이터를 모은다. 이렇게 고객이 취한 모든 이벤트는 기본 데이터로 통합되어 분석 모델에 사용된다.

이벤트 & 데이터 분배(Distribution)

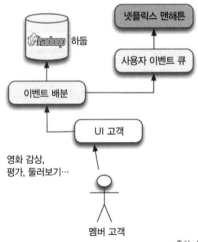

출처 : 넷플릭스 블로그 페이지

여기에서 말하는 데이터와 이벤트는 조금 다르다. 이벤트는 아주 작은 단위의 시간, 이른바 찰나에 일어나는 정보들이다. 즉 고객이 취한 행동을 준실시간으로 업데이트해야 하는 작은 사건들을 말한다. 반면에 데이터는 저장 가능한 작은 단위의 정보들을 뜻하며, 프로세스상의 속도보다는 품질이나 수량이 더 중요하다. 물론 고객에 대한 프로파일 이벤트는 이벤트와 데이터 둘 다 해당될 수 있다. 넷플릭스의 준실시간 프로세스는 맨해튼(Manhattan)이라는 내부 인프라에서 추천 알고리즘을 위해 구성된다.

준실시간 데이터는 카산드라, 이브이캐시(EVCache), 그리고 MySQL에 저장한다. 여기에서 어디에 저장하느냐는 중요하지 않다. 그보다는 복잡한 쿼리, 대량의 읽기/쓰기 그리고 운영상의 지속성을 최적으로 유지하는 것이 중요하다.

상품 추천 결과 데이터

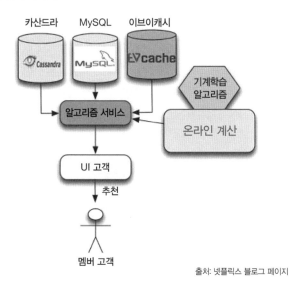

출처: 넷플릭스 블로그 페이지

셋째마당

한국의
데이터 활용 사례

■

■

■

10 전사 통합 고객 데이터 전략

11 통신 빅데이터 분석

12 부정 불법 감지

13 프랜차이즈 신규 가맹점, 매출 추정과 최적의 영업권 설정

14 제조업 사례

15 공공 데이터 전처리

The riskiest thing in the world is to take no risks.

인생에서 가장 위험한 일은
아무런 위험에도 뛰어들지 않으려는 것이다.

— 작자 미상

빅데이터 시대에 데이터와 데이터 과학 활용의 핵심은 무엇일까? 고객의 속성을 빠르게 파악하여 기업에 해결 방법을 제공하는 것이다. 현재 진행 중이거나 완료된 데이터 활용 시스템과 프로세스가 당면한 현안을 해결하지 못하거나 제구실을 못하고 있다면 데이터 활용 과정을 다시 한번 점검해야 한다. 데이터 활용의 큰 그림을 그리기 전에 과거에 실행했던 CRM 데이터 활용 현황에 대해 냉정하게 분석해 보자.

셋째마당에서는 전사적 데이터 활용 사례로는 미약하지만, 한국에서 부분적으로 활용되고 있는 데이터 분석 활용 사례를 필자가 참여했던 프로젝트 위주로 살펴보고 앞으로의 발전 방향에 대해 모색해 보고자 한다.

10

전사 통합 고객 데이터 전략

한국에서 데이터를 활용해 고객을 관리하기 시작한 지 어느덧 10년이 넘었다. 그동안 많은 시행착오를 겪으며 발전해 왔고 여전히 진행 중에 있다. 10장에서는 기업의 고객 관리(CRM)에 대해 데이터 분석적 입장에서 문제점을 살펴보고 발전 방향을 정리해 보았다.

과거 CRM 실패 요인은 빅데이터 활용의 실패 원인이 될 수 있다

CRM(Customer Relationship Management, 고객관계관리) 전략을 말하기 전에, 과거의 많은 CRM 전략이 왜 실패했는지 알면 통합 CRM 전략의 답이 보일 것이다. 그동안 많은 CRM 전략이 실패했지만 IT 인프라 기술이나 소프트웨어 솔루션의 현업 운영 문제는 아니다. 또한, 자료에 의하면 미국도 초기에는 거의 50%가 실패했다고 하니 우리만의 문제도 아니다. 가트너(Gartner Research)가 2002년에 시행한 미국 회사들의 표본 조사에 따르면 50%가 CRM 실패를 경험했고, 연구 조사 기관 포레스터 리서치(Forrester Research)의 2009년 자료에서도 47%가 실패한 것으로 집계됐다. 2000년도 초기에 미국도 데이터 통합을 하면서 CRM 솔루션과 BI 2.0을 도입한 이후 거의 5~8년 동안 고전하다 2005~2009년 사이에 다시 한번 BI 3.0을 도입하며 한 단계 발전했다. 하지만 여전히 고객 데이터 통합에 어려움을 겪었다. 그러다 최근 들어 빅데이터 기술의 도움으로 만족할 만한 고객 관리 성공 사례들이 나오고 있다. 그 한 예가 앞에서 살펴본 메트라이프 사례이다. 지금 미국의 성공적 CRM은 한 번에 완성된 것이 아니라 꾸준히 문제를 해결하면서 한 단계씩 지속적으로 발전해 온 결과이다.

다음 쪽의 표는 한국의 과거 CRM 실패 요인들을 정리한 것이다. 조직, IT 인프라, 프로세스, 문화 등으로 분류했다.

CRM 실패 요인과 빅데이터 활용의 성공 요인

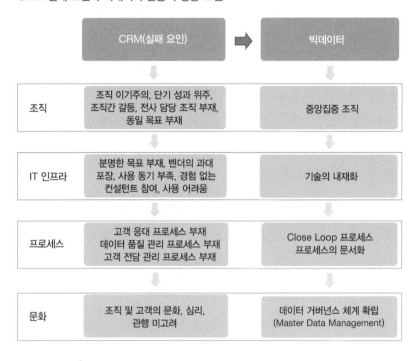

실패 요인 중 가장 큰 요인은 CRM을 바라보는 개념이나 문화의 차이이고, 다음은 이를 활용하는 조직 구성과 프로세스의 문제이다. 프로세스 문제에 대한 예를 들면, CRM 개발 단계에서 예산의 대부분을 소프트웨어 구입이나 시스템 개발에 책정하고 교육이나 운영, 기술 전문가 및 분석 인력 또는 현업 활용 계획에는 최소 금액으로 형식적으로만 책정하는 것을 들 수 있다. 설령 예산 책정 시 적당히 배정했다고 해도 중간 과정에서 실제 인력 운영에는 형식적으로 배정될 뿐이다.

반대로 미국은 GM 자동차나 메트라이프의 기술 인력 관리 사례에서 보았듯이 활용 계획과 고급 운영 기술 인력을 일순위로 놓고 예산을 짠다. 소프트웨어나 하드웨어는 일을 하는 데 필요한 도구일 뿐이고 정작 성과를 내는 것은 어떤 인력이 어떤 기술과 실력을 갖추고 얼마나 잘 활용하느냐에 따라 달라진다는 것을 잘 알고 있기 때문이다. 인적 자원의 기술과 실력이 최우선이다. 사람은 기계나 프로그램을 위해 있는 것이 아니라 그 도구들을 활용하는 주체다. 주체를 무시하는 예산 편성의 결과는 굳이 따져보지 않아도 짐작할 수 있다.

과거에 많은 CRM이 실패했던 요인들은 향후 빅데이터 활용의 실패 원인이 될 수 있다. 빅데이터 시대라 해서 관행이나 문화가 저절로 달라지지는 않을 것이기 때문이다. 이런 이유로 많은 빅데이터 전문가들이 중앙집중 조직, 기술의 내재화, 클로즈 루프 프로세스(Close Loop Process)와 프로세스의 문서화, 즉 데이터 거버넌스의 확립을 제시하고 있는 것이다. 이 모두를 획기적으로 한 번에 다 바꿀 수는 없겠지만 차근차근 기본적인 것 그리고 가능한 것부터 바꿔가야 할 것이다.

데이터 활용 중장기 전략, 왜 필요한가

미국 CRM 전문 컨설팅 업체인 뉴클리어스(Nucleus) 연구소의 발표에 따르면, CRM을 통해 얻는 혜택이 최대 100%라고 가정할 때 직접적 매출 증가 혜택은 30%이고 간접적 혜택이 70%라고 한다. 또한 인프라 도입이나 솔루션 개발 후 평균 2.5~3년이 지나야 실질적인 효과가 나타나기 시작한다고 한다. 실정이 이러할진대 기업이 CRM을 도입한 뒤 6개월이나 1년의 단기적인 매출 증대로만 성과 평가 지표(Key Performance)를 삼는다면, 이는 처음부터 전혀 다른 개념에서 출발한 목표이기 때문에 결과에 대해 실망하는 것은 당연하다. 다시 말하지만 CRM은 단기적 안목에서 보면 투자 대비 성과가 미미할 수밖에 없다. 따라서 극단적인 예이긴 하지만, 이런 식의 평가는 회사 전체의 성장 관점에서 보면 근시안적인 안목에 불과하다.

CRM 솔루션을 잘 활용한 회사들에 따르면 95% 이상이 주요한 비즈니스 영역의 ROI(Return on Investment, 투자수익률)가 점차 높아져 3년이 경과한 후부터 만족할 만한 효과가 있었다고 한다.

미국 마케팅 전문 연구 회사 컴퍼미트(Comfirmit)는 CRM의 영역을 크게 영업, 마케팅, 고객 접촉 서비스 등 6가지로 나누어 각 영역별 직간접 혜택에 다음과 같은 것들이 있다고 발표했다. 이는 CRM에 국한된 내용이기는 하지만, 빅데이터 활용에 있어서도 마찬가지로 평가해야 할 것들이다.

CRM의 직간접 효과 예시

영역	CRM 효과	영역	CRM 효과
영업	신규 고객 증가 연계 판매(Cross-sell), 추가 판매(Up-sell) 기회 증가 영업의 전사적 안목의 개선 영업 비용 감소 영업 예산 산정 정확도 개선 영업 시간 단축 영업 생산성 증가	분석 보고서	보고서 생성 시간 단축 전사 비즈니스 정보 획득의 개선

마케팅	고객 유지율 개선 이탈 감소 마케팅 비용 효과 개선 신규 가망 고객 증가 가망 고객의 고객화 증가 우수 고객 증가와 충성도 개선	정보 관리	데이터 품질과 관리 개선 표준화된 비즈니스 프로세스 관리 고객 및 가망 고객의 정보 획득 개선
고객 접촉 서비스	고객 서비스 및 지원 속도 개선 고객 만족도 개선 비용 감소 고객 이해 속도 개선 신입 사원 교육 개선	IT 인프라 개선	개발 적용 속도 개선 개발 비용 감소 통합 개발 속도 개선

전사적 통합 CRM 전략, 중앙집중적 조직 구조일 때 최적의 성과를 낸다

CRM 및 빅데이터 운영 조직 구성

전략에 대해 말하기 전에 현재 한국 기업에서 운영하고 있는 CRM팀의 구조를 먼저 살펴보자. 현재 대다수 한국 기업의 CRM팀은 마케팅팀에 소속되어 있고, 주로 우수 고객 분석과 우수 고객 서비스 운영에만 관여하는 고립된 구조로 운영되고 있다. CRM팀은 영업이나 운영, 고객 접촉 관리나 고객 지원 관리에는 거의 관여하기 어렵다.

이런 구조에서는 CRM팀이 영업팀과 마케팅팀의 협조를 받아 연계 판매(Cross-sell), 추가 판매(Up-sell) 등의 캠페인을 테스트하기 어렵고, 콜센터에서 CRM팀에게 고객 서비스에 대한 분석을 요구하는 것도 힘들다. 이외에도 많은 부분에서 서로 협력하기 어렵다.

업무별 정보나 데이터도 부서 간 공유 없이 모든 팀에서 따로따로 비

기존 CRM 조직 구조

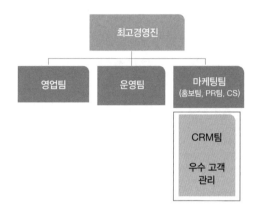

즈니스가 진행된다. 상품 개발팀은 자체적으로 상품을 개발하고, CRM 팀은 필요한 데이터를 전산 운영팀에 요청해서 며칠 후에 받는 비효율적인 구조다. 그리고 팀원들의 역량과 인력도 부족하다. 보통 한 팀에 팀장 1명, 데이터 분석 2명, 운영 2명 등 5~6명의 팀원이 있는데, 이런 인원 구성으로는 우수 고객 서비스 관리 프로그램만 운영하기에도 바쁘다. 분석 팀원만 몇백 명인 미국 기업들과는 사뭇 다른 모습인 것이다.

이런 구조와 프로세스에 혁신적인 변화가 필요한 시점이다. 이미 조직 개편을 시작한 회사도 있다고 하니, 경쟁에서 뒤처지지 않으려면 구조 혁신을 서둘러야 한다. 그리고 구조뿐만 아니라 반드시 내부 문화와 프로세스도 현실적으로 개선해야 한다.

성공적으로 데이터를 활용하고 있는 회사들을 벤치마킹한 결과, 조직 구성은 분석과 IT, 경영기획 팀이 함께 협업해서 전사 운영을 돕는 중앙 집중적 구조가 효율적이었다. CRM 운영팀은 다루어야 할 데이터가 커

개선된 조직 구조 예시

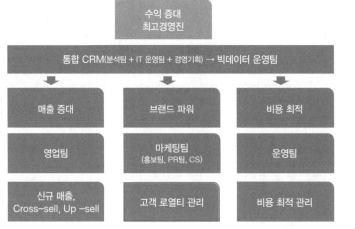

▶ PR=Public Relation, CS=Customer Service

지고 빅데이터 기술을 활용할 수 있는 능력이 높아지면 빅데이터 운영팀
으로 자연스럽게 발전할 것이다.

　CRM 운영팀은 현업의 문제를 가능한 빨리 해결할 수 있도록 돕고, 전
사적 안목으로 최고경영자의 의사 결정을 돕는 조력자 역할도 해야 한
다. 그러기 위해서는 언제나 영업 현장과 일선 운영팀이 우선이지, 빅데
이터 활용이 우선이 아니라는 것을 조직 개편에 반영해야 한다. 그리고
전사적 조직 개편 전에 다시 한번 비즈니스 영역별 요구 사항인 사업 문
제, 기회, 위험 또는 최근 능력과 역량, 관리와 정책 결정 구조 등을 다양
한 각도에서 전사적으로 조사해서 반영해야 자리 이동으로 그치는 조직
개편이 되지 않을 것이다.

CRM 및 빅데이터 활용을 위한 전사 조직 개편 순서 예시

각 영역별 비즈니스 요구 현황 파악 → 조직 개편 → 비즈니스 전략 로드맵 작성 → IT 전략

또한 고객 로열티(충성도) 관리는 현재 우수 고객 서비스 프로그램만 관리하고 있는 CRM팀을 마케팅팀에서 흡수하여 고객 유지나 이탈 관리, 매출 증대를 보조하는 역할로까지 업무 영역을 확대하여 서로간의 시너지를 활용하는 통합 CRM 방안이 효율적이다.

통합 CRM 영역

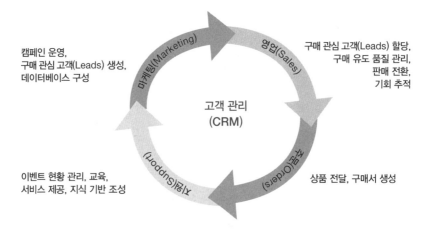

마케팅(Marketing): 캠페인 운영, 구매 관심 고객(Leads) 생성, 데이터베이스 구성

영업(Sales): 구매 관심 고객(Leads) 할당, 구매 유도 품질 관리, 판매 전환, 기회 추적

고객 관리 (CRM)

지원(Support): 이벤트 현황 관리, 교육, 서비스 제공, 지식 기반 조성

주문(Orders): 상품 전달, 구매서 생성

통합 CRM의 연계 판매나 추가 판매는 매출 증대뿐만 아니라 고객 충성도도 높이는 효과가 있으므로 마케팅, 영업 그리고 데이터 분석팀이 함께 협력해야 하는 부분이다. 또한 영업은 주문과 판매 지원도 시스템적으로 원활히 연결되어 운영될 때 최적의 성과를 거둘 수 있다.

> '당신의 고객이 무엇을 원하는지
> 고객이 알기 전에 먼저 알고 조치를 취해라.'

고객 접촉 이력 관리는 필수!

접촉 이력 관리는 맞춤형 고객 관리를 위해 아주 중요하다. 그래도 요즘엔 예전보다 접촉 이력 관리가 많이 좋아졌다. 전화할 때마다 다른 담당자가 받아 같은 상황을 몇 번이고 다시 설명해야 하는 불편함은 많이 줄어든 것이다. 다만 요즘에는 고객들이 다양한 채널을 통해 접촉하기 때문에 이 데이터들을 한데 모아 통합하는 IT 인프라 구조가 반드시 필요하다. 고객 관리나 서비스, 영업과 파트너 그리고 마케팅이 따로 관리되던 것을 통합하는 시스템이 필요한 것이다.

개별 접촉 채널 예시

고객의 접촉 이력을 통합해야 지금 고객이 무엇을 필요로 하는지 정확하게 파악하여 응대할 수 있고, 영업이나 마케팅 팀에서도 신속하게 대처할 수 있다. 고객 관리 데이터에서 좀더 발전된 마케팅 데이터의 관리와 활용은 다양해진 고객의 접촉 방식만큼이나 더 복잡하고 정교해진다. 특히 텍스트 마이닝의 발전으로 더 많은 정보와 채널을 통해 마케팅에 활용할 수 있게 되었다.

다양한 고객 접촉 포인트

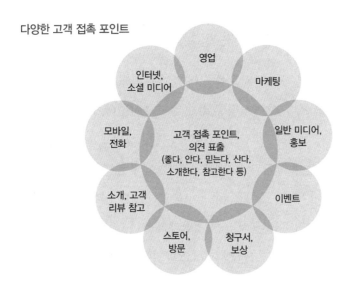

마케팅 캠페인도 데이터 중심 마케팅으로!

효율적인 마케팅 캠페인을 수행하기 위해서는 무엇보다 먼저 목적을 분명히 해야 한다. 상품을 판매하기까지는 여러 단계를 거치게 된다. 고객이 상품에 대해 인지하고 관심을 가져야 상품을 원하게 되고 결국 구매까지 이어지는 것이다. 고객이 원하기 전까지는 누가 상품에 관심이 있는지 알기 어렵다.

온라인과 오프라인 결합 마케팅(Online to Offline Marketing)

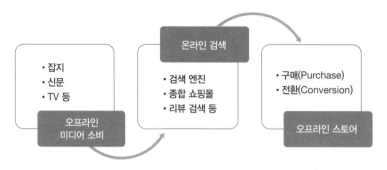

그래서 마케팅 캠페인은 일차적으로 상품의 인지도를 높이고 고객의 관심을 끌어내기 위해 상품 전시, 웹사이트, 우편 발송, 이메일, 신문, 잡지, TV 그리고 전화 캠페인 등을 실시한다. 캠페인을 접하고 관심이 생긴 고객은 온라인에서 관심 상품에 대한 상세 검색과 상품 리뷰를 찾아보고 비로소 구매로 전환하는 것이 최근 추세이다. 기업은 고객과 장기적인 관계를 원하기 때문에 지속적으로 소통하기를 원한다. 장기적 관계를 원하는 기업은 기존에 실시한 마케팅 캠페인에 대한 이력 관리가 필요하고 캠페인에 대한 고객의 반응도 지속적으로 관찰해야 한다. 그러기 위해서 기업은 분명한 목표 아래 채널별 또는 캠페인별 이력 관리는 필수로 해야 하고, 이 데이터들을 전사적으로 관리해야 한다. 단순한 마케팅 반응 데이터만 사용하거나 영업 데이터만 사용하는 것은 실패를 예약하는 일이고, 효과적인 캠페인 수행을 위한 기반도 마련하기 어렵다.

다음은 데이터 중심 마케팅의 4가지 유형이다. 이를 보면 데이터 중심의 전사적 마케팅을 수익을 목적으로 수행할 때 성공 가능성이 높아진다는 것을 알 수 있다. 1단계는 마케팅 반응만으로 의사 결정을 하는 경우로 가장 빠르게 실패할 가능성이 높다. 2단계는 마케팅에 영업을 추가하여 의사 결정을 하는 단계이나 수익을 고려하지 않고 전사적 지원을 받지 못해 여전히 실패의 가능성을 내포하고 있다. 3단계는 마케팅과 영업 데이터뿐만 아니라 비용과 운영 지원까지 고려한 운영 및 서비스 데이터까지 포함하여 전사적 전략을 바탕으로 수행하여 성공 가능성이 아주 높은 편이다. 마지막 4단계는 전사적 지원뿐만 아니라 고객의 생애 가치까지 고려하여 장기적으로 고객을 관리하여 기업의 수익 극대화를 추구하는 완성된 데이터 중심의 마케팅 전략이다.

데이터 중심 마케팅의 4가지 유형

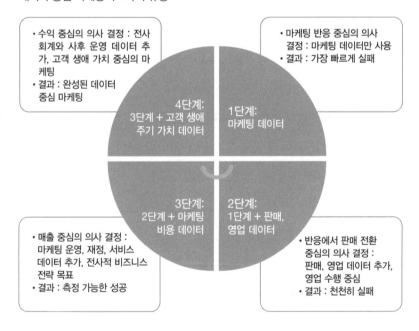

그리고 이러한 데이터 통합 후에 마케팅 수행 관리는 클로즈 루프 (Close Loop) 프로세스로 관리해 마케팅 캠페인과 고객 관리가 서로 맞물려 계속발전해 나가야 한다.

다음은 클로즈 루프 프로세스의 상세도이다. 결국 캠페인과 분석으로 성공적인 마케팅이 완성된다는 것을 알 수 있다.

클로즈 루프 프로세스는 캠페인과 분석으로 완성된다

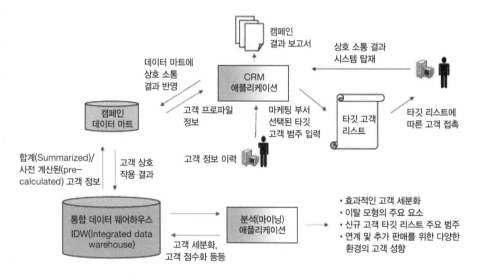

다채널(Multichannel) 접촉 이력과 전사 데이터를 통합하는 것은 간단하고 쉬운 작업이 아니다. 각 업무 영역별 또는 채널별로 의사소통과 합의가 이루어진 후에 필요한 데이터를 모아야 가능한 작업이다. 그러나 이 작업도 전사 조직 개편 과정에서 미리 고려하면 한결 수월해질 것이다. 사실 현업에서는 다채널 통합이 필요하다는 것을 다 알고 있고, 오래

전부터 제안해 온 일인데 실행이 안 되고 있다. 알고 있는 것과 실천하는 것은 많이 다르다.

전사 전략적 고객 데이터 분석, 고객을 알아야만 서비스도 공략도 가능하다

고객의 각기 다른 필요에 맞춰 상품과 서비스를 제공하기 위해서는 고객을 잘 알아야 한다. 고객을 알려면 누가 회사에 이익을 주는 고객인지, 반대로 누가 손해를 끼치는 고객인지, 누구에게 더 많은 상품을 팔 수 있는지 등 많은 정보가 필요하다. 이러한 정보를 얻기 위해서는 다양한 관점에서 다각도로 고객을 분석해야 한다. 이때 영업, 마케팅, 운영 등 전사 차원의 전략적 분석도 필요하고, 영업이나 마케팅에 당장 활용할 수 있는 세부적인 분석도 필요하다.

회사의 궁극적 목적은 장기적인 수익 창출이다. 이를 위해 장기적인 고객 가치를 측정할 수 있는 지수가 필요하다. 고객 지수는 고객 세분화의 근거가 되는 지수로서 마케팅이나 영업, 고객 관리를 위한 의사 결정의 기초 자료가 된다. 고객 지수의 측정 방법과 고객 세분화 방법은 기업의 전략과 세분화의 목적에 따라 다르게 진행된다.

고객 지수 개발 과정

고객 지수는 영업에서 활용하는 매출 지수, 매출에서 비용을 뺀 수익 지수, 그리고 기업과 고객 간의 유대관계를 나타내는 충성 지수로 나눌 수 있다. 그런데 이 지수들은 과거나 현재의 가치를 나타낼 뿐이다. 기업 입장에서는 고객의 미래 가치도 중요하기 때문에, 이 세 지수 외에 미래 매출과 미래 수익 지수도 고려해야 한다. 또한 고객의 위험도 지수도 중요하다. 위험도 지수는 고객의 불만 접수와 보상 청구 빈도 또는 보상 액수, 해지 빈도 등 다양한 위험 가능 변수를 반영한 지수이다. 이 지수들을 결합하여 우수 고객 관리를 위한 고객 세분화 작업을 하는데, 지수의 결합 방법은 기업의 목적에 따라 달라질 수 있다.

지수 개발 과정은 다음과 같은 순서로 진행된다.

1. 지수에 대한 정의와 측정 가능 방법의 선정
2. 활용 데이터와 기간에 대한 정의
3. 사용 가능한 독립 변수의 선정
4. 독립 변수의 선택(주성분 분석. 상관관계)
5. 지수 정의에 따른 고객 분류(군집화)
6. 군집화 후 종속 변수를 선정하고 선택된 독립 변수들에 대해 가중치 작업(회귀 분석)

지수 개발 과정의 한 예로, 로열티(충성도) 지수 작업 과정을 살펴보자. 고객 로열티는 고객 만족, 유대감, 정서적 관계 및 재구매 여부 등으로 측정할 수 있는데, 고객 만족이나 유대감, 정서 같은 감정적인 요소들은 측정이 어렵기 때문에 RFM과 거래 기간 등으로 산정한다. 먼저 RFM 데이터와 데이터 사용 기간을 정한 후에 독립 변수로 투입이 가능한 상품 판매 건수, 판매액, 최근 6개월간 판매 건수, 거래 개월수 같은 다양한 후보

▶RFM은 Recency, Frequency, Monetary의 약자로 구매 가능성이 높은 고객을 선정하기 위한 데이터 분석 방법이다. 고객의 가치를 거래의 최근성, 거래 빈도, 거래 규모라는 세 가지 기준에 의해 계산한다.

변수를 선정하고, 주성분 분석과의 상관관계를 분석하여 투입 변수의 개수를 정한다. 이때 현업에서 이해하기 쉬운 변수들을 선택해야 한다. 그런 다음 로열티 정도에 따라 고객을 그룹화하고 그룹별 순위를 매긴 후 독립 변수들을 표준화하여 회귀 분석한다.

그룹 순위 예시

그룹	순위(로열티)
1	2
2	4
3	1
4	3
5	5

로열티 함수

로열티 순위(로열티 지수) = f(투입 독립 변수: 판매 건수, 판매액, 거래 기간 등)

우수 고객 세분화 예시

매출	수익	미래 매출	미래 수익	로열티	위험	그룹(100%)
상	상	상	상	상	하	골드(10%)
중	중	중	중	중	중	실버(20%)
중	중	중	중	중	중	브론즈(27%)
하	하	하	하	하	하, 중	신규, 일반(40%)
관련 없음	관련 없음	관련 없음	관련 없음	관련 없음	상	별도 관리(3%)

이렇게 산출된 지수들은 우수 고객 선정에 활용되지만, 지수에 100% 의존하기보다는 지수를 기본으로 하되 비즈니스 규칙이나 영업 현장의 여론을 전략적으로 수렴하여 최종적으로 선정한다.

지금까지 설명한 고객 가치 지수들은 전통적인 전사 우수 고객 관리 세분화 방법이자 가장 기본적인 세분화 작업이다. 그러나 이것만으로는 영업이나 마케팅에 효과적으로 사용하기에는 부족하다. 그래서 고객 세분화는 현장의 목적에 따라 조금 다른 기준으로 나누어 서로 혼합해서도 사용한다. 영업은 주로 매출액으로 세분화를 하지만 마케팅에서는 다양한 접근으로 활용이 가능하다.

가령 고객 접촉 채널을 고려해서 마케팅 세분화를 해보면 다음과 같이 5가지 유형으로 나눌 수 있다. 이외에도 상품 선호, 위험, 구매 시기 등 다양한 마케팅 목적에 따라 고객을 세분화할 수 있다.

고객 접촉 채널을 고려한 마케팅 세분화

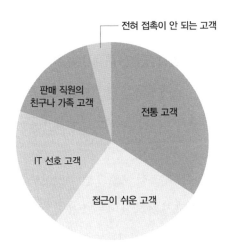

우수 고객 프로그램, 형식적인 이벤트가 아닌 맞춤형 특별 서비스를 제공하라

매출이나 수익을 바탕으로 고객 지수를 산정해 우수 고객이 선정되면, 고객의 등급별 우수 고객 서비스 프로그램에 활용된다. 고객 등급은 보통 1년 단위로 산정되나 경우에 따라서는 6개월 단위로 평가되기도 한다. 전사 우수 고객은 채널별로 다르게 선정될 수 있으므로 현업의 상황을 반영해야 한다.

등급별로 차별화된 서비스를 제공할 때는 고객의 필요와 이용할 수 있는 여건까지 감안해서 프로그램을 구상해야 한다. 예를 들어, 지방에 사는 고객은 서울에서만 진행되는 프로그램에 참여하기가 쉽지 않다. 또 국내 여행을 선호하고 등산을 즐기는 고객에게 호텔 할인 쿠폰이나 공항 VIP라운지 무료 식권 같은 서비스를 제공한다면 형식적인 이벤트로 비쳐질 수밖에 없다. 할인 쿠폰 등 여러 가지 혜택을 제공하는 것도 좋지만 고객이 편하게 이용할 수 있도록 해주는 것이 기업 이미지에 더 좋은 영향을 미칠 것이다.

그리고 기업과 관련된 경제 교실 프로그램에 고객의 자녀들을 함께 초대하여 운영한다면 다음 세대들에게도 기업에 대한 좋은 인상을 심어줄 수 있을 것이다. 이 방법은 장기적으로 봤을 때 예비 신규 고객 확보에 도움이 된다.

마지막으로, 아무리 좋은 우수 고객 프로그램이 있어도 고객 본인이 우수 고객이라는 사실을 인지하지 못하면 아무 소용이 없으므로 우수 고객에게는 고객 자신이 우수 고객임을 인지할 수 있도록 다방면으로 노력해야 한다. 주소 정리 작업이라든지 문자 발송 또는 고객이 직접 회사로 연락해 왔을 때를 최대한 활용해야 하는 것이다. 또 이와는 반대로 우수 고객 서비스나 무료 서비스만 찾아서 이용하는 얌체 고객들도 있으니 운영의 효율성에도 신경을 써야 한다.

11

통신 빅데이터 분석

제조 회사의 설비 데이터나 기계 데이터를 제외하고 일반 민간 기업에서 빅데이터라고 할 만한 데이터를 보유한 곳은 통신회사들이 대표적이다. 통신회사들은 인터넷 사용 현황을 파악할 수 있는 웹로그 데이터와 검색어 데이터가 하루에도 상당량씩 쌓이고 있으며, 이를 가공한 후 개방된 공공 데이터와 결합하여 빅데이터 활용의 가시적 성과를 거두고 있다.

11장에서는 통신 데이터의 원천 데이터인 통화 데이터와 위치 데이터의 가공 과정을 살펴보고 활용 사례를 간단하게 살펴보고자 한다.

통신 데이터, 사용자의 성향과 행동 패턴을 분석할 수 있는 빅데이터 중의 빅데이터

통신사의 무선 통신 데이터는 데이터 활용 내역을 포함한 로그 데이터만 하루에 몇백 기가바이트(GB)씩 생성된다. 이 통신 데이터들은 이동 전화 서비스 가입자의 성향 또는 요금제에 따라 다양하게 분석할 수 있다. 그러나 가입자와 실사용자, 요금 납부자가 각기 다른 경우가 많고, 가입 당시의 고객 정보가 최신 정보로 업데이트가 안 된 경우도 많다. 따라서 실사용자 위주로 분석하는 것은 통신사의 새 상품 개발이나 마케팅 관점에서 실제 사용자들의 행동 패턴을 이해하는 데 중요한 의미가 있다.

다양한 각도의 통화 데이터 분석 예시

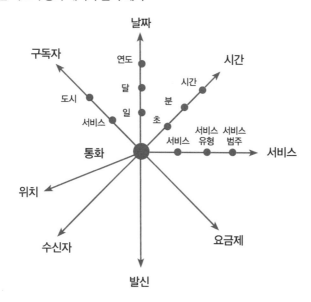

통신 데이터는 개인 정보와 관련 있는 것을 제외하면, 시간과 공간 정보, 그리고 통화의 발신과 수신 신호만 남는다. 개인 정보와 관련된 것은 개인정보보호 차원에서 사내 식별 번호만 남기고 처음부터 완전히 제외한다. 고객이 전화를 하거나 받으면 이에 대한 데이터는 CDR(Call Detail Record: 통화 내역 기록)로 자동 저장된다. 그리고 고객이 휴대폰으로 데이터를 사용한 위치 정보 데이터는 기지국에 잡히고, 그 로그는 시스템에 저장된다. 통신사의 통화 데이터(CDR)와 위치 데이터는 기본 구조가 간단하다.

다음은 통신사에서 수집하는 통화 데이터(CDR)의 로그 내용들이다.

- 발신 전화 번호(calling party), 수신 전화 번호(called party)
- 통화 시작 시간과 날짜(date and time)
- 통화량(call duration)
- 요금 정산 전화 번호
- 통화 기록 장비, 내부 고유 식별 번호
- 로밍 타입, 로밍 시간
- 서비스 타입, 서비스 코드, 서비스 요금
- 추가 요금 내역 및 번호
- 통화 연결 상태 코드
- 통화 타입(voice, SMS, etc.)
- 기타 통화 불량 코드

CDR 정보는 통신사 시스템에 따라 조금씩 다를 수도 있다. 예를 들면 통화량 대신 통화 마지막 시간의 타임 스탬프(time stamp)를 보내기도 하고, 전화 통화만 오간 경우에는 통화 타입을 생략하기도 한다.

위치 데이터는 고객이 무선 데이터나 통화 서비스를 사용한 시간대별로 위도와 경도 정보가 한 세트로 묶여 개별 식별 번호와 함께 저장된

▶타임 스탬프: 어느 시점에 데이터가 존재했다는 사실을 증명하기 위해 특정 위치에 표시하는 시각을 말한다. 공통적으로 참고하는 시각에 대해 시간의 기점을 표시하는 시간 변위 매개 변수이다.

다. 위치 데이터와 통화 데이터가 동시에 같은 시스템에서 지속적으로 생성되지 않는다면 두 파일을 매치하는 과정도 주의를 기울여야 할 부분이지만, 이와는 별개로 데이터의 일관성을 위해 회사 차원에서 비즈니스 규정을 사전에 정해 놓아야 할 것이다.

데이터 매치 과정에서 개별 식별 번호는 중요한 역할을 한다. 예를 들어 어느 날 한 고객이 버스를 타고 이동하면서 하루 종일 10차례 통화를 했다면, 10회라는 통화 횟수는 그날의 개별 식별 번호의 발신 빈도로 산정이 되고, 각각의 통화 위치는 위치 데이터베이스와 통화 데이터베이스의 개별 식별 번호와 통화 시간대, 위치 시간대를 서로 매치하여 파악한다. 따라서 위치 데이터베이스에서 통화 데이터베이스의 시간대와 매치되지 않는 개별 식별 번호 데이터는 단순히 모바일 데이터 사용 시간만 나타내는 위치 데이터들이다.

통화 데이터와 위치 데이터의 전처리 과정 살펴보기

CDR, 즉 통화 데이터를 기간을 정해 추출하여 활용한다고 해도 워낙 데이터가 크기 때문에 샘플링 작업을 통해 분석해야 한다. 이때

데이터의 다양한 속성을 고루 반영하려면, 층화 샘플 작업이 유용하다. 가령 위치 데이터를 활용하여 지역별 성향을 고루 반영하려면 지역별 코드를 사용하고 그 비율대로 층화 샘플을 활용하는 식이다. 분석에 사용할 데이터 세트가 정해지면 데이터 전처리를 진행한다.

▶ 통계학에서 층화 추출법 (層化抽出法, Stratified sampling)은 모집단을 중복되지 않도록 층으로 먼저 나눈 다음 각 층에서 표본을 추출하는 방법이다 ─ 위키백과에서 발췌.

다음은 통화 데이터(CDR) 전처리 내용을 임의로 정리한 것이다.

변수 이름	변수 설명
Local calling duration	단거리 발신 통화량
Local called duration	단거리 수신 통화량
Local calling number	단거리 발신 통화수
Local called number	단거리 수신 통화수
Roam calling duration	국제 로밍 발신량
Roam called duration	국제 로밍 수신량
Roam calling number	국제 로밍 발신수
Roam called number	국제 로밍 수신수
Long distance calling duration	장거리 통화 발신량
Long distance called duration	장거리 통화 수신량
Idle period local call duration	통화 시간 21:30~08:00 사이 통화량
Number of Short message	SMS 보낸 수
Number of multimedia message	SMMS 보낸 수
Number of call center	콜센터 통화수
Duration of call center	콜센터 통화량

Total number of calls	전체 통화수
Total duration of calls	전체 통화량
Call diameter	수신, 발신의 번호 수

이렇게 전처리한 변수들로 다시 다음과 같은 변환 변수를 만들 수 있다.

- MOU : 사용자의 평균 통화량
- Local call percentage: 단거리 통화(발신+수신) 사용 비율(Local call duration +Local called duration)/MOU)
- Long distance call percentage: 장거리 통화 사용 비율(Long distance call duration/MOU)
- Roam percentage: 국제 로밍 통화(발신+수신) 사용 비율(Roam calling duration+Roam called duration)/MOU)
- Idle period local call percentage:

    오프타임(밤 12시부터~새벽 6시까지) 단거리 통화 비율(Idle period local call duration/local call duration)
- Idle period long distance calls percentage:

    오프타임 장거리 통화 비율(Idle period long distance call duration/long distance call duration)
- Idle period roam call percentage:

    오프타임 국제 로밍 통화 비율(Idle period roam call duration/roam call duration)
- ARPU: 사용자 1인당 평균 사용 요금

이제 위치 데이터 전처리 과정에 대해 하나씩 살펴보자.

위치 데이터

무선 통신 위치 데이터는 다음과 같이 기록된다. 풀어서 설명하자면, 사용자 u가 t시간에 위도 x와 경도 y에 위치한다는 의미다.

Time	u_1	u_2	u_3	u_4	u_5
t_1	(x, y)	(x, y)	(x, y)	(x, y)	(x, y)
t_2	(x, y)	(x, y)	(x, y)	(x, y)	(x, y)
t_3	(x, y)	(x, y)	(x, y)	(x, y)	(x, y)
t_4	(x, y)	(x, y)	(x, y)	(x, y)	(x, y)
t_5	(x, y)	(x, y)	(x, y)	(x, y)	(x, y)

이해를 돕기 위해 임의로 위·경도 데이터를 넣어 예를 들면 다음과 같이 나타낼 수 있다.

Time	u_1	u_2	u_3	u_4	u_5
t_1	(21, 1)	(11, 11)	(21, 1)	(1, 1)	(1, 11)
t_2	(20, 2)	(12, 11)	(20, 2)	(1, 2)	(2, 11)
t_3	(11, 11)	(11, 11)	(11, 11)	(1, 1)	(11, 11)
t_4	(12, 11)	(12, 11)	(12, 11)	(1, 2)	(12, 11)
t_5	(21, 11)	(11, 11)	(1, 1)	(1, 1)	(1, 1)
t_6	(22, 12)	(12, 11)	(1, 2)	(1, 2)	(1, 2)
t_7	(11, 1)	(11, 11)	(11, 1)	(11, 11)	(11, 1)
t_8	(12, 2)	(12, 11)	(12, 2)	(12, 11)	(12, 2)
t_9	(35, 35)	(1, 1)	(35, 35)	(1, 1)	(35, 35)
t_{10}	(35, 35)	(1, 2)	(35, 35)	(1, 2)	(35, 35)
t_{11}	(35, 35)	(11, 11)	(35, 35)	(1, 1)	(35, 35)
t_{12}	(35, 35)	(12, 11)	(35, 35)	(2, 2)	(35, 35)

여기에서 고객 위치의 위·경도는 사용자의 실제 위치가 아니고 사용자 위치에서 가까운, 사용자가 사용하는 기지국의 위치이다. 모든 기지국은 각기 식별 번호를 가지고 있다. 그리고 사용자가 늘 같은 장소에 있

는다 하더라도, 항상 같은 기지국을 사용하는 것은 아니기 때문에 위치의 일관성을 위해서는 구역별 기지국 할당 작업이 필요하다.

위치 데이터의 패턴을 분석할 때 가장 먼저 해야 할 일은 사용자의 주거지 위치를 추정하는 작업이다. 주거지 위치가 정해져야 사용자의 움직임 패턴도 추정할 수 있기 때문이다. 예를 들어 사용자가 낮시간대에 상주하는 위치를 추정하거나 주말에 움직인 이동 거리 패턴을 추정할 때 주거지가 기준이 된다. 사용자의 주거지 위치는 고객 정보 데이터에서 고객이 입력한 주거지 데이터를 활용하는 방법도 있으나 이 정보는 개인 정보이고 또 정확하다는 보장이 없다. 따라서 아무런 기본 정보 없이 데이터 사용 시간과 위치만 가지고 주거지 위치를 추정해야 한다. 그러자면 먼저 가설을 세워야 한다. 다음은 필자가 사용자의 주거지 위치를 추정하기 위해 세웠던 가설이다.

1. 사용자가 23:30~07:00까지 집에 상주한다.
2. 주말(토요일, 일요일)에 주로 집에 상주한다.
3. 특히 일요일 21:00~월요일 07:00까지 집에 상주한다.
4. 주중 낮시간대(8:00~19:00) 직장 상주 위치와 주말 시간 집이나 휴식처의 상주 위치는 많이 다르다.

이러한 가설을 전제로, 해당 시간대에 사용자가 가장 많이 출현하는 위치를 주거지로 추정하면 기준 위치가 정해진다. 그리고 이 기준 위치의 위도, 경도로 사용자의 움직이는 반경을 계산할 수 있다.

사용자가 움직인 거리는 두 점 사이의 거리를 계산하는 유클리드 (Euclidean) 공식으로 계산한다. 만일 $l_1 = (x_1, y_1)$, $l_2 = (x_2, y_2)$라는 두 개의 위치 데이터가 있다면, 거리 d는 $d(l_1, l_2) = \sqrt{(x_1-x_2)^2+(y_1-y_2)^2}$ 이다. 실제 사용자가 움직인 거리는 도로나 교통 상황에 따라 다를 수 있으나, 정확한 거리 계산이 아니라 사용자 위치 간의 상대적 움직임을 계산하는 것이 목적이라면 간단한 유클리드 공식으로도 충분하다.

통화 데이터와 위치 데이터의 패턴 분석 과정 살펴보기

통화 데이터

실사용자의 통화 데이터(CDR)와 위치 데이터를 이용해 사용자들을 그룹화하고 각 그룹의 패턴을 분석해 특징을 찾아내면 마케팅 전략에 유용하게 사용할 수 있다. 다음 그림은 단거리 통화 사용량과 국제 통화 사용량을 극단적으로 단순화해 맵핑한 그래프로서, '짧은 통화' 그룹과 '긴 통화' 그룹으로 나눈 것이다. 이 그룹에 따라 마케팅 캠페인을 다르게 수행할 수 있다. 가령 '짧은 통화' 그룹에게는 가벼운 단순 패키지 서비스 계획을 캠페인하고, '긴 통화' 그룹은 국제 통화 캠페인이나 좀더 종합적인 패키지 서비스 계획을 추천하는 캠페인을 하는 것이 효과적일 것이다. 이는 지극히 단순화한 예시지만, 이를 응용하여 활용할 수 있는 방법은 다양하다.

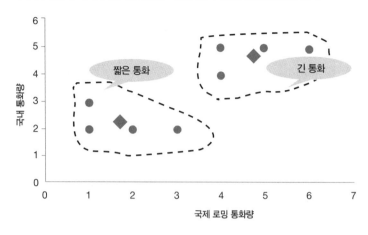

국내 통화량과 국제 로밍 통화량을 기준으로 구분한 단순 그룹화 예시

짧은 통화

긴 통화

국내 통화량

국제 로밍 통화량

　다음은 독립 변수를 여러 개 투입하여 그룹화한 예이다. 그룹화를 위해 알고리즘은 K-Means를 사용했고, 3개의 그룹으로 나누었다. 그룹 1은 장거리 국제 통화가 잦고 많은 수의 사람들과 통화를 하는 그룹이다. 그룹 2는 단거리 통화가 많고 요금 절약을 위해 SMS 문자를 많이 사용하고 주로 늦은 밤시간에 통화하며 비용이 적게 드는 요금제를 이용하는 절약형 그룹이다. 그룹 3은 아주 적은 수의 사람들과 통화하며 최소 요금을 내는 절약형이며, SMS는 거의 사용하지 않는다. 아마도 그룹 3은 나이가 많은 고연령층일 가능성이 높다. 그룹 2는 보통의 일반인 중에서도 SMS를 많이 사용하는 젊은층일 가능성이 높고, 그룹 1은 국제 통화를 많이 하는 사람들로 이루어진 그룹일 것이라 추측된다.

통화 데이터(CDR)를 활용한 그룹화 예시

항목	전체 고객	그룹 1	그룹 2	그룹 3
ARPU(평균 사용 요금)	75.23	379.56	77.96	19.27
MOU(사용자의 평균 통화량)	316.65	1122.58	418.25	81.34
Local call percentage (단거리 통화 사용 비율)	89.52	37.98	96.04	97.58
Long distance call percentage (장거리 통화 사용 비율)	4.98	28.73	1.67	0.96
IP call percentage (인터넷 프로토콜 통화 비율)	3.33	9.45	1.42	0.79
Roam percentage (국제 로밍 통화 사용 비율)	2.17	23.84	0.86	0.67
Idle period local call percentage (오프타임 단거리 통화 비율)	10.92	7.89	17.56	15.12
Idle period long distance call percentage(오프타임 장거리 통화 비율)	9.85	6.78	11.12	19.23
Idle period roam call percentage (오프타임 국제 로밍 통화 비율)	7.84	5.71	10.98	18.34
GPRS traffic volume (평균 연결 신호 시간)	0.05	0.15	0.08	0.01
Number of short message (문자 메시지 개수)	46.09	89.65	226.34	6.89
콜센터 전화 통화 시간	0.18	0.16	0.19	0.02
전체 전화 수(전체 수신, 발신 번호 수)	123.73	287.89	131.56	38.76

그룹화할 때는 같은 데이터라도 다음과 같이 다양하게 그룹을 묶어낼 수 있으므로 현업의 목적에 따라, 현업의 현황에 맞게 한다.

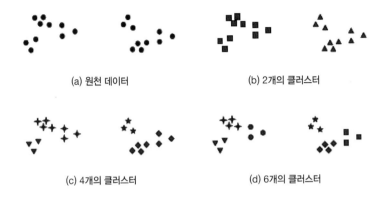

동일 데이터의 다양한 클러스터 예시

(a) 원천 데이터   (b) 2개의 클러스터

(c) 4개의 클러스터   (d) 6개의 클러스터

위치 데이터

위치 데이터는 거주지를 기준으로 이동 평균 거리를 추측할 수 있으면 그룹화가 가능하다. 예를 들어 주말에 거주지에서 거의 움직이지 않는 그룹과 자주 장거리 여행을 가는 그룹으로 나눌 수 있다. 주중 이동 거리도 마찬가지로 세분화가 가능하다. 만일 주중에 대부분의 시간을 거주지에 머무르는 그룹이라면 자택 근무를 하거나 직장이 없는 사람일 가능성이 높다. 또 다른 방법으로 위치와 통화 데이터를 통합하여 사용자들을 그룹화할 수도 있다. 예를 들어 상대적으로 움직이는 거리가 길고 통화량이 많으며 다양한 사용자와 통화하는 그룹이 있다면, 이 그룹에 속한 이들은 보험과 같은 영업에 관여하는 사람들이거나 택배와 관련된 일을할 가능성이 높다고 추측할 수 있다.

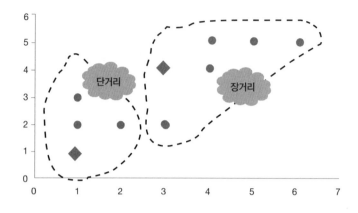

거주지 위치(0)를 기준으로 한 주말 이동 평균 거리 그룹(X, Y) 예시

또한, 기지국 단위는 너무 작은 셀이라 작업이 힘들지만 이보다 조금 큰 소지역을 단위로 삼아 그 소지역 안에 위치한 기지국에 잡히는 사용자의 빈도를 표준화(가중치 작업)하여 소지역 단위의 유동 인구 산출도 가능하다. 빈도를 표준화하는 이유는, 실제 유동 인구가 기지국에 다 잡히는 것은 아니기 때문에 전체 대비 상대적 비율 지수를 사용하기 위함이다. 이런 식으로 유동 인구 지수를 시간대별로 세분화하여 현업에 활용할 수도 있다.

연관 분석

위치 데이터는 샘플 데이터를 추출하여 연관 분석(Association analysis)도 가능하다. 원천 데이터 자체가 워낙 큰 빅데이터이기 때문에 아직까지는 전체 데이터에 이 알고리즘을 사용하여 데이터 처리를 하기에는 많은 어려움이 있다.

연관 분석은 장바구니 분석으로도 불린다. 마트에서 고객이 구입한 상품들의 연관 관계를 분석하는 방법을 통신 데이터 사용자들이 특정 장소로 이동하는 움직임의 연관 관계를 분석하는 데 활용할 수 있다.

예를 들어 서울시에서 가장 많은 사람들이 방문하는 장소 사이의 이동 경로에 대한 연관 관계를 분석한다고 해보자. 가장 방문이 많은 장소가 강남, 명동, 홍대, 신촌, 이렇게 4곳이라고 할 때 다음과 같이 임의의 샘플 데이터를 만들고, 사용자들이 방문한 빈도를 세어 최소한 3번 이상 방문한 곳만 선택한다고 하자.

먼저 고객 식별 단위로 나열되어 있는 통화 데이터 파일에서 아래의 임의 샘플 데이터처럼 사용자가 방문한 장소만 추출하여 이동 경로를 재구성해서 데이터 세트를 만든다.

임의 샘플 데이터의 예

U1: {(강남 → 명동 → 홍대 → 신촌), (강남 → 명동 → 홍대 → 신촌)}

U2: {(명동 → 홍대 → 강남 → 명동), (명동 → 강남 → 명동)}

U3: {(강남 → 명동 → 홍대 → 신촌), (강남 → 명동 → 홍대 → 신촌)}

U4: {(홍대 → 명동 → 홍대 → 강남 → 명동 → 홍대)}

U5: {(강남 → 명동 → 홍대 → 신촌), (강남 → 명동 → 홍대 → 신촌)}

임의 샘플 데이터에서 임의의 사용자(U)가 방문한 장소들의 결합을 조합해 경우의 수로 나타내면 총 12가지가 된다. 그리고 각각 방문한 장소의 빈도는 테이블 1과 테이블 2이다. 이제 12가지 경우의 수가 각각 일

어날 확률을 계산하면 된다. 예를 들어 {강남 → 명동 → 홍대}로 갈 확률 (confidence)은 {강남 → 명동 → 홍대}의 모든 발생 빈도 나누기 {강남 → 명동 → *}이며, *은 다음에 갈 수 있는 모든 장소, 즉 예측 가능한 모든 경우를 나타낸다. 이런 식으로 사용자들이 주로 이동하는 경로에 대해 기준 지역 단위별로 분석이 가능하다. 이렇게 분석된 결과는 선거 유세 차량 배치 위치라든지, 대형 광고 현수막 위치를 선정하는 데 활용할 수 있을 것이다.

테이블 1. 가능한 연결 장소 2곳 빈도(support)

{강남 → 명동} 9

{강남 → 홍대} 0

{강남 → 신촌} 0

{명동 → 강남} 1

{명동 → 홍대} 9

{명동 → 신촌} 0

{홍대 → 강남} 2

{홍대 → 명동} 1

{홍대 → 신촌} 6

{신촌 → 강남} 0

{신촌 → 명동} 0

{신촌 → 홍대} 0

테이블 2. 가능한 연결 장소 3곳 (support) 빈도: 연결 장소 3곳 중 가장 많은 사용자가 이동한 경로

{강남 → 명동 → 홍대} 6

{명동 → 홍대 → 신촌} 6

서울시 심야 버스 운행 노선 최적화

2013년 상반기에 통신 데이터를 활용하여 서울시에서 심야 버스 운행 노선을 최적화하였다.

서울시 심야 버스 노선도

서울시는 심야 버스 노선 최적화를 위해 KT의 통화 데이터를 사용했다. 우선 0시부터 새벽 5시 사이의 심야 시간대 통화 건수를 기지국 단위로 빈도 산출하고, 다시 요금 청구 내역서상의 주소지를 목적지로 정하여 빈도를 산출했다. 이 빈도 통계와 기지국 GIS(지리 정보 시스템)에 주소지 위치 좌표를 탑재하여 버스 노선대로 정류장들을 연결하였다. 그리고 버스 정류장 반경 1km 내의 빈도들을 소지역(작은 Cell Block) 단위로 합산하여 가중치를 부여하고 가중치의 정도에 따라 버스 노선의 두께를 목적지 합산으로 정해 지도 위에 올려 시각화하여 분석했다.

서울시 심야 버스 노선 최적화 사례는 빈도와 시각화를 잘 활용한 분석 사례이다. 다시 말해 복잡한 고급 분석 알고리즘을 사용하지 않고도 기초 통계만으로 충분히 문제를 해결할 수 있다는 것을 보여준 좋은 사례였다.

12

부정 불법 감지

부정 또는 불법 사용이나 소유는 금융, 소비 유통, 제조, 통신, 조세, 관세, 의료 등 분야를 가리지 않고 어디든 존재한다. 금융만 예를 들더라도 자금 세탁, 신원 위조, 내부 직원의 불법 행위, 보험 사기, 신용카드 불법 사용 및 불법 발급 등 다양한 형태로 나타나며, 그 기법도 갈수록 첨단화되고 지능화되고 있다. 12장에서는 이들 부정, 불법, 사기 감지를 위한 데이터 분석 기법을 살펴보고자 한다.

부정 불법 사고로 매년 매출액의 평균 5% 손실, 기업 이미지에도 치명적 타격

시장 조사 업체인 포레스터(Forrester)에 따르면, 세계적으로 소매 유통 업체들이 매년 2,000억 달러에서 2,500억 달러를 부정이나 불법 사고로 손실을 본다. 그리고 은행, 보험 등 금융기관들도 부정 불법으로 인한 손실액이 매년 120억~150억 달러에 달한다고 한다. 이를 매출액 대비 비중으로 환산하면 회사 전체 매출액의 평균 5% 정도를 차지하는데, 이중 7%는 우연한 사고로 발견한 경우이다.[1] 부정, 불법으로 인해 사고가 나면 직접적인 손실도 있지만 그것으로 인한 파생 손실도 무시할 수 없다. 부정, 불법 감지와 방지를 위한 비용 지출은 기본이고, 비즈니스를 다시 원상 복구하는 비용과 기회비용까지 더하면 직접 손실의 몇 배가 될 수도 있다. 특히 소셜 미디어가 발달한 요즘에는 부정, 불법 소식이 일파만파로 번져나가 기업이나 조직 이미지에 치명적인 타격을 줄 수도 있다.

부정이나 불법의 동기는 돈이나 정보를 목적으로 한 경우도 있지만 권력이나 명성, 종교적인 이유도 있다. 다양한 이유만큼이나 방법도 다양하다. 그러나 부정 불법 관련 적발 건수나 실제 사고율은 전체 데이터 집단에 비해 아주 극소수이기 때문에 샘플링 조사 방식은 비효율적인 경우가 많다.

전체 데이터 집단이 워낙 커서 전체 조사가 어려운 경우에는 빅데이터

---

1 미국 부정 불법 시험 인증 협회(Association of Certified Fraud Examiners) 조사 결과.

기술을 활용해 영리하고 창의적인 방법으로 데이터 분석을 한다면 효율적인 결과를 얻을 수 있을 것이다.

일반적으로 부정이나 불법 감지 방법을 개발하는 데는 여러 가지 어려움이 있다. 감지된 데이터의 결과를 입수하기 어렵고, 실제 운영 데이터는 큰 데 비해 감지된 데이터는 너무 작고 투입해야 할 변수들도 너무 많다. 가장 큰 문제는 부정, 불법의 방법이 계속해서 진화한다는 것이다. 한 번 사용한 방법을 또 사용하지 않는 경우가 많고 운영 시스템도 계속해서 발전하기 때문에 그때마다 업데이트해야 하는 어려움이 따른다. 그뿐만이 아니다. 데이터의 타입도 숫자뿐만 아니라 이미지나 신호, 텍스트 또는 네트워크일 수도 있다. 데이터 소스도 다양한 곳에서 통합한 데이터를 사용해야 하는 경우가 많다. 이런 점에서 볼 때 부정 불법 부분은 빅데이터 기술의 혜택을 많이 볼 수 있는 영역이라 할 수 있다.

가트너는 2013년에 보안 및 부정 불법 감지에 약 8%의 회사만이 빅데이터를 활용하고 있으나 2016년에는 25%의 글로벌 회사들이 빅데이터와 데이터 과학을 활용할 것이라 예측했고, 현업 적용 후 6개월 안에 긍정적인 효과를 볼 것이라고 예견했다.

부정 불법 감지를 위한 데이터 분석 방법론 4가지

남의 눈에 띄지 않기 위해서 온갖 노력을 다하는 부정 불법 관련 데이터의 특성상 부정 불법과 정상(Fraud/Non fraud)을 구분하기 쉽지 않은 경우가 많다. 또한 데이터 구조가 비선형에 오염되어 있는 경우가 많고 제대로 관리되지 않은 데이터가 많아 난이도 높은 기술과 지식이 요구된다. 이를 감안하여 분석하되 어떤 분석 방법을 적용하든 그 목표는 정확한 예측과 부정확한 예측을 이해할 수 있는, 또는 받아들일 수 있는 수준으로 유지하는 것이다. 여기에서 정확도 높은 예측이란 감지되지 않은 사건과 오류 경고를 최소한으로 줄이는 것을 말한다.

다음 표에서는 영역 B와 C를 최소로 줄이는 것이 목적이 된다. 다만, 실제로는 모든 경우의 사건이 알려지지 않는 것이 일반적이라 분석 과정에서 주어진 샘플 데이터의 확률을 가지고 계산된다.

구분	부정 불법 예측	정상 예측
실제 부정 불법	T(예측 정상) – A영역	F(예측 오류) – C영역
실제 정상	F(예측 오류) – B영역	T(예측 정상) – D영역

위에서 말한 오류 경고는 B영역에서 실제로는 정상이지만 부정 불법으로 예측하는 경우에 생기고, C영역에서 실제로는 부정 불법인데 정상으로 분류하는 경우에 생긴다. 이런 오류 결과가 현업 비즈니스에 끼치는 심각성에 따라서 분석 방법도 달라진다. 보통은 부정 불법 감지율, 경고 오류율, 그리고 감지에 걸리는 평균 시간 등을 주요 지표로 사용해 분석 방법을 선택하되 감지율을 최대한 높이고 경고 오류는 최소한으로 줄이는 것을 목표로 작업한다.

즉 현업에서는 A영역을 최대한 예측해 내고 B영역에 대한 예측을 최소로 하기 위해 노력해야 하는 것이다. 그리고 실제 감지 시스템에 들어가는 시간과 비용도 감안하여 목표 작업을 선정한다.

앞에서도 언급했지만 데이터의 특성상 어떤 하나의 방법만 사용해서는 만족할 만한 예측을 얻기 어렵다. 리처드 윌러(Richard Wheeler)와 스튜어트 에이컨(Stuart Aiken)의 '불법 감지를 위한 결합 알고리즘'(Multiple Algorithms for Fraud Detection)에 의하면 한 가지 알고리즘만을 사용한 예측보다 몇 개의 알고리즘을 결합한 알고리즘이 16% 이상 예측률이 더 높게 나타난다고 한다. 각각의 방법에 따른 장단점이 있기에 이들을 서로 보완하는 방법을 선택하는 것이 최선이다.

주로 사용하는 방법에는, 규칙을 기준으로 감지하는 방법(Rule Based)과 분석 모델을 활용하는 방법 그리고 이상치 감지 방법(Anomaly detection)이 있다. 최근엔 이상치 감지 방법 중 하나인 소셜 네트워크 분석 방법(Social network analysis)을 많이 활용하기도 한다.

규칙 기준 감지 방법

규칙 기준 감지 방법(Rule Based)은 과거 부정 이력에 대한 전문적인 지식이 필요하고 이미 잘 알려진 형태의 사건을 찾아내는 데 아주 효과적이다. 그 한 예가 바로 'KT ENS 거래 업체 대출 사기' 사건 적발이다. 요컨대 금융감독원(금감원)의 저축은행 상시 감시 시스템에 BS저축은행의 동일 차주(대출인) 한도 초과 정황이 포착돼 사기 대출의 전모가 드러난 사건이다. 동일 대출인(차주)에게는 자기자본의 25%를 초과해 대출해 줄 수 없는데 KT ENS에서 회사 이름만 다른 복수의 SPC(특수목적법인)를 내세워 한도 이상의 대출을 받아간 것이 저축은행 상시 감시 시스템에 포

착되었다고 한다.[2]

사기 대출 외에 법인 카드 부정 사용 감지 같은 경우에도 2개의 비슷한 거래가 같은 카드로 다른 장소에서 동시에 사용되는 경우, 단기간에 보통보다 큰 액수가 여러 번 인출되는 경우, 작은 액수지만 너무 빈번히 수시로 거래되는 경우 등 예전부터 있어왔던 수법은 시스템상으로 얼마든지 감지가 가능하다. 그러나 규칙 기준 감지 방법은 새로운 형태로 진화된 사건이나 그 방법이 알려지지 않은 사건은 찾아내기가 쉽지 않다.

분석 모델 활용 방법

과거에 이미 부정 불법으로 알려진 데이터(supervised)가 존재한다면 분석 알고리즘을 사용해 비슷한 사건들을 효과적으로 찾아낼 수 있다. 많이 사용하는 알고리즘은 로지스틱 회귀 분석(logistic regression), 의사결정 나무(decision tree), K-NN(k-nearest neighbor), 래디얼 베이시스 커널스 SVMs(radial basis kernels SVMs), 랜덤 포레스트(Random forests) 등이 있다. 이 알고리즘들은 카드 불법 사용이나 관세 부정 신고 적발 등에 실제로 활용되고 있다. 다만 새로운 기법을 사용한 사건은 포착하기가 쉽지 않은 한계가 있다.

---

2 〈상식적 질문 하나가 3000억 대출 사기 잡아냈다.〉, 《머니투데이》, 박종진 기자, 2014-02-13.

이상치 감지 방법

이상치 감지 방법(Anomaly detection)은 과거 사례가 알려져 있지 않은 데이터(unsupervised)에 주로 사용하는데, 새로운 기법의 부정 불법 사건을 감지하는 데는 효과가 있으나 기존 기법을 감지하는 데는 비효율적이다. 그리고 과거 부정 이력 데이터에 대한 지식을 요구하지 않아서 기존의 정상적인 행동을 우선적으로 걸러내는 작업에 주로 사용되며, 규칙 기준 감지 방법이나 분석 모델 활용 방법 또는 소셜 네트워크 분석 방법의 선행 작업으로도 진행된다. 주로 기초 통계, 군집 분석, 주성분 분석 등으로 분석한다.

소셜 네트워크 분석 방법

소셜 네트워크 분석 방법은 이상치 감지 방법 중의 하나로 데이터 상호 간의 연결관계 패턴을 시각화하여 부정 불법을 찾아내는 기법이다. 사건이나 사람의 연결관계에 존재하는 특이한 패턴을 찾아내는 것이 장점이며, 최근에는 보험 사기나 테러리스트 적발, 가짜 석유 판매 적발에 활용하기도 한다. 예를 들어 어떤 보험 회사의 전체 고객이 수령하는 평균 보상 액수나 빈도보다 훨씬 높은 빈도와 액수로 보험금을 수령하는 계약자가 있다면, 이를 둘러싼 사용자들의 관계를 시각화하여 보험 사기 여부를 조사해 볼 필요가 있다.

소셜 네트워크 분석 방법은 소셜 미디어의 관계 정보와 무선 통신 데이터의 통화 연결 패턴 분석에도 사용되어 마케팅에도 활용되는 기법이다.

소셜 네트워크의 일반적 구조를 살펴보면, 객체(node. 예를 들면 사람 또는 사물, 장소)가 있고 그 객체들 간의 관계(link)가 있다. 한 사람을 중심으로 연결된 다수의 사람들은 1개의 허브(hub)이고, 비슷한 구성체가 집단으로 모여 있으면 군집(cluster)이다. 그리고 핵심 또는 중심(Core)을 따라 연결되어 있는 핵심 그룹과 주변 위성그룹(Periphery)으로 분류할 수 있다.

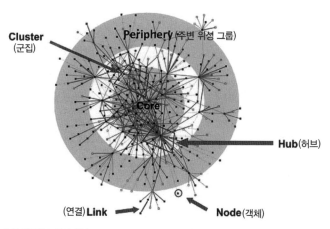

소셜 네트워크 구조 예시

한 객체의 그룹 내 역할과 영향력을 측정하는 방법은 다음과 같다.

소셜 네트워크의 '역할과 영향 유형'

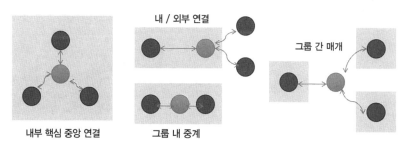

소셜 네트워크의 '역할과 영향 유형'

• 내부 핵심 중앙성(Degree Centrality): 각 객체가 자신이 속한 그룹 내에서 얼마나 많은 객체와 연결되어 있는지를 측정함으로써, 해당 객체가 그룹 내에서 얼마나 핵심적인 역할을 하고 있는지 추정한다. 관계의 방향에 따라서 내향성, 외향성, 쌍방향성으로 구분한다. 내부 핵심 중앙성의 정도가 높을수록 그룹 내 연결자로서 더 활발한 역할을 하며, 다른 객체들보다 덜 종속적이다.

• 그룹 내/외 연결성(Betweenness Centrality): 그룹 내/외 연결 정도는 객체가 그룹 내/외로 연결하는 능력을 나타내며, 연결도가 높으면 그 객체는 그룹 내/외로 영향력이 높다는 것을 나타낸다.

• 그룹 내의 접근성(Closeness centrality): 그룹 내의 접근성은 한 객체가 그룹 내에서 얼마나 빠르게 또는 짧은 거리에 그룹 내 다른 객체에 도달하거나 접근하느냐를 측정한다.

• 그룹 내 핵심 중앙 위치값(Eigenvalue): 그룹 내의 관계에서 객체가

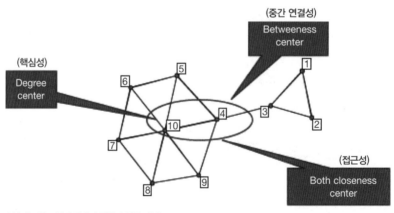

소셜 네트워크 연결 관계의 영향과 역할 예시

다른 객체들에 얼마나 가까이 존재하는가, 즉 얼마나 핵심 중앙에 위치하는가를 측정한다. 높은 수치는 그 객체가 다른 객체들 사이에서 주요 패턴으로서 더 핵심 중앙에 자리하고 있음을 나타낸다.

소셜 네트워크 분석 방법에서 중요한 것은 의사 결정에 미치는 영향력과 역할 측정의 임계치(threshold)를 정하는 일이다. 예를 들면 보험에서 보상 청구 액수가 평균치를 얼마만큼 벗어나야 큰 액수(이상치)로 볼 것인가를 정하는 일을 말한다. 임계치를 결정하기 위해서는 현업의 전문 지식과 기초 통계, 클러스터, 주성분 분석 등의 이상치 감지 방법을 활용한다.

다음 그림은 소셜 네트워크 분석 방법을 활용하여 테러리스트들의 연결 패턴을 시각화한 것이다. 연결된 객체가 많은 인물일수록 영향력이 높은 인물임을 알 수 있다.

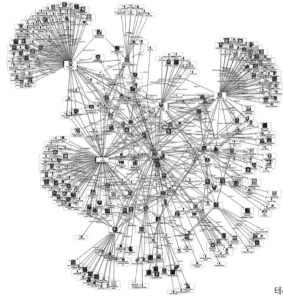

테러리스트 연결관계 패턴 예시

소셜 네트워크 분석 툴로는 데이터의 양이 적으면 R을 사용해도 되지만, 데이터가 대용량이라면 상용 툴을 사용해야 한다. 소셜 네트워크 분석 상용 툴은 한국 회사인 사이람(cyram)의 넷마이너(NetMiner)가 해외에서도 많이 사용되고 있다.

13

프랜차이즈 신규 가맹점,
매출 추정과 최적의 영업권 설정

자영업은 중소기업의 모태가 되기 때문에 자영업 사업체의 건전성과 안정성은 국가 경제에서 중요한 역할을 한다. 13장에서는 개인사업자의 창업·폐업 현황을 살펴보고, 프랜차이즈 창업을 비롯한 창업 준비 과정에서 가장 중요한 과제인 합리적인 매출 추정 방법을 데이터 분석적 방법으로 살펴보고자 한다.

창업 후 3년 안에 50%가 문을 닫는 자영업 시장에서 살아남으려면?

창업 후 3년 안에 약 50% 업체가 휴업·폐업을 한다고 한다. 개인사업체가 3년을 넘기지 못하는 이유는 창업한 업종의 주력 상품이나 서비스가 핵심 경쟁력을 갖추지 못해서이다. 남들과 차별화되지 않은 상품과 서비스를 3년 이상 애용해 줄 고객은 없다. 요즘같이 구매 감각이 예민한 고객들을 상대하기 위해서는 무언가가 확실히 달라야 한다. 만약 제대로 창업 준비를 했는데도 1년 이후 또는 2년 이내에 폐업했다면, 홍보나 영업 부족이 원인일 것이다.

개인사업자 기간별 휴업 · 폐업률과 원인

휴 · 폐업 시기	휴 · 폐업률	휴 · 폐업 원인
6개월 이내	7.5%	자금 부족
1년 이내	18.5%	창업 준비 부족
2년 이내	36.2%	광고, 홍보, 영업 부족
3년 이내	46.9%	업종 주력 상품의 핵심 경쟁력 부족
5년 이내	59.5%	경영 혁신 및 주력 상품의 혁신 부족
7년 이내	67.8%	업종 주력 상품 수명 마감

자료: 2012년 KB금융경영연구소
(휴업 · 폐업 원인은 데이터 분석이나 조사 자료가 아닌 필자의 경험으로 추측한 자료이므로 참고만 하기 바랍니다.)

위 분석 자료를 보면, 개인이 사업을 시작해 살아남는 것이 결코 쉽지 않은 일임을 알 수 있다. 그래서 자금 여유가 있는 사람들은 경영 정보나 경험을 제공하는 프랜차이즈를 선호한다. 물론 프랜차이즈라고 해서 문제가 없는 것은 아니다. 잘 알다시피 가맹본부의 불공정 거래 행위로 인한 가맹자들의 피해 사례가 적지 않게 발생하고 있다. 이에 따라 최근 국회에서는 프랜차이즈 문제를 개선하기 위해 가맹 사업 거래의 공정화에 관련된 법률을 개정했다(2013년). 이번에 개정된 법은 가맹본부와 가맹사업자 사이에 대등한 지위를 보장하기 위해 가맹본부에 정보 공개 의무를 부과하고 있는데, 개정법 내용을 살펴보면 다음과 같다.

'정보공개서의 제공 의무'에 대해 가맹본부가 정보공개서를 제공할 시 가맹희망자의 장래 점포 예정지에서 가장 인접한 10개의 상호, 소재지 및 전화번호가 적힌 문서를 함께 제공하도록 하였다. 또한, 가맹본부는 가맹희망자에게 예상 매출액의 범위와 그 산출 근거를 서면으로 제공하도록 하여, 구두로 예상 매출액을 과장되게 제공하는 것을 방지하도록 했으며, 정보공개서 기재사항에 가맹본부와 그 임원이 '약관의 규제에 관한 법률'을 위반한 경우를 추가하여 그 내용을 기재하도록 하고, 등록이 취소된 가맹본부의 명단을 공정거래위원회가 공개할 수 있도록 하였다. 이로 인해 연매출 200억이 넘거나 가맹점 수가 100개 이상인 프랜차이즈 본부는 예상 매출액, 산출 근거, 기대 수익을 담은 자료를 가맹희망자에게 문서로 제공하고 5년간 보관하여야 한다.1

즉, 이제 가맹본부는 프랜차이즈 가맹희망자가 창업하길 원하는 지역의 기대 수익과 예상 매출액의 산출 근거를 제시하여 문서로 남겨야 한다.

---

1 〈가맹 사업 거래의 공정화에 관한 법률 개정, 14일 발효⋯⋯ 무엇이 달라지나〉, 《한국 아이닷컴》, 이동헌 기자, 2014-02.

창업 전 합리적인 매출 추정으로 손익을 따져보자

프랜차이즈 창업을 하기 전에 상권 내 수요와 입지 환경에 맞는 매출 추정을 하여 손익 계산을 따져보는 것은 창업 준비의 기본이자 아주 중요한 부분이다. 이제 그 매출 추정 과정을 살펴보자.

매출 추정 과정

먼저 상권을 설정한 후 그에 관한 정보를 수집하여 매출액을 추정한 다음 투자금과 비용을 계산하여 수익성을 분석한다. 그리고 마지막으로 추정된 자료를 바탕으로 최적의 우량 입지를 선정하고 관리한다.

매출 추정 프로세스

초기에 상권 후보지가 임의로 선정되면 사업의 타당성 검토를 위해 제일 먼저 경쟁 관계 분석을 한다. 일차적으로 경쟁 매장의 위치를 파악하고, 기타 비슷한 경쟁점을 파악한다. 다음으로 도보 도달 시간, 경쟁점과의 거리, 버스/지하철역 등의 위치를 파악해 접근성과 가시성을 조사한다. 그리고 상권 유형 분석이나 주 고객 위치 파악을 위한 상권 특성 분석을 하고, 마지막으로 입지 유형별 분석을 한다.

상권 정보를 수집, 분석할 때는 다음 내용들을 주로 추출한다.

상권 정보 추출
• 상권, 지역 정보/경쟁점 매출 분석(상권의 변화 예측)
• 업종 특성 분석
• 잠재 고객 분석 (세대 수, 세대 특성, 거주 형태, 소비 지출 형태, 유동 인구 특성 파악)
• 부동산 시세 분석
• 개발 예정 정보 분석
현장 조사 결과 입력(입지)
• 횡단보도 등 접근성
• 보도 상태, 주변 환경
• 건물 특성
• 홍보 효과: 가시성 등
• 매장 특성

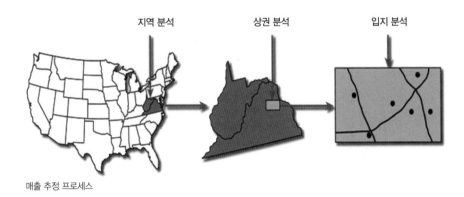

지역 분석   상권 분석   입지 분석

매출 추정 프로세스

　세밀한 입지 조사와 입지 유형을 그룹화하는 것 외에도 매장의 점포 이력과 근처의 유동 인구를 조사하여 업종의 특성에 맞게 반영하는 것도 매출 추정의 정확도를 높이는 데 중요한 요소이다. 유동 인구는 업종에 따라 중요도가 달라지기 때문에 그에 맞게 참고해야 한다. 편의점과 일반 음식점 같은 업종은 유동 인구의 수와 특성이 중요하지만, 고난도의

기술을 요하는 고급 음식점이나 고급 뷰티숍이라면 유동 인구에 영향을 덜 받을 수 있기 때문이다. 이들은 잠재 고객 확보를 위해서 유동 인구보다는 가시성과 접근성에 더 관심을 두어야 한다. 차량 안이나 도로에서 봤을 때 점포가 눈에 잘 띄고 찾아가기 쉬워야 하는 것이다.

매출 추정 과정에서 가장 크게 비중을 두고 많은 시간을 할애해야 하는 것은 데이터 수집 과정이다. 필요한 변수를 선정하고 어떻게 이 변수들을 수집해야 할지 시간을 두고 계획을 세워 수행해야 진행상 무리가 없다.

매출 추정 방법 3가지

매출 추정에 필요한 변수들이 수집되었으면 본격적인 매출 추정에 들어간다. 먼저 데이터 전처리를 하고 ① 전통적인 방법이나 ② 지리 정보를 활용한 중력 모형, ③ 통계 방법의 회귀 모형을 활용하여 매출 추정을 할 수 있다.

전통적 방법

전통적인 매출 추정 방법은 객단가로 추정하는 방법과 시장 점유율로 추정하는 방법이 있다. 먼저 객단가로 추정하는 방법은, 매장에 몇 명이 방문해 평균 얼마를 소비할 것인가를 파악하는 작업으로 '고객수 × 객단가 = 매출'로 추정하고, 요식업 및 서비스업의 경우 회전율을 조사해 '테이블/좌석수 × 회전율'로 계산할 수 있다.

좀더 구체적으로 살펴보면, 매장에 방문할 가능성이 있는 잠재 고객의 수를 파악한 후 그중 몇이나 실제 매장에 방문할 것인지, 방문자가 평균 얼마를 소비할 것인지 파악해 매출을 예측한다. 고객의 수를 파악하는 방식은 다양한데, 여기에서는 다음 두 가지 방법을 소개한다.

1) 매장 앞 유동 인구 수 중 매장 방문/구매 고객의 비율을 조사한다.

2) 입점한 건물(대형) 내 종사자 수 중 매장 방문/구매 고객의 비율을 조사한다.

시장 점유율로 추정하는 방식은 '총 시장 규모 × 시장 점유율'이며, 매장이 위치하는 상권의 총 시장 규모를 파악한 후 경쟁점과의 경쟁력에 비추어 매출을 예측하는 방법이다. 시장 점유율을 파악하는 방식도 다음과 같이 여러 가지가 있다.

1) 총 시장 규모를 직접/간접 경쟁점의 수를 기준으로 분배하는 방식

2) 소매의 경우 경쟁점과 분석 대상 매장의 매장 면적 비율을 비교하는 방식

3) 요식업/서비스업의 경우 경쟁점과 분석 대상 매장의 테이블/좌석 수를 기준으로 분배하는 방식

4) 직접/간접 경쟁점의 종업원 수를 기준으로 분배하는 방식 등

중력 모형 방법

매장의 규모가 크거나 업종 특성상 상권의 범위가 큰 매장, 특정 업종의 업소가 집중된 지역의 매장 등에 적용하기 좋은 모형이나, 통계적 예측 오차가 얼마나 존재하는지 알 수 없다는 단점이 있다. 대표적인 모형은 레일리 모형에 기초한 허프(Huff) 모형이며 공식은 다음과 같다.

$$P_{ij} = \frac{S_j \div T_{ij}^{\ b}}{\sum\limits_{j=1}^{n} S_j \div T_{ij}^{\ b}}$$

Pij = 고객이 정해진 지점 i에서 출발하여 특정 가맹점 j까지 도달할 확률
Sj = 특정 가맹점 j의 크기
Tij = 고객이 시작점에서 가맹점까지 도달하는 데 걸리는 시간이나 거리
b = 다양한 가맹점에 효율적으로 도착하는 시간을 반영한 Tij에 대한 가중치

다음은 중력 원리를 이용한 매출 추정 방법의 종류를 표로 정리한 것이다(중력 모델은 통계적 예측 오차가 얼마나 존재하는지 알 수 없다).

중력 원리를 이용한 매출 추정 방법의 종류

레일리	• 시간/거리에 반비례
캔버스	• 레일리에 동의하나 거리에 따라 점유율이 급격히 달라지는 지점이 존재. 시간/거리 기준의 상권 분기점 개념 필요
허프	• 매장 면적, 시간/거리, 교통 조건을 기준으로 계산
드레즈너	• 허프에 동의하나 여러 개의 경쟁점을 고려한 모델 필요
확장모델 1	• 허프에 동의하나 거리와 매장 면적뿐 아니라 상품의 가격, 구색, 상품의 품질 및 매장 면적, 연면적, 주차대수를 추가해서 모델 개량 필요 • 기존 시설의 점유율 모델과 신규 시설의 점유율 모델 구분
확장모델 2	• 확장모델 1에 동의하나 계산에 포함할 항목은 설문조사를 통해 파악하고, 각 항목의 가중치 역시 조사를 통해 밝혀진 값을 사용해야 더욱 정확함

회귀 모형 방법

적당한 과거 이력 데이터가 준비된 경우에 아주 적합한 매출 추정 모델이 회귀 모형(Regression Model)이다. 모형에 사용할 변수들은 상권 및 지역, 매장 입지, 점주들의 성향을 잘 반영할 수 있는 것들로 선택해야 한다. 지리 정보 시스템(GIS)을 활용하여 일반 데이터 분석 툴 작업에서 생성하기 어려운 지리 관련 변수인 거리 계산, 입지 장애물, 도로에 관한 정보를 추출하여 활용한다면 예측 정확도에 도움이 될 것이다. 앞에서도 언급했듯이 매장 입지 분석에서 유동 인구나 매장 이력 같은 데이터는 잘 선별해서 반영해야 하고, 점주 성향은 측정하기가 쉽지 않은 만큼 대체 변수를 잘 고려해야 한다. 그리고 매출의 정확도를 높이기 위해 상권 지역을 적당한 유형으로 그룹화하는 것도 중요하다. 예를 들면 인구 밀집이나 상권 밀집, 또는 소득 등에 따라서 지역을 그룹화한 후 각각의 그룹에 맞는 모형을 선택하여 추정하는 것이 수월하다.

회귀 모형은 데이터 시각화의 중요성을 인지한 위에 변수 선택을 하고 그에 맞는 모형을 선택하도록 주의를 기울여야 한다.

다음 예시는 똑같은 평균, 분산 그리고 회귀 모형을 선택했지만 분포가 다르게 나타난 4개의 데이터 세트들이다. 이 그래프들은 통계 모형을 세우기 전에 데이터 시각화의 중요성을 인지하는 것이 얼마만큼 중요한지, 그리고 이상치가 통계 모형에 얼마나 영향을 주는지 잘 보여준다.

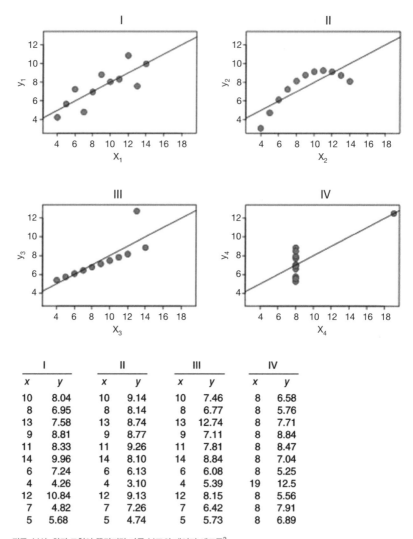

I		II		III		IV	
x	y	x	y	x	y	x	y
10	8.04	10	9.14	10	7.46	8	6.58
8	6.95	8	8.14	8	6.77	8	5.76
13	7.58	13	8.74	13	12.74	8	7.71
9	8.81	9	8.77	9	7.11	8	8.84
11	8.33	11	9.26	11	7.81	8	8.47
14	9.96	14	8.10	14	8.84	8	7.04
6	7.24	6	6.13	6	6.08	8	5.25
4	4.26	4	3.10	4	5.39	19	12.5
12	10.84	12	9.13	12	8.15	8	5.56
7	4.82	7	7.26	7	6.42	8	7.91
5	5.68	5	4.74	5	5.73	8	6.89

평균, 분산, 회귀 모형이 똑같지만 다른 분포의 데이터 세트들[2]

---

2 F. J. Anscombe, "Graphs in Statistical Analysis," *American Statistician* 27 (1): 17–21, 1973.

데이터 분석 툴은 품질 좋은 데이터든 오염된 데이터든 가공이 덜된 데이터든 데이터를 투입만 하면 결과를 제공한다. 그리고 그 결과를 이해하고, 해석해 내는 것은 분석가의 역량에 달려 있다. 가끔 현업에서 통계 모형 개발 작업을 단순한 작업으로 여기고 대수롭지 않게 넘기는 경우를 종종 보게 되는데 안타까운 일이다.

　통계 모형의 정확도는 분석 툴이 제공하는 통계 결과와 개발 과정에서 선별된 데이터로 일차적인 측정을 한다. 하지만 실질적인 정확도는 현업 비즈니스에 얼마나 도움이 되는가에 달려 있다. 따라서 현업 적용 후에도 꾸준히 모니터링하여 실질적인 정확도를 지속적으로 체크해야 한다.

14

제조업 사례

빅데이터 분석과 관련된 국내외 유명 사례를 살펴보면 대부분 의료, 금융, 유통 및 마케팅 분야에 집중돼 있다. 그러나 데이터 분석을 통해 데이터 과학자들이 직접 그 성과를 확인할 수 있는 분야는 바로 제조업 분야다. 14장에서는 제조업 데이터의 특성과 분석 방법, 활용 과정을 홍성진씨의 다년간의 제조 데이터 분석 경험을 통해 살펴보고자 한다.

홍성진

하이닉스 반도체에서 선임 연구원으로 재직하였으며, 재직 중 실무를 통해 데이터 분석에 눈을 뜨게 되었다. 이후 데이터 분석 컨설팅 업체에서 일하며 제조, 마케팅, 상권 등 다양한 분야에서 데이터 분석을 수행하였다. 현재는 ㈜엔코아에 재직 중이다.

E-메일 sungjin.hong@outlook.com

변수가 많고 높은 정확성을 요구하는 제조업 데이터

빅데이터 기술 전문 기업인 데이터미어(Datameer) CEO 스테판 그로슈프(Stefan Groschupf)에 따르면, 2014년 빅데이터의 새로운 세대는 제조공정 또는 제품 생산을 향상시켜 생산 시간 또는 비용을 감소시키는 기술이 될 것이라고 한다.[1]

제조업 분야의 특징은, 데이터가 매우 다양해 수백에서 수천 개에 이르는 변수를 가지고 있다는 것이다. 제조업 분야에서는 연속되는 값의 데이터를 분석하는 경우가 많고, 데이터 자체가 정량적으로 측정된 값인 경우가 많다. 다시 말해 제조업 데이터들은 인문 사회 분야와는 다르게 직관적으로 이해할 수 있는 변수가 적으며, 전문적인 지식을 필요로 할 때가 많다.

또 다른 중요한 특징은 분석 결과에 대한 정확성을 여타 분야에 비해 더욱 중시한다는 것이다. 아무리 의미 있는 결과라도 정확도가 떨어지면 제조업의 특성상 그 분석 방법을 적용하기는 어렵다.

제조업 분석에 쓰이는 알고리즘 살펴보기

제조업 분석에도 다른 분야에서 사용하는 알고리즘들이 많이 사용된다. 다만 활용하는 관점이 다를 뿐이다. 여기에서는 제조업 분야에서 주로 사용하는 알고리즘 중 주성분 분석(PCA, Principle Component

---

1 http://sandhill.com/article/2014-the-year-of-big-sensor-data/

Analysis)과 부분 최소 자승법(PLS, Partial Least Square)에 대해 이야기해 보고자 한다.

주성분 분석

흔히 PCA(Principle Component Analysis)라고 명명되는 주성분 분석은 제조업 분야에서 변수들이 특히 많을 때 효과적으로 사용할 수 있는 방법 중 하나이다. 여기서는 알고리즘을 공부하는 것이 주목적이 아니기 때문에 알고리즘에 대한 수식보다는 개념 위주로 설명하고자 한다.

주성분 분석은 원래 자료(데이터)가 가지고 있는 다수의 변수들로부터 그 변수들의 분산(변동)을 가장 잘 설명할 수 있는 소수의 새로운 변수를 찾아내는 분석 방법으로, 차원 축소를 통해 원래의 자료를 간단한 형태로 축약하는 것이 목적이다. 쉽게 이야기하면 데이터에 있는 여러 개의 변수들을 가장 잘 설명할 수 있는 새로운 변수를 만드는 것이다.

다음 표는 4개의 변수를 가지고 있는 원래의 데이터를 주성분 분석을 통해 2개의 새로운 변수로 축약한 데이터 표이다.

주성분 분석 예시

원본 데이터

측정 시간	온도	습도	압력	전압
⋮	⋮	⋮	⋮	⋮

주성분 데이터

측정 시간	주성분1	주성분2
⋮	⋮	⋮

물론 이 예시는 변수가 4개뿐이라 그냥 분석을 진행해도 큰 문제가 없다. 하지만 원래의 데이터에 100개의 변수가 있다고 가정하면 얘기가 달라진다. 이 100개의 변수를 주성분 분석 방법으로 축약할 수 있다면, 데이터를 해석하거나 변수를 하나씩 선택해 각각을 분석했을 때는 찾기 힘들었던 의미나 이상치도 쉽게 찾을 수 있게 된다.

새롭게 생성되는 변수(주성분)들은 원본 데이터의 변수들로 만들어지기 때문에, 주성분 분석을 통해 어떠한 변수가 가장 큰 변동을 보이는지도 확인할 수 있다. 따라서 주성분 분석은 제조업 분야에서 데이터 변수가 너무 많아 데이터 축약을 통한 해석이 필요할 때나 이상치 등을 제거할 때 매우 유용한 분석 알고리즘이다. 또한 결과에 대한 변수(종속 변수) 없이 사용하기 때문에, 데이터 분석 초기에 데이터 현황 등을 파악할 때 사용하기에도 좋다.

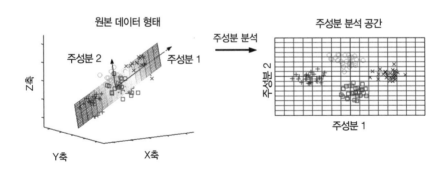

부분 최소 자승법

흔히 PLS(Partial Least Square)라고 불리는 부분 최소 자승법 역시 제조업 데이터에 효과적으로 사용할 수 있는 알고리즘 중 하나이다. 주성분 분석에서는 새로운 주성분 변수를 찾고자 하였다면, 부분 최소 자승법에서는 잠재 변수라고 부르는 설명 변수들의 조합을 통해 결과 변수에 영향을 주는 요소를 찾을 수 있다.

부분 최소 자승법 간단 예시

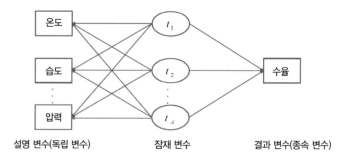

부분 최소 자승법을 사용하는 목적은 회귀 분석을 사용하는 목적과 비슷하다. 그런데도 부분 최소 자승법이 제조업 데이터 분석에 유용하다고 이야기하는 이유는 다중 공선성(multicollinearity) 문제를 피할 수 있기 때문이다. 제조업 데이터를 갖고 회귀 분석을 하면 변수 간의 상관성 문제에 종종 부딪히게 된다. 수십에서 수백 개에 이르는 변수를 사용할 때, 회귀 분석은 변수 간 상관성이 매우 높을 경우 제대로 계산을 못해 내는 문제를 안고 있다. 따라서 알고리즘을 수행하기 전에 변수들 사이의 상관성을 확인해야 하지만 변수가 아주 많을 경우 모든 변수를 완벽하게 확인해 상관성을 제거하기란 쉽지 않다. 제조업 데이터의 경우 상관성을 가지고 있는 변수가 특히 많아서 더욱 어렵다. 그러나 부분 최소 자승법을 사용하면 잠재 변수를 사용하기 때문에 상관성 문제를 피할 수가 있

다. 물론 부분 최소 자승법이 상관성 문제를 해결하는 유일한 방법은 아니다. 하지만 결과 예측을 위한 회귀식을 산출할 수 있는 좋은 방법 중 하나이다.

부분 최소 자승법을 이용하면 결과식을 통해 결과 변수에 가장 크게 영향을 주는 변수를 확인할 수 있으며, 가장 영향력이 큰 변수들만 따로 모아 각각의 특성을 확인할 수도 있다. 요컨대 변수의 개수가 많고 변수들 간에 상관성이 높은 제조업 데이터의 특성상 부분 최소 자승법은 꼭 회귀식을 산출하는 목적이 아니더라도 여러 방식으로 유용하게 사용할 수 있는 알고리즘이다.

지금부터 소개할 제조업 데이터 분석 사례에서도 주성분 분석과 부분 최소 자승법을 사용하였다. 이 두 알고리즘 외에 K-평균(K-Means)과 같은 군집 분석법, 로지스틱 회귀 분석 등도 사용되었지만 주성분 분석과 부분 최소 자승법 중심으로 간략히 살펴보고자 한다.

사례 1: 초당 1개의 제품을 생산하는 빠른 공정에서 불량 제품 찾아내기

첫번째로 소개할 사례는 불량 제품 진단 사례로, 전자 부품 제조 업체에서 데이터 분석을 통해 생산 과정의 특정 단계에서 발생하는 불량을 진단해 내기 위한 분석이었다.

- 산업 형태 : 국내 전자 부품 제조 업체
- 목   적 : 생산 과정 중 불량 제품을 진단하는 실시간 모니터링
- 특이 사항 :
  1) 불량 자체는 많지 않다. 1만 개 중 1개 수준의 불량 발생.
  2) 불량은 많지 않으나 육안으로 구별할 수 있을 정도로 외관에 불량이 있는 경우를 제외하면 발견하기가 힘들다.
  3) 공정에서 발생되는 데이터 항목(변수)의 개수는 많지 않다.
  4) 초당 1개의 제품을 생산하는 빠른 공정이다.

분석 배경

제조업 분야에서 많은 기업들이 공통적으로 고민하는 문제는, 생산 비용과 고품질 사이에서 적절한 타협선을 찾는 것이다. 생산 비용을 줄이기 위한 각종 노력에는 품질과 관련이 있는 것들이 적지 않기 때문이다. 예를 들어 어느 공장에서 초당 1개의 제품을 생산하는데 하나의 제품이 생산될 때마다 잘 만들어졌는지 사람이 일일이 검사한다고 생각해 보자. 과연 사람이 초당 1개씩 생산되는 제품을 모두 검사할 수 있을까? 만약 검사를 다 마칠 때까지 다음 공정을 진행하지 않는다고 가정하면, 생산 시간 대비 검사 시간이 너무 길어져 초당 1개의 제품을 생산하는 장비가 있다고 해도 생산 시간은 굉장히 길어질 것이고, 생산 비용 역시 크게 늘어나 큰 손해를 감수해야 할 것이다.

이번 사례의 전자 부품 제조 업체는 1초당 1개의 부품을 생산하는 공장이고 실제 불량품은 1만 개 중 1개 수준으로 발생하고 있었다. 불량 비

율이 아주 낮다 보니 생산 직후에 검사를 하는 것이 아니라 다음 단계 공정을 거친 후 검사를 진행하여 불량품을 걸러내는 상황이었다. 그런데 이런 시스템에서는 평소보다 많은 불량품이 발생해도 발견이 늦어질 수밖에 없다는 문제가 존재한다. 또한 불량품이 어느 공정에서 발생했는지 알기 힘들다는 문제도 있다. 그래서 제조 업체에서는 고속으로 생산되는 데이터를 즉각적으로 분석해서 정상 제품과 불량 제품을 구분해 낼 수 있는 기준을 만들고 싶어했다.

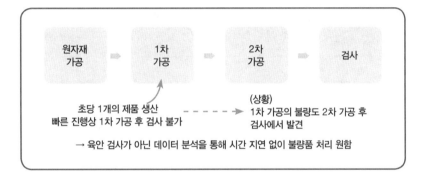

분석 과정

최초 사전 분석 단계에서는 생산 과정 중 발생한 원시 데이터를 직접 파일 형태로 넘겨받아 분석을 진행하였다. 보통은 대다수의 기업이 프로젝트를 진행하기에 앞서 샘플 파일을 통해 가능성을 평가한 후 실제 프로젝트를 진행하게 된다.

일반적인 진행 순서

| 사전 가능
성 평가
분석 | ➡ | 데이터
분석
진행 | ➡ | 분석
결과
검증 | ➡ | 추가
분석 및
고도화 | ➡ | 최종
검증 및
고도화 |

파일 형태로 데이터를 받아본 결과 데이터는 시간(ms: millisecond, 100만분의 1초) 기준으로 생성되고 있었다.

데이터 테이블 형태 예시

시간 (시간 단위: ms)	변수1	변수2	...	변수n
1ms				
2ms				
⋮	⋮	⋮	⋮	⋮
1000ms				
⋮	⋮	⋮	⋮	⋮

└── 1개의 제품에 대한(제조) 데이터

원천 데이터에 대한 파악을 마친 후 본격적인 데이터 분석에 들어가 다음과 같은 순서로 분석을 진행하였다.

일반적인 분석 순서

데이터 분석을 진행함에 있어 항상 똑같을 수는 없겠지만 일반적으로 이와 같은 분석 과정을 반복 수행하게 된다. 이번 사례에서는 다음과 같은 분석 방향으로 접근하였다.

분석 방향

1) 하나의 제품 생산 과정에 대해 ms 단위로 굉장히 많은 수의 행으로 표현되는 데이터를 제품 하나당 하나의 열(row) 형태로 표현되게 데이터 정제(전처리)를 진행한다.
2) 최초 변수가 많지는 않으나 서로 상관성 유무를 확인하여 제거 변형하여 새로운 데이터 세트를 생성하고 정보를 요약한다.
3) 새로운 변수를 통해 데이터 간 특징을 확인한다.

다음은 분석 방향에 맞게 데이터의 형태를 변경한 후의 모습이다. 시간 기준의 데이터 테이블 형태에서 제품 기준의 데이터 테이블로 변형된 것을 확인할 수 있다.

테이블 변형 후 테이블 형태 예시

제품	1ms의 변수 1	2ms의 변수1	...	1000ms 변수1	1ms의 변수2	...	1000ms 변수n
1번 제품							
2번 제품							
⋮	⋮	⋮	⋮	⋮	⋮	⋮	⋮
N번 제품							

1개의 제품에 대한 데이터 항목을 변수로 변형

물론 위와 같은 작업을 수행하면서 최초 데이터 테이블의 모든 데이터를 사용하지는 않았다. 두 변수의 상관성이 높은 경우에는 결과에 영향을 더 많이 주는 변수를 사용하였으며, 제품 생산 과정에서도 핵심이 되는 시간대만을 뽑아서 사용하였다. 즉 하나의 제품이 생산되는 데 걸리는 총 시간인 1초를 더 잘게 쪼개어 핵심 공정이 이루어지는 시간대만을 추출하여 변형한 것이다.

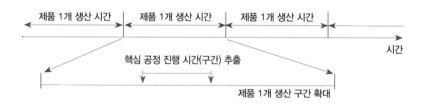

분석 결과

분석을 통해 1만 개의 제품 중 1개의 불량을 찾기 위해 별도의 테스트를 거치지 않고도 생산 시 발생하는 데이터만으로 불량 자재를 찾아낼 수 있었다.

알고리즘 적용 후의 자재 분포를 확인한 결과 불량 자재들만 별도의
위치에 분포하고 있었다.

분석 후 결과 형태 예시

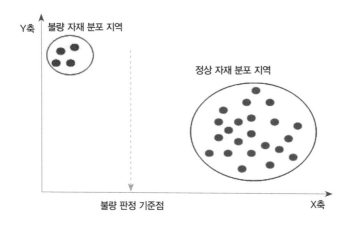

위의 그림에서 보는 것과 같이 분석 결과에 따라 두 그룹이 구분되는
지점을 판정 기준점으로 설정하였고, 새로운 데이터에 대해 테스트한
결과 분석 데이터와 검증 데이터가 동일한 결과치를 보여 만족스러운 결
과를 얻을 수 있었다. 또한 테스트 결과를 통해 단순 불량과 정상 제품의
구분뿐만 아니라 불량품은 아니지만 불량의 가능성이 높은 제품도 찾아
낼 수 있었다. 불량 제품의 분포 지역에 존재하지는 않지만 판정 기준점
근방에 홀로 떨어져 있는 제품이 간혹 발견되었는데, 바로 이런 제품이
정상 기준에는 부합하나 다른 정상 제품에 비해 품질이 떨어지는 제품들
이었다.

이러한 일련의 분석 과정으로, 별도의 검사 과정 없이 현재 보유 중인 데이터를 통해 불량을 검출할 수 있었으며, 생산 비용의 절감과 품질 확보라는 목적을 달성할 수 있었다.

현장 적용의 문제점 – 모니터링 시스템 구축 환경

모든 프로젝트에는 항상 문제가 따르기 마련이다. 이 프로젝트에서 문제가 되었던 것은 분석적인 측면보다는 모니터링 시스템 구축 환경과 관련이 있었다.

이 업체의 경우 생산 공정의 진행 속도가 매우 빨라 초당 1개의 제품을 생산하는데, 제품 하나당 데이터 행이 무려 6,000개에 달했다. 바꾸어 말하면 초당 약 6,000라인에 해당하는 데이터를 실시간으로 정제(전처리)하고 알고리즘을 수행하여 불량 유무를 판단해야 하는 상황이었던 것이다. 게다가 공정 데이터의 개수가 들쭉날쭉한 것도 문제였다. 제품 하나당 데이터가 5,000개일 때도 있고 7,000개일 때도 있었던 것이다. 이렇게 공정 데이터에 변화가 생기면서 데이터 추출의 시간 주기 역시 변화되었다. 하지만 이런 문제들보다 배나 어렵고 힘들었던 과제는 하드웨어적인 부분이었다. 기업에서 원하는 방식은 현재 시스템을 유지하면서, 현재 사용 중인 데이터 수집기(측정기)에 새롭게 알고리즘을 장착하여 검사하는 것이었다. 물론 고가의 장비를 사용해서 알고리즘을 프로그램으로 심는다면 좀더 쉽게 해결할 수 있는 문제다. 그러나 현실적으로는 한정된 여건 안에서 기존 장비 환경과 연계해서 해결해야만 하기에 결코 쉽지 않은 일이었다.

이와 같이 생산 공정 데이터의 경우 단순히 데이터를 분석해서 결과를 시각화하거나 앞으로의 전략 방향을 제시하는 것으로 일이 마무리되는 경우는 드물다. 대부분의 경우 분석 결과가 생산 공정에 어떠한 방법으로든 피드백되어야 하고, 그 결과가 공정 시간, 품질, 비용 등에 즉각 나타나게 된다. 즉 그만큼의 책임과 위험이 동시에 따르는 것이다. 하지만 무거운 책임이 주어지는 만큼 성공했을 때의 성취감은 더 높다.

사례 2: 과부하로 인한 장비 멈춤 사고 예방하기

두번째로 소개할 사례는 생산량에 직결되는 생산 장비에 관한 것이다. 모 화학 관련 기업에서 공정 사고가 갑자기 증가한 일이 있었다. 이 사례에서 공정 사고란 생산 중이던 장비가 생산 도중에 갑자기 멈추는 현상으로, 하나의 장비가 멈추면 다른 장비들에도 과부하가 걸려 문제가 커지는 현상을 말한다. 다음은 과부하 현상을 좀더 정리한 것이다.

- 산업 형태 : 화학 관련 회사
- 목   적 : 장비 멈춤 사고의 예방
- 특이 사항 :
  1) 갑작스럽게 장비가 멈추는 현상이 발생한다.
  2) 하나의 장비가 멈추면 다른 장비들에 과부하가 걸려 연쇄적으로 문제가 발생한다.
  3) 사전에 사고 발생 여부를 알 수 있다면 부하를 줄일 수 있다.
  4) 품질적인 문제보다는 생산량 문제와 연결되어 있다.

분석 배경

제조업에서 생산량은 매우 민감하고 중요한 문제다. 특히 생산 현장에서 일하는 분들에게는 생존에 직결된 1순위 항목이라 할 수 있다. 그런데 모 제조 회사에서 언제부터인가 갑자기 장비가 멈추는 현상이 발생했다. 문제의 심각성은 장비 하나가 동작을 멈추면 자동으로 나머지 장비로 자재가 흘러가 정상적인 장비조차도 과부하가 걸려 결과적으로 모든 장비가 동작을 멈춘다는 데 있었다. 한번 장비가 멈추면, 정비 작업에 수시간에서 수일까지 소요되어 손해가 이루 말할 수 없는 수준이었다. 그래서 장비가 멈추기 전에 사고 발생 가능성을 예측하는 분석을 진행했다.

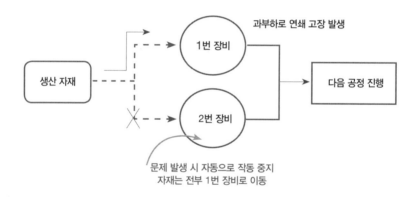

결론부터 말하자면, 이 사례의 경우 데이터 분석을 통해 장비 멈춤 사고가 발생하기 1시간 전에 데이터의 형태가 변하는 것을 확인할 수 있었고, 이를 통해 장비가 멈추기 전에 장비 점검을 할 수 있게 되었다.

분석 과정

이번 사례에서도 분석은 파일 형태로 전달받아 진행되었다. 최초 분석은 1시간 단위로 추출된 장비 데이터를 이용해 분석 작업을 했다. 하지만 고장 발생의 특이 사항이 한 시간 전에 나타날지 10분 전에 나타날지는 아무도 알 수 없는 일이기에 좀더 작은 간격의 데이터를 요청했고, 10분 간격의 장비 데이터를 받아 다시 분석을 진행했다. 분석 방향은 다음과 같았다.

> **분석 방향**
>
> 1) 많은 변수들이 존재하기에, 변수에 대한 전처리를 생산 엔지니어와 함께 진행한다.
> 2) 탐색적 데이터 분석을 통해 특이점들에 대한 장비 연관성을 확인한다.
> 3) 우선적으로 사고 발생 전 특이 사항 발생 유무를 확인하기 위해, 사고 발생 시점을 기준으로 구간별 데이터 흐름 분석을 시행한다.
> 4) 데이터의 시간 간격을 변화시키며 데이터 변화 구간을 확인한다.

제조 현장에서 생성되는 대다수의 데이터들은 변수가 매우 많이 존재하고, 각각의 변수에 대한 전문 지식이 있어야 이해되는 경우가 많다. 분석 방향에서 가장 먼저 이야기한 것과 같이, 이 사례의 경우 변수에 대한 이해 과정과 정제(전처리) 과정을 생산 엔지니어와 함께 진행하였다. 이번 사례와 같은 제조업 데이터의 경우 문제의 원인을 파악하거나 예측할 때 변수 간 인과관계와 선후 문제를 이해하는 것이 아주 중요하다. 예를 들어 A라는 변수가 변할 때마다 B라는 변수도 변한다면, 과연 B라는 변수

281

는 A변수의 변화에 의해 변하게 된 것일까 아니면 A의 값을 이용해 B의 값을 계산하기 때문에 생긴 현상일까? 이러한 문제를 해결하기 위해서는 현업 엔지니어와 함께 논의하는 것이 가장 좋은 방법이다.

변수 간 인과관계 및 선후 문제 예시

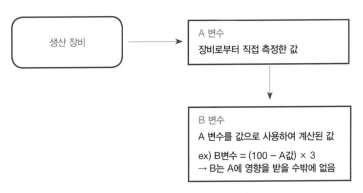

현업 엔지니어와 함께 데이터 정제를 마친 후에는 장비간 유의 차이 시간에 따른 값의 변화 추이 등을 분석하였으며, 장비별 생산량의 변화 추이 등을 확인하였다. 또한 PCA, PLS 등의 알고리즘을 통해 생산량에 영향을 주는 변수를 찾아 시간에 따른 변화 추이도 확인하였다.

분석 결과

위와 같은 분석을 통해, 사고 1시간 전에 특정 변수의 값이 변화하는 현상을 확인할 수 있었다.

분석 결과 예시

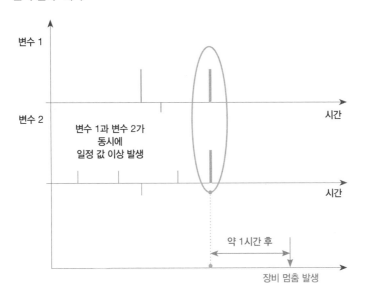

변수 1

변수 2

시간

변수 1과 변수 2가
동시에
일정 값 이상 발생

시간

약 1시간 후

장비 멈춤 발생

즉 특정 변수들이 동시에 일정 값 이상(정확히는 정상 동작 시간이 가지는 분
포)을 벗어났을 때 짧게는 40분에서 길게는 70분 후에 장비가 멈추는 현
상이 나타나는 것을 알 수 있었다. 이를 통해 생산 엔지니어들은 어느 한
장비에 과부하가 걸리지 않게 생산 자재 공급량을 조절하거나 장비를 점
검하는 등의 최소 30분의 시간을 갖게 됐다.

생산 현장에서 30분은 짧지 않은 시간이기에 일시적인 생산량은 줄어
들지만, 장비가 멈추는 것을 사전에 예방하여 큰 손해가 발생하는 것을
방지할 수 있게 되었다.

현장에서의 문제점

이번 사례에서는 문제보다는 아쉬움이 있었다. 분석을 통해 가장 기본적인 장비 멈춤에 대한 사전 예측 문제는 해결할 수 있었지만, 문제의 근본 원인을 밝히지는 못했다. 어떠한 문제로 인해 특정한 변숫값이 갑자기 정상 범위를 벗어나는지, 그리고 왜 벗어나는지 등은 설비 데이터 부족과 시간상의 문제로 분석하지 못했다. 주관 부서가 생산 부서였기에 생산 장비를 큰 문제 없이 운영할 수 있게 되었다는 것에 만족하여 추가적인 분석 진행에는 관심이 많이 떨어졌던 것도 한몫했다. 추가 분석은 자체 인력으로 진행하겠다고 하였으나, 실제 진행되었는지는 알 수가 없다.

이렇듯 현장에서는 분석을 통해 알게 된 표면적인 사실과 이를 끝까지 파헤쳐 근본 원인을 밝혀내는 것은 별개의 문제가 되곤 한다. 물론 여기에는 금전적인 문제도 걸려 있다. 그러다 보니 생산 현장의 특성, 기업의 특성 등 복합적인 부분이 맞물려 프로젝트의 성공 여부가 결정된다고 할 수 있다.

이번에 소개한 사례에서는 각 생산 담당자들이 통계 분석이나 데이터 마이닝에 대해 지식이 많은 것은 아니었지만 한 사람 한 사람 관심을 갖고 사고 예방을 위한 방안을 찾으려고 최선을 다했다. 그러했기에, 비록 아쉬움은 있지만 사고가 발생하기 전에 나타나는 특이 현상을 찾아낼 수 있었고, 사고 전 자재 투입량 조절(Load Balancing)이라는 대책을 마련할 수 있었다.

분석 못지않게 중요한 실시간 모니터링 시스템

제조 현장에서는 분석 못지않게 모니터링 시스템이 중요한 역할을 한다. 분석을 수행하여 원인을 밝혔다고 해도 사전 예방 또는 문제 발생 시 즉각적인 알림을 줄 수 있는 시스템을 구축하지 못한다면, 그 분석은 단발성으로 끝날 가능성이 높다. 그래서 동일한 문제의 발생 여부를 지속적으로 체크할 수 있는 모니터링 시스템이 중요하다. 이러한 이유로 제조업 관련 분석을 실시한 후에는 되도록 모니터링 시스템을 구축하려고 한다. 모니터링 시스템을 구축할 경우에는, 앞서 설명한 분석 과정의 마지막에 모니터링 시스템 구축이라는 하나의 프로세스가 추가된다.

진행 과정

모니터링 시스템의 형태는 한 가지로 정해져 있기보다는 사용자가 원하는 형태로 제공되는 경우가 대부분이다. 하지만 핵심은 분석 과정을 거쳐 나온 결과를 시스템에 적용하여 새로 생성되는 데이터에 대한 적용 결과를 보여주는 것이다.

데이터 흐름과 모니터링 시스템

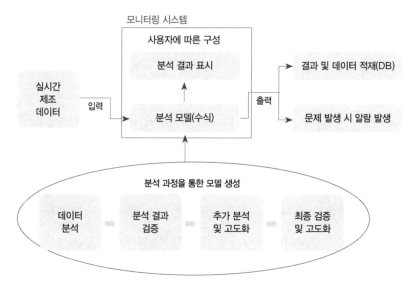

분석 과정이 잘 이루어졌다면, 실시간 모니터링 시스템은 성과 측정의 이슈가 될 가능성이 높다. 문제 발생 시 얼마나 빠르고 정확하게 알림을 줄 수 있는가, 한 번에 처리 가능한 데이터의 용량과 속도는 얼마나 되는가 등이 분명하게 파악이 되기 때문이다. 이러한 부분은 대체로 프로그램이 얼마나 최적화되어 있는가 혹은 얼마나 뛰어난 성능의 하드웨어를 이용하였는가의 문제가 될 것이다.

대만 제조업 부분의 데이터 과학자

2013년 대만에서 제조업 빅데이터 사례를 소개하고 교육하는 자리가 있었다. 대만의 주요 반도체 회사 및 전자 회사들의 분석 관련 부서에서 일하는 분들이 많이 참석했는데, 빅데이터에 대한 관심이 무척 뜨거워 빅데이터가 세계적인 열풍이라는 것을 다시 한번 실감할 수 있었다.

그곳에서 느낀 특이한 점은 제조업 관련 분석 담당자의 소속이었다. 현재 대부분의 국내 기업은 분석 조직을 따로 두고 있는 곳이 드문데, 그럼에도 불구하고 생산 엔지니어와 IT 엔지니어의 구분은 명확한 편이다. 데이터를 생산하는 주체와 운영하는 주체가 다르기 때문에, 생산 부서에서 분석을 진행하면서도 데이터는 운영팀에 요청을 해야 하는 시스템인 것이다.

하지만 그곳에서 만난 분들은 운영과 분석을 동시에 진행하고 있었다. 그래서인지 그들은 데이터에 대한 이해도가 매우 높았고, DB 구성부터 데이터 추출 문제 그리고 분석을 통해 얻을 수 있는 생산 및 품질적인 효과까지 모든 부분에 대해 고민하고 있었다.

그 자리는 단순한 빅데이터 교육의 장이 아니라 분석 사례를 통해 각자의 경험과 노하우를 공유하고, 분석 방법을 더욱 발전시키기 위해 무엇을 해야 하는지 의견을 나누는 장이었다. 이 자리를 계기로 필자가 얼마나 우물 안 개구리였나 하는 반성을 하게 되었다.

무엇보다 대다수 참석자가 분석을 비롯하여 빅데이터 관련 기술의 플랫폼 구성과 실시간 처리 방안 등에 대해 고민하고 있었다. 그리고 고가의 외국 분석 툴을 사용하기보다 각자 필요로 하는 분석 기능에 대해 R과 함께 사내 개발 툴(In-house tool)을 개발해 부분적으로 사용하고 있었다. 이런 그들을 보면서 논문 등에 기재되는 새로운 알고리즘에 대해서도 빠르게 수용하여 개발을 할 수 있겠다는 생각이 들었다.

국내 많은 기업들이 검증되지 않은 알고리즘에 대해 위험시하고, 국내에서 통용되고 있는 분석 도구들에 새로운 알고리즘 기능을 추가하는 것조차도 복잡한 절차를 거치는 것과는 다르게 그들은 빠르게 적용하고 도전한다는 느낌을 받았다.

물론 짧은 기간 동안 5~6개 기업과의 대화를 통해 그들이 어떻게 생각하고 준비하고 진행하는지 모든 것을 파악할 수는 없었다.

하지만 적어도 필자가 만났던 그들은 빅데이터라는 뜨거운 이슈를 이슈로만 받아들이지 않고 직접 적용하고 활용하기 위해 한국보다 빠르게 움직이고 있었다.

15

공공 데이터 전처리

데이터 과학에서 활용될 데이터들은 처음에는 당장 활용할 수 없는 형태가 대부분이다. 전혀 정제되지 않은 데이터이거나 다루기 힘들 정도의 큰 데이터 등 다양한 형태를 가지고 있기 때문이다. 이러한 데이터들은 활용하기 전에 가공해야 한다. 이 장에서는 가공 과정 중 실제 데이터 분석과 데이터 모델링에 필요한 전처리 사례를 살펴본다.

데이터 가공

데이터 가공은 데이터의 수집, 저장, 연결, 정제, 변환, 분석, 데이터 서비스 및 그 프로세스들로 기업에서 데이터 활용을 하기 직전의 전 과정을 말한다. 즉 데이터 가공(data management)은 주로 데이터 품질과 메타, 카탈로그 검색에 관여하는 데이터 거버넌스와 데이터 제공 서비스를 포함한다. 데이터 거버넌스는 정책, 보안, 프로세스, 표준, 관리 체계 등 데이터 가공, 활용 과정에 필요한 일련의 업무들을 말한다. 그리고 데이터 전처리(preprocessing)는 실제 데이터의 현황 분석과 알고리즘을 활용한 분석 모델링 중 데이터 품질 위주의 데이터 정제와 분석를 위한 데이터 변환 등을 말하며, 데이터 가공 과정의 일부이다.

데이터 수집 과정

분석할 주제가 선정되면 그 주제에 대한 다양한 자료와 논문들을 검토하고 정리하여 해당 산업에 대한 지식을 얻어야 한다. 이러한 검토는 데이터를 수집하는 과정에서 어떤 데이터가 필요할지, 데이터를 어떻게 가공해야 할지, 또는 분석 모델 개발 과정에 대략 어떤 분석 알고리즘을 사용할 수 있을지 사전 지식을 제공해주기 때문이다. 이렇게 모으고 정리한 지식을 바탕으로 각 단계별로 필요한 요건이나 가설을 세우게 된다. 그리고 나서 각각의 부서 이기주의나 문화적 차이를 극복하고 데이터 수집 및 확보 전략이 수립되면, 드디어 데이터가 한곳에 모이게 된다. 데이터를 한곳으로 모으기 힘들다면 최소한 서로 연결이라도 해서 사용할 수 있어여 한다.

데이터 전처리 단계

필요한 데이터가 무사히 수집되었다면 데이터의 전처리(Data Preprocessing) 작업을 해야한다. 다양한 영역에서 수집된 데이터들은 정제가 필요한 원천 데이터들이다. 그러나 수집된 데이터들은 불완전 데이터, 오염된 데이터, 표준화가 필요한 데이터 등 다양한 문제들을 가지고 있다. 그 몇몇 사례로는 아래와 같다.

- 불완전 데이터: 없는(missing) 데이터, 변수(varables) 부족, 이미 한 번 가공된 통계 데이터
- 불순 데이터: 오류나 이상치가 있는 데이터
- 불일치 데이터: 변수 이름이나 코드가 일치하지 않거나 표준화되어 있지 않은 데이터

가장 먼저 해야 할 일은 수집된 데이터와 메타데이터를 이해하기 위해서 데이터 프로파일링(profilng)을 하는 것이다. 프로파일링이란 말은 범죄 드라마 같은 곳에서 자주 들어봤을 것이다. 범인의 나이나 성격 직업을 추정하는 데이터 프로파일링처럼 데이터 프로파일링은 데이터에 대한 정보나 현황을 분석하는 것을 말한다. 데이터 프로파일링은 각 변수

들에 기반을 두고 기초 통계와 그래프, 차트로 만들게 된다. 이 자료들과 사전 조사한 비즈니스 지식을 가지고 데이터의 품질을 살피는 것이다. 데이터의 품질은 반드시 해당 비즈니스에 대한 이해를 바탕으로 이루어져야한다. 예전에 미국에서 진행한 프로젝트 중에 노숙자를 대상으로 알코올과 약물 중독에 대한 연구에 참여한 적이 있었다. 이 프로젝트에서는 성별에 대한 변수가 1, 2, 3, 4, 5, 6이라는 6개의 데이터 값을 가지고 있었다. 이 데이터 값은 1=남성, 2=여성, 3=남성이지만 여성으로 사는 사람, 4=여성이지만 남성으로 사는 사람, 5=남성이었지만 성 전환하여 여성으로 사는 사람, 6=여성이었지만 성 전환하여 남성으로 사는 사람이었다. 이처럼 연구 목적에 따라 같은 성별이라도 세분화하여 데이터를 수집하게 된다. 이 사례는 아주 단순한 사례이나 많은 경우가 데이터의 유효 및 정확성을 위해 조사할 해당 영역에 대한 이해가 필요한 사례이다. 특히 이상치 데이터를 활용해야 할지 말아야 할지를 결정할 때도 분야에 대한 지식은 필수적이다.

실제 전처리 과정은 더 복잡하고 다양하다. 아래 내용들은 자주 사용하는 전처리 방법들을 요약 정리한 것이다.

데이터 전처리 1: 데이터 클렌징(Data Cleansing)

- 없는 데이터(missing values): 대세에 지장이 없을 거라 생각되면 무시해도 된다. 그러나 원천 데이터의 양이 적으면 찾아서 기입하기도 한다. 그러나 없는 데이터가 많다면 어려운 문제. 'Unknown'이나 '99999999'로 표시하기도 하고 평균값을 사용하기도 하나 정확도가 떨

어져 회귀 분석(Regression), 베이지언(Bayesian) 방법 또는 의사결정 나무(decision tree)를 사용하여 값을 추정하여 대입할 수 있다.

- 데이터 형식(date format) 문제: 다양한 형태의 데이터 형식을 동일한 형태로 변환(날짜, 길이)하여 사용한다.

- 일반 데이터를 수치화하는(nominal to numeric) 문제: 몇몇 알고리즘(neural nets, regression, nearest neighbor)은 수치(numeric) 데이터만 사용할 수 있다. 데이터를 숫자로 바꾸는 Binary to numeric(예를 들어 M, F을 0, 1로 바꿈)을 사용할 수도 있다.

- 이상치나 불순 데이터 문제(outliers and smooth out noisy data): 이상치나 불순 데이터는 데이터를 순서대로 나열한 뒤 평균, 중앙값 또는 경계값을 사용하여 단순화한다. 또는 그룹화(Clustering), 회귀분석(Regression)을 사용하거나 데이터를 제거시킨다.

- 일관성 없는 데이터(inconsistent data): 잘못 기입되거나 잘못 전달된 데이터, 변수 이름이 부정확한 문제 등으로 인한 오류들을 판별하여 바로 잡아야 한다.

데이터 전처리 2: 데이터 통합

데이터 통합에서 가장 중요한 것은 유일 식별자(unified identifier)가 존재하는지 확인하는 것이다. 존재한다면 식별자를 사용하여 중복된 데이터를 제거하거나 다양한 데이터들을 하나의 데이터 집합으로 통합한다. 통합 과정에서 필요 없는 데이터나 변수는 제거하고 같은 데이터인데 변수의 이름이 다를 경우 변수 이름을 통일하여 통합시킨다. 데이터 집합을 통합시키기 전에 보통 식별자를 사용하여 정렬(sorting)이나 색인화 (indexing) 작업을 진행한다. 그래야 데이터 통합 시간이 절약되기 때문이다. 유일 식별자가 존재하지 않으면 이를 위한 개발 작업도 반드시 필요하다.

데이터 전처리 3: 데이터 변환

데이터 변환은 다양한 이유로 진행되나 주로 변수들의 속성을 통일시키기 위해서 한다. 예를 들면, 사과와 오렌지의 가치를 단지 무게로 비교할 수 없듯이 서로 다른 변수들을 동일한 척도(scale)로 비교하기 위해서 이루어진다. 데이터를 변환할 때 착안해야 할 개념의 종류는 아래와 같다.

- 통합(Aggregation): 합, 평균 등 기초 통계
- 조절(Smoothing): 구간화(Binning), 군집화(clustering), 회귀화 (regression)
- 일반화(Generalization): 계층적 일반화(예를 들어 동, 통, 시, 군, 구, 도 등)
- 새로운 속성 변환(New attributes): 예를 들면, 3을 log3이나 3*3으로 바꾸는 변환 작업.
- 표준화(Normalization): 정해진 구간이나 범주 내의 숫자화(예를 들어 1.Min-max 표준화, 2. Z-score 표준 정규화, 3. 구간 정규화).

다음 공식은 표준화의 한 사례로 Z-score 표준 정규화하는 방식이다. 데이터 표준화에 가장 많이 활용한다.

> **Z-score 표준 정규화 공식(Z-score normalization)**
>
> $$v' = \frac{v - mean_A}{stand\_dev_A}$$

데이터 전처리 4: 데이터와 차원 축소(변수 선택)

데이터의 사이즈를 축소하고 모델의 단순화와 시각화를 위해 대표적인 변수들을 선택해야 한다. 이때 너무 많은 변수를 모델 개발에 사용하는 것은 모델의 정합성과 다중공정성 문제도 제기될 수 있다(모델에 따라 다르겠지만 저자의 경험상 대략 20개 이하의 변수가 적당하다).

변수 선택 방법에는 단계별 전방 선택(step-wise forward selection), 단계별 후방 제거(step-wise backward elimination), 전방 선택 결합(combining forward selection), 후방 제거(backward elimination), 의사결정 나무(decision-tree) 방법이 사용된다.

그리고 차원 축소를 위해 여러 개(N)의 변수를 K개(K〈N)로 축소하는 주요 구성 성분 분석(principal component analysis) 방법이 있다. 데이터 사이즈를 줄이는 방법은 데이터 압축(Data compression), 이산 웨이브릿 변환(Discrete wavelet transform) 축소와 추정 모수(Parameter)는 보관하고 데이터는 버리는 방법으로 회귀 모델이나 로그 선형 모델(log-liner model) 있고 비모수 방법으로 히스토그램(Histograms), 그룹화(clustering), 샘플링(sampling) 방식 등이 있다.

데이터 전처리 5: 데이터 이산화

데이터 이산화 작업이란 연속 변수를 구간으로 쪼개 이산 변수로 만드는 것을 말한다. 이산화시키는 방법은 히스토그램 분석, 그룹화 (clustering) 분석, 엔트로피(Entropy)식 이산화, 세분(segmentation)식 그룹화를 이용하거나 단계별 일반화 방법을 사용한다.

데이터 전처리가 어느 정도 마무리되면 분석 주제에 대한 현황과 조사연구한 내용들을 정리하여 보고서를 작성하면 된다. 문제는 선택이다. 예를 들어 여러 가지 데이터 이산화 방법 중 어떤 방법이 가장 적절할지 선택하는 것이 관건이다. 데이터의 속성에 따라 다르고 분석 목적이나 분석가의 경험에 따라 선택을 달리 할 수 있다. 이처럼 데이터 전처리는 같은 데이터를 두고 경우에 따라 다양한 방식으로 다르게 진행될 수 있다.

데이터 가공, 전처리 사례로 한국 대기질 예보 시스템에서 제공한 대기 환경 데이터를 활용한 대기 환경 지수를 간단히 살펴보자. 대기 환경지수는 미세 먼지, 황사 수준, 녹지 비율 등의 대기 상태 정보를 통해 지역의 환경 수준을 표현하는 통계 모형이다.

통합 대기 환경 데이터(한국 대기질 예보 시스템)

외부 데이터	통합 대기 환경 지수	SO2/ CO/O3 NO2/ PM10/ PM25	대기 환경 측정 지표 활용	–	시	분기	통합 대기 환경 지수	한국 환경 공단
	녹지 비율	녹지 지대 비율	지역별 녹지 비율이 높으면 대기 환경에 긍정적인 것으로 감안	지역 면적 대비 녹지 지대 비율 환산	시, 군, 구	연	용도 지구	한국 토지 주택 공사

295

아래 표는 위 데이터의 품질과 현황을 파악하기 위해 프로파일한 내용들이다.

번호	한글 칼럼명	타입	건수	결측치	합계	평균	최소	최대	표준편차
1	초미세 먼지 농도	숫자형	250	32	5242	24.046	12	49	6.2540
2	일산화 탄소 농도	숫자형	250	32	1512	0.694	0.1	1.7	0.2222
3	녹지 비율	숫자형	250	34	1397135	64.682	0	92.92	21.8698

우선 대기 환경표의 측정소 주소가 정확한 주소 형식을 따르지 않았으므로 행정안전부에서 제공하는 주소 정제 시스템 솔루션을 활용하여 주소를 정제했다. 그리고 대기 환경 데이터를 시도별 측정소 단위로 재정리한 후, 월별로 다시 집계했다.

대기 환경 지수는 주성분 알고리즘(Principle Component Analysis, PCA)을 사용하여 SO2, O3, PM25, … 등, 여러 대기 지표값의 주성분을 분석하여 찾아낸 첫 번째 주성분을 지수화한 값이다.

데이터 전처리와 모델링의 흐름 사례

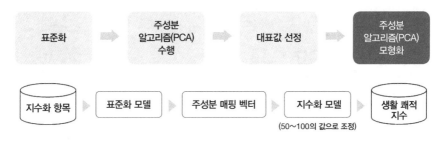

넷째마당

4차 산업혁명,
데이터 자본주의가 온다

16 데이터 경제 시대, 무엇을 준비해야 하나?

17 데이터의 양면성, 보호 vs. 공개

God grant me the serenity to accept the things I cannot change;
Courage to change the things I can; And wisdom to know the difference.

신이시여, 우리가 바꿀 수 없는 것에는 평온을 주시고
바꿀 수 있는 것은 바꿀 용기를 주십시오.
그리고 이 둘을 분별할 수 있는 지혜를 허락하소서.

— 라인홀드 니버(Reinhold Neibuhr)

미국과 유럽에서는 신규 고객 창출, 신규 시장 개척, 신상품 개발 및 기업 운영의 효율성 향상을 위해 다양한 형태로 다양한 주제의 외부 데이터를 이미 1970대부터 구매하여 사용하고 있다. 데이터는 기업의 자산이며 내부 운영의 효율화에 기여할 뿐 아니라 데이터 자체가 상품으로 판매, 거래될 수도 있다. 우리 정부도 개방된 공공 데이터 및 오픈 데이터를 활용해 새로운 일자리를 창출하고 4차 산업혁명의 성장 동력을 마련하려면, 정보 활용에 관련된 법 조항과 데이터 경제 환경을 조성하는 근본적인 대책이 필요하다고 본다.

넷째마당에서는 기존 데이터 활용에서 빅데이터의 의미를 알아보고, 사회적 이슈가 되고 있는 공공 데이터의 개방 현황과 활용 방안, 그리고 데이터 연계, 융합 관련 이슈에 대해 알아보겠다. 또한, 신규 일자리 창출과 데이터 기반 산업 환경 변화에 기여할 데이터 유통 시장에 대한 국내외 현황을 간단히 살펴보고, 데이터 활용으로 인한 정보 공개와 정보 보호 문제의 양면성에 대해서도 생각을 나눠보고자 한다.

16

데이터 경제 시대,
무엇을 준비해야 하나?

빅데이터 기술은 많은 데이터 활용 기회를 제공하지만 현업에서 성공적 결과를 얻기까지는 선행되어야 할 과제가 많다. 16장에서는 빅데이터 기술 활용에 있어 선행되어야할 몇 가지 중요한 과제들과 데이터(가공) 시장의 현황에 대해 살펴보고자 한다.

빅데이터의 가치

빅데이터의 새로운 기술인 ETL+3T 빅데이터 플랫폼 프로세스를 적용하면 데이터 허브(또는 데이터 스토어)의 기본 개념은 특별히 새로울 게 없지만, 그 내용은 획기적이다. 즉 기존의 RDBMS나 EDW 개념에서 한 걸음 더 나아가 하둡 에코시스템을 기초로 기존의 ETL(Extract, Transform, Load: 추출, 변환, 탑재)과 3T(Transfer, Transform, Translate: 전달, 변환, 해석) 프로세스를 동시에 적용하면 부분적 사일로(silo), 즉 중간 단계의 허브에서 전사적 데이터센터가 가능한 전사적 데이터 허브가 가능하다.

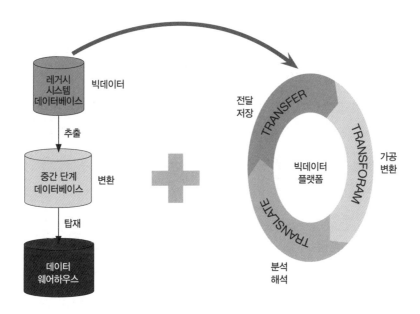

하둡 플랫폼 시스템에서는 일차적으로 기존의 전사적 데이터 웨어하우스인 ETL 방식을 포함하고, 모든 데이터를 수집하는 즉시 의무적으로

하둡 플랫폼으로 전달(Transfer)하는 과정이 존재한다. 그리고 데이터가 시스템에 들어오면 정제되고 표준화되고 변환(Transform)되는데, 이 모든 통합 과정이 하둡 시스템 내에서 이루어지고 데이터 과학자가 배치 작업으로 분석(Translation)을 한다. 그리하여 하둡은 중앙집중적인 전사 데이터 스토어와 통합 데이터 인프라로 구성된다. 통합된 빅데이터 인프라는 다음과 같이 3가지 영역에 초점을 두어야 한다.

1. 속도

데이터가 갈수록 커져감에 따라 데이터를 더 빠르게 프로세스하고 분석하는 것이 더욱 중요해졌다. 인메모리 데이터베이스 프로세스가 관심을 모으고 있는 것도, 하둡 2.0이 준실시간 프로세스를 제공하게 된 것도 같은 이유에서다. 또한 빅데이터 분석에 있어서의 변환도 중요한데, 센서 데이터나 스트림 인터넷 데이터를 실시간으로 분석 처리할 수 있게 되었다. 데이터 저장 비용이 계속해서 줄어들고 있기는 하지만 기업은 여전히 실시간으로 분석해서 불필요한 데이터는 제거하고 꼭 필요한 것만 저장하여 데이터 저장 비용을 더 많이 줄이기를 원한다.

2. 데이터 품질

모든 데이터가 다 가치 있는 것은 아니다. 데이터 품질은 활용 단계에서 심각한 문제로 작용한다. 특히 빠른 속도로 이동하는 디지털 환경에서 오염된 데이터로 인한 피해는 치명적이다. 이를 예방하기 위해 몇몇 기업은 실시간으로 데이터 품질 관리 과정에 경고 장치까지 마련하여 감시를 하고 있다. 이 기업들은 기계학습을 이용하여 데이터 자체 품질이나 데이터 품질 규칙의 새로운 이슈를 발견하고 새로운 데이터 품질의 규칙을 규정하기도 한다.

3. 애플리케이션들의 조화

빅데이터는 기업에게 기회를 제공하지만 그에 따르는 기술적 도전도 만만치 않다. 그 기술적 문제, 즉 기업들이 다양한 채널에서 생성되는 고객 데이터를 이해하고 분석하여 현업에 적용하는 문제를 해결하기 위해 다양한 애플리케이션이 개발되고 활용될 것이다. 그렇게 되면 기업은 최적의 애플리케이션을 선택하는 것으로부터 시작해 목적에 맞게 활용하고 서로 다른 애플리케이션들을 조화롭게 조합하여 성과를 내는 것까지도 또 다른 큰 도전이 될 것이다.

빅데이터 시대의 진정한 의미는 중요한 의사 결정을 내릴 때 직감이 아닌 데이터에 기초해 과학적이고 합리적인 결정을 내리겠다는 조직 문화의 변화에 있다. 데이터 경제 시대를 맞아 다시 한번 짚어봐야 할 것은, 글로벌 기업들의 빅데이터 성공 사례는 지난 90년대 말부터 시작된 조직 문화의 변화가 이루어낸 결실이라는 것이다. 그 과정에서 플랫폼 기술의 혁신이 크게 기여한 것은 맞지만, 새로운 플랫폼 기술만으로 지금의 빅데이터 성공 사례가 만들어진 것은 아닌 것이다.

앞에서도 살펴보았듯이 빅데이터 기술을 현업에 활용하고 있는 미국 기업들의 빅데이터 활용 단계는 성숙 단계인 5단계에 이르렀다. 다음 그림을 보면, 기술 도입기인 1단계부터 기술에 적응하는 2단계를 거쳐 비즈니스에 부분적으로 적용하다가 전사적으로 활용하고 상시적으로 현업에 활용하기까지, 빅데이터 활용은 일련의 단계별 발전을 요구하는 것을 알 수 있다.

현재 한국 기업이나 기관 중 비교적 일찍부터 빅데이터 기술을 비즈니스에 활용하고 있는 곳은 3단계인 비즈니스 적용 단계에 있고, 이제 막 빅데이터 플랫폼을 구축한 곳은 2단계인 기술 적응 단계에서 빅데이터 현황 분석에 빅데이터 기술을 활용하고 있다. 그리고 아직 대부분의 기업과 기관들은 1단계인 도입기에 머물러 있다.

빅데이터 활용 성숙 5단계

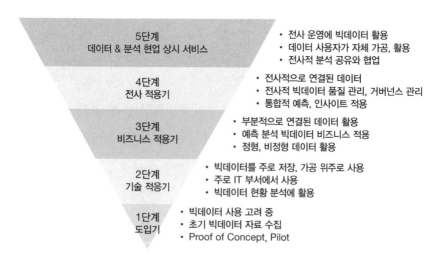

빅데이터 활용 단계에서는 데이터 과학의 분석적 활용 방식이나 BI 적용 방법, 평가 및 모니터링 방식 등에서 기존의 방식을 그대로 적용해도

큰 무리가 없다. 빅데이터의 새로운 기술은 마치 그동안 작은 집에 살면서 작은 집에 맞게 활용해 오던 데이터를 큰 집으로 옮겨와서 큰 집의 구조에 맞게 활용할 수 있는 여력이 생긴 것과 같다.

공공 정보 공개, 데이터는 자산이다

2013년, 우리 정부는 정부 3.0 시대를 열어 데이터 중심의 창조 경제를 구현하고 대국민 서비스를 개선하겠다고 선언했다. 그 이후 20개 중앙부처와 5개 시도가 주요 정보를 공개해 이제 누구나 공공 정보를 활용할 수 있게 되었다. 이제 데이터를 활용한 스타트업이 가능해진 것이다.

연도별 공공 DB 개방 계획

구분	계	2013	2014	2015	2016	2017
계	6075	726	2067	1580	871	831
중앙부처 등	1456	329	526	403	125	73
지자체·교육기관	2841	228	1010	738	425	440
공공기관	1778	169	531	439	321	318

출처: IT&FutureStrategy, 오픈 데이터 플랫폼과 국가 데이터 전략 방향 제16호(2013. 12.) 한국정보화진흥원

교육부의 대학 정보 공시, 법무부의 모바일 형사 사법 포털 서비스, 해양수산부의 해상 교량 현황 발표, 조달청의 공사 유형별 공공 공사비 공개, 경찰청의 경찰 민원 처리 종합 개선 추진, 방재청의 계약 정보 공개

시스템 구축 등도 정부 3.0이 시행됨에 따라 공개된 사례들이다. 이와 더불어 미래부와 정보화진흥원은 빅데이터 활용 인프라와 사회적 붐 조성을 위해 2013년 시범 사업을 주관하여 우수 사례를 조기에 확산하고 주요 산업별 선도 활용 프로젝트를 추진하는 등 지속 가능한 빅데이터 활용 생태계를 조성하려는 노력을 아끼지 않고 있다.

공공 데이터 활용을 위한 첫걸음은 데이터 통합

정부의 노력으로 많은 데이터가 개방되었지만, 이를 활용하여 성과를 내기까지는 아직 갈 길이 멀고 험하다.

IDC가 기업을 대상으로 한 설문 결과(2013년)에 의하면, 빅데이터 플랫폼 구축 과정에서 가장 큰 애로 사항으로 다음과 같은 것들이 지적되었다.

1. 데이터 통합, 관계, 원인 또는 분산 등의 복잡성
2. 빅데이터 프로젝트를 수행하기 위한 IT 전문가의 부족
3. 활용 과정의 고비용
4. 빅데이터 기술의 디자인(기획)과 적용을 위해 긴 시간이 소요
5. 데이터 분석 전문가의 부족
6. 방대한 데이터에서 활용 가능한 데이터의 선택
7. 낮은 데이터 품질
8. 기존의 분석 시스템과의 통합의 어려움
9. 충분하지 않은 컴퓨팅 자원(분석 처리)

이외에도 주요하게 고려할 사항이 있다. 각기 다른 기관과 부처에서 생성된 사일로(silo) 데이터를 통합하여 융·복합된 인사이트를 찾기 위해서는 무엇보다 데이터 통합이 필요한데, 통합 과정에서 각각의 데이터들을 연결하는 식별 번호(key)도 반드시 기획 과정에서 고려해야 할 사항이다. 기관이나 기업에서는 지금껏 주민등록번호를 사용해 왔으나 주민번호 사용이 법으로 금지된 상황에서 이를 대체할 식별 번호를 찾아야 한다.

설문 조사 기관인 포레스터의 기업 조사에서, 빅데이터를 어느 분야에 활용할 것이냐는 질문에 응답자의 45%가 마케팅에 활용하고, 43%가 기업 운영에, 38%가 영업에 활용할 것이라고 답했다. 대다수 기업이 일순위로 꼽은 마케팅 분야의 가장 큰 염원은 데이터를 활용한 1대1 마케팅, 360도 시각의 개인 고객 분석 마케팅이다. 영업과 고객 관리도 마찬가지다. 그런데 현업 활용 과정에서 최소 가구 단위조차도 식별이 되지 않은 데이터를 사용할 경우 마이크로 타기팅(Micro Targeting)이 아닌 대중 마케팅(Mass Marketing)이 될 수밖에 없다.

산업별 활용도가 높은 데이터는 금융, 통신, 정부, 교육, 소매 등 주로 단위 식별이 필요한 데이터들이다. 예를 들어 통계청 공공 데이터를 적절히 활용하기 위해서는 읍, 면, 동을 평균 30개 정도로 나눈 크기인 집계구 단위를 조사구 단위로 더 세분화하는 것도 가능해야 하고, 정제 과정에서는 가구 단위로도 활용할 수 있어야 한다. 사실 조사구 단위도 평균 60가구 정도를 포함한 단위라서 마이크로 타기팅 마케팅에 활용하기에는 역부족이다. 그리고 개방된 공공 데이터라도 일단 가공이 되면 통합 과정에서 문제가 된다. 따라서 원천 데이터를 가공한 분석 과정에 대한 상세 설명과 데이터의 품질 상태를 알 수 있도록 그에 대한 정보도 함께 제공되어야 한다.

정부가 공공 데이터를 개방해서 높은 부가가치를 창출하겠다고 전략을 세웠지만, 정작 데이터 정제 과정에서 기업 데이터와 통합되지 않으면 데이터의 의미를 해석하기 어렵고 현업에서의 활용 가능성도 매우 낮아질 수밖에 없다.

외국의 가공 식별 번호 및 가공 데이터 판매 사례 살펴보기

기업이 보유하고 있는 예비 고객 정보나 상품 판매 시 수집한 고객 정보를 포함해 오래된 고객 데이터는 최근 데이터로 업데이트해야 실제로 활용이 가능하다. 그리고 이 데이터들을 개방된 공공 데이터와 연결해서 사용하기 위해서는 통합 과정에 식별 가능한 정보가 있어야 한다.

외국에서는 내·외부 고객 데이터를 통합하여 정제하는 고객 매칭 시스템이 잘 개발되어 있어 중복된 내용이나 잘못된 주소를 빠르고 정확하게 정제한다. 잘못 매칭된 부정확한 데이터는 직접·간접적으로 기업에 더 큰 손실이 될 수 있기 때문에 데이터 정제 및 가공만 전문으로 하는 회사들을 주로 활용한다.

미국에는 데이터 가공 전문 회사로, 하트행크(Harte-Hanks), 이노베이티브 시스템(Innovative Systems), 데이터멘토스(DataMentors), 액시엄(Acxiom), 엑스페리언(Experian), 날리지베이스 마케팅(KnowledgeBase Marketing, KBM), 엡실론(Epsilon), 에퀴팩스(Equifax), 그리고 인포그룹

(Infogroup) 등이 있다. 이들은 90% 이상의 개인에 대해서 식별이 가능한 고객 매칭 시스템을 가지고 있다.

다음 그래프는 개인 식별을 위한 데이터의 품질 조사 자료이다. 2000년부터 2011까지 미국의 주요 데이터 정제 회사들이 가공한 데이터를 샘플 데이터와 비교해 마케팅에 즉시 활용할 수 있는 비율을 연도별로 나타낸 것이다. 이 그래프에서 알 수 있는 것은 미국에는 이런 데이터 정제 및 가공 사업 모델이 2000년 초 이전부터 있었다는 사실과 데이터를 정제 및 가공한 후에는 거의 90% 이상이 마케팅에 활용할 수 있는 데이터로 새롭게 변모한다는 사실이다. 액시엄에 따르면 마케팅에 활용이 가능하다(marketable record)는 의미는, 예를 들어 홍보 우편물을 발송한다면 데이터의 우편 주소에 적힌 바로 그 사람에게 우편물이 한 번에 정확

마케팅에 활용할 수 있는 데이터의 비율

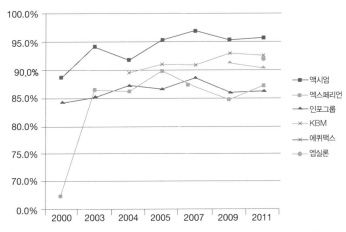

자료: Acxiom 2011년

히 전달된다는 것을 뜻한다.

미국에서 마케팅에 활용하기 위한 데이터를 가공하는 회사 중 액시엄, 엑스페리언, 데이터플럭스(DataFlux), 트릴리움(Trillium), 인포메티카(Informatica) 같은 회사들은 식별 문제를 해결하기 위해 각기 고유 식별 번호를 생성하여 활용하는데, 특히 액시엄의 어빌리테크(AbiliTec)와 엑스페리언의 트루뷰(Truvue)는 고유 식별 번호를 생성하기 위해 참고 데이터베이스를 활용한다. 이들은 미국뿐만 아니라 영국 및 다른 나라 지사에서도 이 식별 시스템을 사용한다. 이 시스템은 회사가 보유한 참고 데이터베이스를 기준으로 가공하여 생성되는데, 이 참고 데이터베이스는 완벽하지는 않지만 다른 어떤 방법보다 믿을 만하다. 리서치 회사 랍어소시에트(Raab Associates)에 따르면 참고 데이터베이스를 활용한 매칭 시스템이 자체 데이터 품질 관리 시스템보다 10~20% 이상 더 정확하다고 한다. 데이터 활용의 핵심 조건은 뭐니 뭐니 해도 데이터 품질이기 때문에 외국 기업들은 비용을 지불하고서라도 외부 매칭 시스템을 구매한다.

이 회사들은 자체 개발한 식별 번호를 내부 활용 용도로도 사용하지만 외부 기업 고객에게도 판매하고 있다. 이 식별 번호는 주민등록번호처럼 누구나 아는 번호가 아니라서 유출되어도 크게 문제가 되지 않는다.

국내외 데이터 시장 현황 살펴보기

미국의 데이터 시장 현황

외국 기업들은 IT, 통신, DB/컨설팅, 금융권 등 다양한 업종에서 데이터베이스 기반의 비즈니스 모델로 사업을 진행 중이며 내부 활용 및 외부 사업 활용을 목적으로 하고 있다. 또한 이들 기업이 각각 생성한 데이터를 수집 가공하여 판매하는 데이터 브로커 회사들도 있다. 데이터 브로커들이 판매하는 상품은 원천 데이터와 가공된 데이터로 구분된다. 원천 데이터는 개인의 나이나 자녀 여부, 성별 등이고, 가공 데이터는 원천 데이터를 가지고 추정한 개인의 성향에 관한 데이터들이다. 예를 들면 브랜드 선호, 소비 성향, 유사 브랜드 선호 등 비슷한 성향의 그룹으로 세분화한 고객 특징 데이터들이다. 이들 가공 데이터는 기업뿐만 아니라 공공기관이나 정부기관에서도 구매하여 활용한다. 특히 마케팅을 위한 고객 세분화는 1990년대 클라리타스(Claritas)라는 회사에서 개

미국의 대표 브로커 회사들 금액 단위: 10억 달러

회사명	설립연도	매출	회사명	설립연도	매출
엡실론	1975	0.80	아이디애널리틱스	2002	–
액시엄	1969	1.20	피크 유	2006	–
에퀴팩스	1899	1.80	래플리프	2001	–
하트행크스	1923	0.12	레코드 퓨처	2009	–
인텔리우스	2003	0.32	트릴리움	1988	–
머클	1988	0.30	인포그룹	1972	0.38
메레디스	1902	1.50	엑스페리언	1980	0.40
렉시스넥시스	1966	3.20	데이터플럭스	–	–
코어로직	1991	–	데이터멘토스	1999	–
데이터로직	1972	–	이노베이티브 시스템	1968	–
이브로	2004	–			

발한 프리즘(PRIZM)이 잘 알려져 있다. 프리즘은 정부 센서스의 인구 데이터를 바탕으로 그룹을 나누고 라이프 스타일 세분화로 포괄적인 고객 인사이트를 제공했다. 이러한 제품과 함께 다양한 데이터 상품을 제공하는 미국의 대표 브로커들은 액시엄(Acxiom), 엡실론(Epsilon), 인포USA그룹(InforUSA), 데이터로직(DataLogic), 머클(Merkle) 등이 있다.

미국 데이터 브로커 회사들이 판매하는 데이터는 주로 마케팅, 위험 관리, 사람 검색에 관련된 정보들이다. 그리고 이 회사들의 데이터를 활용하는 DM(Direct Marketing) 관련 광고 회사와 디자인 컨설팅 회사, 웹 채널 분석 컨설팅 회사, 데이터 위주 마케팅 캠페인 등 다양한 마케팅 관련 비즈니스 모델이 활성화되어 더 많은 부가가치를 창출하고 있다. 또한 관련된 IT 기술이나 소프트웨어 개발도 활발하게 이루어져 고급 일자리 창출에도 상당한 기여를 한다. 데이터 브로커 회사들의 고객은 대부분의 글로벌 회사들과 카드 회사, 자동차 제조, 소매, 은행, 보험, 항공, 호텔 등이고, 이 데이터들은 다양한 산업 분야에서 활용된다.

미국 다이렉트 마케팅 협회에 따르면, 2012년 한 해 동안 데이터 관련 가공 및 판매 산업 분야에서 1,560억 달러의 가치를 창출해 미국 경제에 기여한 바가 크다고 한다. 일자리도 675,000개나 창출한 것으로 집계 됐다(캘리포니아 주에서만 90,000개의 일자리와 210억 달러의 가치를 생성했다). 그야말로 한국의 DB 관련 전체 매출과 일자리에 맞먹는 규모이다. 특히 데이터 관련 가공 및 판매 산업의 가치 중 70%는 기업 간의 데이터 교환 및 판매에서 비롯되었다고 하니 엄청난 데이터 중심의 경제 규모(Data

Driven Economy)가 생긴 것이다.[1]

국내 데이터 시장 현황

영/미 진영 및 유럽, 일본에서는 개별 가구 단위의 다양한 마케팅 데이터 활용이 일반화되어 다양한 분야/방식의 데이터 구매 시장이 존재하나, 국내 데이터 구매 시장은 아직 활성화 되지 못하고 있다. 지오비전이나 비씨카드, 케이웨더 등에서 위치 기반 고객 세분화 데이터와 유동 인구, 통계, 날씨 정보 등을 생성 판매하고 있는 수준이다. 국내 데이터 구매 시장이 활성화되지 못한 이유는 다음과 같다.

1. 데이터 가공 과정의 식별 문제
2. 국가/공공 통계의 공개 수준 차이: 공개 항목 수가 영/미 국가보다 현저하게 낮다.
3. 국가 DB 구축 수준의 차이: 구축 경험, 누적 연도, 세밀한 통계 작성, 기술 및 법적 문제 등 국가 인프라에 차이가 있다.
4. 민간 가공 데이터의 부족: 각 개별 데이터와 통합 서비스가 부족하다(소득 정보, 구매력 정보, 매출 정보, 교통 정보, 주거 정보 등).
5. 데이터 품질 및 관리의 공신력의 문제
6. 데이터 경제를 고려하지 않은 개인정보보호법

2012년 한국데이터베이스진흥원의 국내 데이터베이스 산업 시장 분석 결과 보고서에 따르면, 데이터 서비스 시장 활성화를 가로막는 장애

---

[1] "The Value of Data: Consequences for Insight, Innovation, and Efficiency in the U.S. Economy", *DMA's Data-Driven Marketing Institute (DDMI)*, October 14, 2013.

요인으로 서비스 유료화에 대한 인식 부족, 대형 포털 서비스의 확장, 관련 법제도의 부재, 공공기관의 유사 서비스 확대 등이 차례로 순위에 올랐다. 그리고 유통 과정의 문제점으로는 낮은 대가의 거래, 고객의 과도한 작업 요청, 대금 지급 지연, 대금 감액 요청, 거래의 일방적 취소, 거부, 기술 제공 강요, 거래 대가로 타상품 강매 등 순으로 복수 응답했다. 데이터 활용 과정의 가장 큰 문제점으로는 데이터 이용 절차와 방법의 부재, 데이터 생성 여부 및 소재 확인 곤란, 저작권 처리 미흡, 데이터 품질의 미흡, 수집 비용의 과다, 데이터 가격 산정의 곤란 등이 지적되었다. 이중 이용 절차와 방법 부재의 문제는 법적으로 명확한 가이드라인을 제시하지 못한 탓이다. 그리고 데이터 생산 여부와 소재 확인이 곤란한 이유는 정상적이고 투명한 데이터 구매 시장이 형성되지 못했기 때문이다. 현재 한국에서 판매되는 데이터는 한국데이터베이스진흥원에서 운영하는 DB스토어에서 영역별로 구분하여 검색할 수 있으나 기업에서 가장 많이 필요로 하는 영업이나 마케팅 분야에 활용할 만한 데이터는 그리 많지 않다. 상업용 데이터를 원활히 활용할 수 있는 여건이 아직 마련되어 있지 않은 것이다.

국내 데이터 유통 활성화를 위한 노력

국내 대표 데이터 포털 및 데이터 마켓 현황을 조사해보면 국내 데이터 포털의 경우 중앙정부, 지방정부, 공공기관, 민간에서 운영되고 있다. 공공에서 운영하는 데이터 포털의 경우, 자체 플랫폼을 활용하고 있고 일부는 CKAN(Comprehensive Knowledge Archive Network)을 활용하여 데이터 목록(카탈로그)을 제공하는데, 수원시의 경우, 일부 데이터 집합을 CKAN API로 제공하고 있다. 국가에서는 향후 오픈소스 데이터 플랫폼인 CKAN을 기반으로 데이터를 연계하려는 움직임을 보이고 있으나, 현재 민간 대기업에서 운영하고 있는 데이터 마켓들은 자체 플랫폼을 통해 운영되고 있다. CKAN이란, Open Knowledge International 기관에서 개발한 공공데이터 오픈 소스 플랫폼으로, 영국의 공개 데이터 포털 data.gov.uk 및 EU의 publicdata.eu, 브라질의 dados 등, 국가 및 국제 정부 포털과 다양한 데이터 포털에서 사용되고 있는 데이터 연계 플랫폼이다. CKAN은 데이터의 배포, 저장, 시각화, 연계, 검색 및 활용, 기능 확장, 보안 및 인증, 이력 및 사용 통계, 커뮤니케이션에 대한 주요 기능을 지원한다. 다양한 데이터에 대해 메타데이터의 관리가 편리하다는 이점이 있고 상호 연관되는 표, 그래프, 맵을 통해 사용자에게 익숙한 형태의 미리 보기를 제공한다. 또한, CKAN은 또 다른 CKAN 네트워크와 연합이 가능하여, 사용자 참여가 쉽고 커뮤니티를 통한 의견을 공유할 수 있는 기능도 있다.

CKAN 기술 발전 동향

2010	2010	2012	2013	2015	2016	2017
ver 1.1 검색 기반 확립 API 제공	ver 1.3 인증	ver 1.8 소셜 기능, 데이터 스토어 추가	ver 2.0 조직 기반 인증, 프런트엔드 기반 변경, 뉴스피드 대시 보드 개인화	ver 2.3 시각화 기능 개선, 통합 표준화 관련 확장 기능 추가	ver 2.4 인증관련	ver 2.6 개인 데이터 집합 검색 기능 추가

출처: https://delftswa.gitbooks.io/desosa2016/content/ckan/chapter.html의 그림을 인용하여 재구성(데이터 진흥원)

다음은 2017년 데이터 진흥원에 올라온 국내 주요 공공/민간 데이터 포털 및 오픈 데이터 마켓에 등록된 데이터의 주제들이다. 이를 보면 다양한 주제의 데이터가 사이트의 성격에 따라 각각 다른 특징을 갖고 있다는 것을 알 수 있다.

국내 주요 공공/민간 데이터 포털 및 오픈 데이터 마켓의 주제　(2017년, 데이터 진흥원)

데이터 포털명	공공 데이터 포털	수원시 공공 데이터 포털	데이터 스토어	빅데이터 허브	오디피아	API store
공공/ 민간	공공	지방 정부	공공	민간	민간	민간
구분	데이터 포털	데이터 포털	데이터 마켓	데이터 마켓	데이터 마켓	데이터 마켓
주제	교육, 국토관리, 공공행정, 재정금융, 산업고용, 사회복지, 식품건강, 문화관광, 보건의료, 재난안전, 교통물류, 환경기상, 과학기술, 농축수산, 통일 외교안보, 법률	공공행정, 과학기술, 교육, 교통물류, 국토관리, 농축수산, 문화관광, 보건의료, 사회복지, 산업고용, 식품건강, 재난안전, 재정금융, 환경기상	맛집/여행, 날씨/기상, 교통, 지도/지리, 영화/공연/음악, 쇼핑/고객, 기업일반, 건강/보건, 취업/창업, 금융/증권, 통계/산업동향, 부동산, 생활일반, 경매/입찰, 과학기술/자연, 논문/도서, 사진/미술, 스포츠/레저, 여성/육아, 오락/게임, 인문/사회, 자격증/시험, 전통문화, 특허/신안, 유학/연수, 물류/운송, 교육	금융, 산업동향, 유통, 날씨, 환경, 복지, 과학, 생활, 교육, 컴퓨터/정보, 게임, 미디어, 공연/예술, 관광, 건강/식품	인구/가구, 고용/노동, 임금, 교육/문화/과학, 교통/기상, 도소매/서비스, 범죄/사건/사고, 건설/주택/토지, 보건/사회/복지	텍스트, 지도/로케이션, 대중교통, 정보/검색, 비즈니스, 미디어, 날씨, 빅데이터/분석, 서울시 공공데이터, 쇼핑, SNS/Social, 경제/금융, 포털/인터넷, 채팅/메신저, 사진, 음악, Blog, Schedule, Database, 기타

이러한 다양한 다른 데이터들을 연계하고 결합하면 더 가치 있는 통찰력을 도출할 수 있다. 정부의 공공 데이터가 더 개방된다면 4차 산업혁명 및 지능정보 사회로의 진입하는 중요한 역할을 할 것이다. 데이터 비즈니스의 생태계 조성을 위해서는 공공 데이터와 민간 데이터의 연계를 통한 새로운 데이터 자원의 생성 및 유통은 필수이다.

CKAN은 이미 어딘가에 발표된 데이터의 목록으로 시작했고 공공 서비스의 투명성을 개선하는 목적을 가진 공공기관과 정부에 의해 널리 후원을 받으며 발전해 왔다. 앞으로 정부 데이터 목록(catalog)을 만드는 데 있어 소프트웨어를 처음부터 개발하는 것보다 세계 여러 나라 정부에서 도입하여 사용 중인 무료 및 오픈 소스 기반 플랫폼(CKAN 등)을 활용한다면 초기 인프라에 대한 투자를 줄일 수 있을 것이다.

17

데이터의 양면성,
보호 vs. 공개

데이터의 생성 주체를 보면 기계 설비나 사물에 대한 데이터를 제외하고는 거의 모든 데이터가 살아 있는 자연인에 관한 개인 정보들이다. 개인 정보들은 활용 가치와 사생활 침해라는 양면성을 가지고 있다. 17장에서는 데이터의 양면성에 대해 의견을 나누고 미국이 지난 40년간 개인정보보호를 위해 노력해 온 흔적들을 간단하게 정리하였다.

데이터의 양면성, 보호와 공개의 두 얼굴

개인 정보는 개인의 인격이나 재산 보호 및 신체 보호 등과 관련된 민감한 정보와 타인이 알아도 문제가 되지 않는 주로 개인 활동 정보인 비민감 정보들로 구성되어 있다. 다음 표의 개인 정보 종류는 한국인터넷진흥원의 개인 정보 보호 포털에서 제시한 것이다.

개인 정보의 종류

인적 사항	성명, 주민등록번호, 주소, 본적지, 전화번호 등 연락처, 생년월일, 출생지, 이메일 주소, 가족관계 및 가족구성원 정보 등
신체적 정보	(신체정보) 얼굴, 지문, 홍채, 음성, 유전자 정보, 키, 몸무게, 등 (의료·건강정보) 건강상태, 진료기록, 신체장애, 장애등급, 병력(炳歷) 등
정신적 정보	(기호·성향정보) 도서 및 비디오 등 대여기록, 잡지 구독 정보, 물품구매내역, 웹사이트 검색 내역 등 (내면의 비밀 등) 사상, 신조, 종교, 가치관, 정당·노조 가입여부 및 활동내역 등
재산적 정보	(개인금융정보) 소득, 신용카드번호, 통장계좌번호, 동산·부동산 보유내역, 저축내역 등 (신용정보)신용평가정보, 대출 또는 담보설정 내역, 신용카드 사용내역 등
사회적 정보	(교육정보)학력, 성적, 출석 상황, 자격증 보유내역, 상벌기록, 생활기록부 등 (법적 정보) 전과·범죄기록, 재판 기록, 과태료 납부내역 등 (근로정보) 직장, 고용주, 근무처, 근로경력, 상벌기록, 직무평가기록 등 (변역정보) 병역여부, 군번, 계급, 근무부대 등
기타	전화통화내역, 웹사이트 접속내역, 이메일 또는 전화 메시지, 기타 GPS 등에 의한 위치정보 등

이 가운데 주민등록번호, 여권 번호, 카드 번호, 개인 아이디와 비밀 번호, 생년월일, 학교 성적, 범죄 기록, 의료 기록, 신체 정보, 신용 정보 같은 정보는 보호되어야 할 민감한 정보들이다. 특히 주민등록번호, 여권

번호, 지문, 유전자와 같이 개인의 신원을 확인할 수 있는 정보는 개인 식별 정보라고 한다.

개인은 정보 자기 결정권이 있어 자신에 관한 정보가 언제 누구에게 어느 범위까지 알려지고 또 이용되도록 할 것인지를 스스로 결정할 권리가 있다. 그리고 개인 정보의 오·남용으로 인해 야기될 수 있는 인격권 문제, 재산권 문제, 정치적 비판권 문제 등에 대한 위험을 예방하고자 하는 권리 내지 절차적인 권리는 보호되어야 한다.

그러나 개인 정보는 보호와 공개의 양면성을 가진다. 일례로 기업에서 마케팅에 활용하는 데이터는, 직접적인 인격권 침해나 정보의 오·남용으로 인한 재산권 피해, 그리고 정치적 비판권을 위협할 가능성이 있는 민감한 데이터는 쓰지 않는다. 바로 그렇기 때문에 마케팅을 위해 기업이 투자하고 노력해서 얻은, 원천 데이터를 가공한 개인의 비민감 정보는 기업의 자산이라는 것을 인정해야 한다. 이는 단국대 정준현 교수가 개인 정보 가운데 개인 식별이 가능한 비민감 정보는 영업의 자유가 우월하다는 것을 인정하고 차별적으로 이용 제한을 완화해야 한다는 의견을 제시한 것과 같은 맥락이다. 그리고 사안에 따라 유동적인 비민감 정보 중 개인 식별 정보도 영업이나 마케팅 목적이라면 법 테두리 안에서 활용할 수 있도록 가이드라인을 제공할 필요가 있다. 어떤 정보들이 개인 식별 정보인지 명백히 규정한 후, 민감한 개인 식별 정보를 제외한 나머지 비민감 개인 식별 가능 정보는 기업이 활용할 수 있도록 지침을 주어야 하는 것이다.

개인 정보의 종류

기본권의 종류 / 개인 정보의 유형	표현의 자유		영업의 자유
	언론 보도의 자유	사적 표현 및 광고 표현의 자유	
민감 정보(고유 식별 정보 포함)	개인 정보보호가 우월	개인 정보보호가 우월	개인 정보보호가 우월
비민감 정보 — 개인 식별 정보	언론 보도의 자유가 우월	사안에 따라 유동적	사안에 따라 유동적
비민감 정보 — 개인 식별 가능 정보	언론 보도의 자유가 우월	사적 표현 및 광고 표현의 자유가 우월	영업의 자유가 우월

출처: 〈창조경제시대에 있어 개인 정보의 이용과 보호의 조화를 위한 법정책적 제안,〉 정준현(단국대학교 법과대학)

2014년, 금융기관 고객 정보 관련 정부 종합 대책이 발표되었다. 수집, 보유, 활용, 파기 단계별로 법개정이 이루어진다고 하는데, 수집 정보의 최소화, 문자를 통한 권유 및 모집 행위 금지, 필요한 기간만 엄격히 보관, 제3자에게 제공된 정보 파기 확인 의무 등 금융업 자체를 할 수 없을 정도의 대책들도 포함되어 있다. 반면에 지난 40년간 개인 정보를 보호하기 위해 꾸준히 노력해 온 미국의 개인 정보 관련 주요 법안들을 보면, 미국은 신용, 보험, 고용, 주택 임대, 미성년자, 의료 정보 관련 등 주요한 사안을 제외하고는 개인 소비자 정보를 기업이 보유하고 마케팅에 활용하는 것에 대한 지침서는 있어도 금지시키는 법은 없다. 미국은 1970년에 만들어진 공정신용정보법(Fair Credit Reporting Act)의 적용을 받는 기관들과 마케팅 목적으로 데이터를 보유하는 기관들 그리고 사기 감지와 같은 위험 관리나 사람 검색 등의 목적으로 데이터를 보유하는 기관들로 구분하여 관리하고 있다.

미국의 개인 정보 관련 주요 법안들

개인 정보 활용 관련 미국의 주요 법안들	법안 내용
Fair Credit Reporting Act (FCRA), 1970	신용 관련
Health Insurance Portability and Accountability Act (HIPAA)1996	의료보험 관련
Children's Online Privacy Protection Rule (COPPA),1998	미성년자 관련
Financial Services Modernization Act,Gramm-Leach-Bliley,1999	금융기관 관련
Federal Trade Commission Act, Section5, 1914	스팸, Do not call, Do not mail, Do not track 관련 지침서 등
Electronic Communications Privacy Act (ECPA), 1986	전기통신 관련
Driver's Privacy Protection Act, 1994	운전자 개인 정보 관련
Family Educational Rights and Privacy Act,1974	학력 관련
Telecommunications Act, 1996	통신사 관련
Video Privacy Protection Act., 1988	비디오 관련
Computer Fraud and Abuse Act (CFAA), 1986	컴퓨터 사기 및 남용 관련

미국에서는 개인의 성향과 선호도를 추측하거나 분석하기 위해 빅데이터를 이용하고 분석 결과에 따른 조치나 결정을 내리는 경우, 또는 직접 마케팅, 행태 광고, 데이터 중개업, 트래킹 또는 위치 정보에 기반한 광고 목적으로 프로파일링하는 경우 정보 주체의 사전 동의가 필요 없다. 특히 개인정보보호를 위해서 권장하는 비식별화는 의료 관련 데이터와 개인의 고유 식별 정보와 같은 민감성 데이터에만 국한한다.

개인 정보 보호와 개인 정보 활용은 다르게 접근해야 한다

영업이나 마케팅 목적으로 외부 데이터가 간절히 필요한 사업에서는 불법적 데이터 수집 유혹에 빠질 수 있다. 지난 몇 년간의 대규모 개인 정보 유출 사건을 통해 드러났듯이 전국민이 이미 다 불법 데이터 활용 및 유통에 노출된 상태이다. 이렇게 대규모로 유출된 개인 정보는 대출, 휴대 전화 판매, 보험 등 영업 목적 이외에 일부는 불법적인 금융 이익(보이스피싱 등)을 위해 활용되었을 가능성도 있다. 그렇다고 기업의 데이터 관리나 보안 문제, 불법적 식별 번호 사용에 관한 문제들을 해결하려고 하기보다 데이터 활용을 아예 못하게 막으면서 정보 유출 문제와 개인정보보호 문제를 해결하려는 정부의 정책 방향은 합리적이지 못하다. 개인 정보의 성격과 내용이 매우 다양하고 폭넓음에도 불구하고 개인 정보 관련 법률이 일률적인 보호만을 목적으로 하고 그 이용 가치를 외면한다면 국가적으로 엄청난 손실이 아닐 수 없다.

한국인터넷진흥원의 유형별 개인 정보 침해 현황에 의하면, 불법적 주민등록 식별 번호 사용이 2012년 전체의 83.7%를 차지하고, 기업의 현업 데이터 활용으로 인한 개인 정보 침해는 미약한 것으로 나타났다. 다른 한편으로, 2012년 정보통신진흥원의 국내 기업 e-비즈니스와 IT 활용 조사 보고서에 따르면 한국 기업의 IT 투자 우선순위에서 보안 기능 향상을 위한 투자는 설문자의 23.3%에 불과하다. 미국 기업들은 그보다 2배가 많은 55%로 보안 문제를 최대의 관심으로 두고 있다. 2013년 재블린 전략 연구소(Javelin Strategy and Research)에 따르면 지난 2005년 이래

미국 내 개인 신원 관련 부정·불법(Identity Fraud) 손실(또는 비용)은 미국의
GDP 규모 대비 지속적으로 줄고 있다고 한다. 이 같은 조사 결과는 미국
기업들이 데이터 보안에 지속적으로 관심을 가지고 투자한 것과 무관하
지 않을 것이다.[1]

이제 한국 기업들도 데이터 관리, 보안에 더 많은 관심과 투자가 필요
하다. 그와 함께 데이터 활용 자체를 제한하는 정부 정책이나 법들은 심
각하게 재고해야 한다.

매번 개인 정보 유출 사고나 보안 관련 사건이 터질 때마다 근본적인
대책은 나오지 않았다. 정부는 강력하고 종합적인 대책을 세우겠다고 약
속했다. 하지만 정말로 보안 관련 투자 조치나 데이터 수집 및 공급 관련
정책이 나오지 않는다면, 지난 몇 년 간의 정부 대책을 통해 짐작할 수 있
듯이, 개인 정보 유출 후에도 재발의 여지는 남을 것이다.

그 근본적 대책 중 하나로 데이터 수요를 채워줄 투명하고 합법적인
공급 제도를 정부 차원에서 면밀히 포괄적으로 검토하는 것이 필요하다.
우선 정부는 데이터도 자산이라는 인식을 갖고 영업이나 마케팅에 필요
한 데이터를 합법적으로 구매할 수 있는 길을 열어주어야 한다. 그러자
면 선진국과 같은 데이터 시장의 여건을 마련하여 데이터의 수집, 유통,
활용의 투명성을 높여야 하고, 정부도 활용 가능한 데이터를 지속적으로
개발하고 제공해야 한다. 데이터 시장이 활성화된 미국은 정보 자기 결

---

1 The Big Data Revolution: Privacy Considerations:Thomas M. Lenard and Paul H. Rubin,
   Technology Policy Institute, 2013.

정권을 존중하여 접촉 및 추적 거부 요구(Do not call, Do not mail, Do not track)를 개인이 선택할 수 있도록 하고 있다. 또한 기업에게는 자율 규제(Self-Regulation)를 적극 권장하고, 관련 협회에서 자체적으로 만든 규칙으로 우편 선호 서비스(MPS), 이메일 선호 서비스(EPS), 그리고 전화 선호 서비스(TPS) 등 영업이나 마케팅에 활용할 수 있는 시스템을 갖추도록 하고 있다.

우리 기업들도 자체 시스템에 고객이 직접 데이터를 입력하고 수정하며 개인 정보 사용을 거부하거나 승인하는 시스템을 완비해 개인에게 충분한 권한을 주어야 한다. 그리고 기업에게는 허락된 정보를 합법적으로 활용할 수 있도록 개인 소비 관련 데이터 시장을 열어주어, 기업이 영업이나 마케팅을 위해 위험을 무릅쓰고 데이터를 수집할 필요가 없게 여건을 만들어주어야 한다.

▶우리나라도 2005년 3월부터 휴대폰 등 전화와 팩스를 통해 상품. 서비스 등을 소개할 경우 옵트인(Opt-in) 제도를 시행키로 했다. 옵트인이란 수신자의 사전 동의를 얻어야 홍보물 등을 발송할 수 있는 방식이다. e-메일의 경우는 옵트아웃(Opt-out) 방식을 채택하고 있다. 미국의 옵트아웃은 기업에서 메일 발송 시 제외시켜 달라는 요청이 없으면 홍보물을 발송해도 되는 제도이다. 즉, 옵트아웃 리스트 요구가 없으면 메일을 발송해도 불법이 아니다.
유럽의 옵트인은 기업에서 메일 발송 시 수신자의 사전 동의를 얻어야 한다.

데이터 과학자, 한국에서의 미래

데이터 과학자 단기 인재 양성 프로그램이 답은 아니다

빅데이터 시대를 맞이하여 앞으로 몇 년간 데이터 과학자의 공급이 부족할 것이라는 전문가들의 예측과 고임금에 대한 장밋빛 전망은 한국과는 거리가 먼 다른 나라 얘기일 뿐이다. 한국에서는 지금 능력 있는 데이터 과학자도 일반직과 비슷한 보수를 받고 있고, 높은 업무 강도에 시달리고 있다. CRM의 실효성에 확신이 없어진 이후 기업의 데이터 분석 인력은 줄어들었는데 이제 빅데이터 시대를 맞아 데이터 분석의 요구는 대폭 늘어나게 되었다.

데이터 분석과 관련된 업무는 대부분 경력이 1~3년 정도의 경력을 가진 분석가에게 지시대로 분석을 해내도록 요구하는 조직 구조로 이루어져 있다. 미국의 데이터 과학자들이 대부분 10년 이상 현업 분석과 운영 경험을 가지고 있는 것과는 대조적이다. 경영진의 인식 부족도 문제다. 한국의 경영진은 대부분 데이터 과학에 대해 초급 분석가들도 하는 대수롭지 않은 일로 생각한다. 그러다 보니 업무 내용이 과소평가 되고, 보수도 낮게 책정되고 있다.

이는 장기적으로는 데이터 과학자뿐만 아니라 기업이나 기관의 손실로 이어
진다. 낮은 보수에 강도 높은 업무 환경에서는 창의적인 성과를 기대하기 어렵
기 때문이다.

개인적으로 필자는 데이터 과학자나 개발자들, 또는 가능성이 엿보이는 예비
엔지니어들에게 영어 실력만 갖추었다면 외국 기업에서 일하라고 조언한다. 한
국 기업에서는 지금의 인력 관리 구조가 바뀌지 않는 한 순수 데이터 과학자나
숙련된 IT기술 개발자로서의 미래는 불투명하다고 보기 때문이다. 최근 한 게임
개발자이자 사업가가 어려운 한국의 IT 환경을 견디다 못해 캐나다로 이민을 가
면서 남긴 말이 있다. "내가 대한민국을 버린다. 나 대한민국 국민 안 해!" 안타
깝지만 한국의 개발자들의 현주소를 여실히 보여주는 말이 아닌가 싶다.

데이터 과학의 작업 과정 is not sexy at all!

데이터로부터 인사이트를 찾아내 현업의 책임자를 설득해서 만족할 만한 성
과를 얻기까지 데이터 과학의 작업 과정은 길고 고되다. 기업은 원래 투자 대비
이익을 남기는 것이 기본 속성이다. 기업은 이유 없이 높은 보수와 좋은 근무 조
건을 데이터 과학자에게 제공하지 않는다. 높은 보수는 그 이상의 더 높은 성과
를 요구한다. 예비 데이터 과학자들은 단순히 전망이 좋은 직업이라는 이유로,
또는 수요가 부족하여 보수가 좋을 것이라는 뜬구름 같은 이야기로 이 일을 선
택하기보다는 본인의 적성과 열성에 맞는지 확인한 후에 선택하는 게 좋을 것이
다. 컴퓨터와 데이터 그리고 인간의 영감을 연결하여 인사이트를 찾아내는 데
이터 과학에 도전하는 것은 멋진 일이다. 그러나 세상의 이치가 그러하듯이

가치가 있는 일은 끊임없는 노력과 실수에서 배우고 익힌 경험과 인내가 필요하다.

인간의 영감을 대체하는 인공지능이나 기계학습은 아직 없다

아무리 기계가 발전하고 기술이 발전한 빅데이터 시대라 해도 인간의 영감과 창조성을 대체할 수 있는 것은 없다. 데이터로부터 필요한 신호를 가려내고 해석하고 그것으로부터 얻은 인사이트를 활용하여 인간에게 가치 있는 무언가를 만들어내는 일은 오직 사람만이 할 수 있다.

오래 전부터 많은 글로벌 기업들은 우리가 그동안 데이터에서 등한시했거나 모르고 있던 인사이트를 얻어 현업에 적용하고 사업적 잠재성을 찾아내는 분야가 데이터 과학이라고 인식했다. 그리고 그 일을 하는 데이터 과학자, 즉 인력과 기술 관리에 기대와 투자를 아끼지 않았다. 무엇이 중요한지 아는 것만으로는 충분하지 않다. 반드시 그에 상응하는 실천이 따라야 열매도 맺을 수 있다.